古代歷史文化 研究輯刊

二四編

王明蓀 主編

第 2 冊

魏晉南北朝地理與政局研究

周運中 著

國家圖書館出版品預行編目資料

魏晉南北朝地理與政局研究／周運中 著 -- 初版 -- 新北市：
花木蘭文化事業有限公司，2020〔民109〕
目 4+246 面；19×26 公分
（古代歷史文化研究輯刊 二四編；第 2 冊）
ISBN 978-986-518-252-6（精裝）

1. 歷史地理 2. 政治地理學 3. 魏晉南北朝史

618　　　　　　　　　　　　　　　　　　109011107

ISBN-978-986-518-252-6

9 789865 182526

古代歷史文化研究輯刊
二四編　第二冊　　　　　　ISBN：978-986-518-252-6

魏晉南北朝地理與政局研究

作　　者　周運中
主　　編　王明蓀
總 編 輯　杜潔祥
副總編輯　楊嘉樂
編　　輯　許郁翎、張雅淋　美術編輯　陳逸婷
出　　版　花木蘭文化事業有限公司
發 行 人　高小娟
聯絡地址　235 新北市中和區中安街七二號十三樓
　　　　　電話：02-2923-1455／傳真：02-2923-1452
網　　址　http://www.huamulan.tw 信箱 hml810518@gmail.com
印　　刷　普羅文化出版廣告事業
初　　版　2020 年 9 月
全書字數　190876 字
定　　價　二四編 21 冊（精裝）台幣 62,000 元

魏晉南北朝地理與政局研究

周運中 著

作者簡介

周運中，男，1984 年生於江蘇濱海縣。南京大學學士，復旦大學博士。現任南京大學海洋文化研究中心特約研究員、中國海外交通史研究會理事、中國百越民族史研究會理事。曾任廈門大學助理教授、中國南海研究協同創新中心兼職研究員。著有《鄭和下西洋新考》（中國社會科學出版社 2013 年）、《中國南洋古代交通史》（廈門大學出版社 2015 年）、《中國文明起源新考》（花木蘭文化出版社 2015 年）、《正說臺灣古史》（廈門大學出版社 2016 年）、《濱海史考》（江蘇鳳凰科學技術出版社 2016 年）、《九州考源》、《秦漢歷史地理考辨》、《鄭和下西洋續考》、《西域絲綢之路新考》、《唐代航海史研究》、《道士開闢海上絲綢之路》（以上花木蘭文化事業有限公司，2019～2020 年）等，發表論文百餘篇。

提　　要

　　曹丕為征吳開討虜渠，引汝入潁，使汝水故道乾枯。北朝黃河尾閭變清源自上游水口太多，冬季乾旱使各地加大引水而加重夏季河災。赤壁之戰在今湖北赤壁，奠定吳地超過楚地成為南方中心的地位。孫吳在赤壁之南新設蒲圻縣，源自蒲圻在荊州腹心、三省交界的區位。猇亭之戰在今湖北宜都，街亭之戰在今甘肅莊浪。劉備和諸葛亮逆歷史潮流，幻想延續早該滅亡的腐朽漢朝，必然失敗。東晉為琅邪僑人設懷德縣源自內鬥，此時琅邪郡仍是晉地。北魏懷朔鎮首先改州，單獨建州，遠離僑人集中的太原而設在壽陽，源自尒朱榮用流民防守井陘。六鎮起兵其實是沃野、柔玄兩鎮帶頭，這兩鎮不設州。懷朔、武川兩鎮原本條件最好，為官軍平叛而得到褒獎，才有高歡、宇文泰崛起。懷荒、禦夷合設一州，六鎮的環境、立場和結局不同。北齊依賴鮮卑騎兵野戰，而北周以漢法守城獲取地利。北周更得人和，所以從弱轉強，打敗北齊。

目

次

前言：亂世離愁淚未乾

魏晉南北朝時代是一個大遷徙、大動亂、大分裂的時代，但首先是一個全球大降溫的時代，《宋書·五行志四》記載了魏晉時代的多次大雪，比如晉懷帝永嘉元年（307年）十二月冬，雪平地三尺。永嘉七年（313年）十月庚午，再次大雪。因為是全球降溫，中原的漢人在西晉初年就開始穿胡服、吃胡食，《宋書·五行志一》：「晉武帝泰始後，中國相尚用胡床、貊盤，及為羌煮、貊炙。貴人富室，必置其器，吉享嘉會，皆此為先。太康中，天下又以氈為絈頭及絡帶、衿口，百姓相戲曰，中國必為胡所破也。」

北方的草原民族更加能感受到嚴寒，每個人自從生來就有遷徙的自由，所以草原民族在寒冷的壓迫之下，必須要南遷到中原。地球歷史上每到寒風凜冽的降溫時代，都會吹起民族大遷徙的浪潮。〔註1〕西晉的八王之亂消耗了中原的元氣，也為胡人南遷提供了契機。

五胡亂華是無奈之舉，漢人南渡也是無奈之舉。亂世之中有太多的悲歡離合，每個人都是被歷史長河裏挾的一粒小水珠。古人有詩云：萬山不許一溪奔，其實千百萬條生命才組成了歷史的河流。在歷史的長河之中，有太多

〔註1〕〔美〕狄·約翰主編、王笑然譯：《氣候改變歷史》，金城出版社，2014年。〔德〕沃爾夫剛·貝林格著、史軍譯：《氣候的文明史：從冰川時代到全球變暖》，社會科學文獻出版社，2012年。〔日〕田家康著、范春飆譯：《氣候文明史：改變世界的8萬年氣候變遷》，東方出版社，2012年。〔美〕布萊恩·費根著、蘇靜濤譯：《小冰河時代：氣候如何改變歷史（1300～1850）》，浙江大學出版社，2013年。〔瑞士〕許靖華著、甘錫安譯：《氣候創造歷史》，北京三聯書店，2014年。葛全勝等：《中國歷朝氣候變化》，科學出版社，2012年。許倬雲：《漢末至南北朝氣候與民族移動的初步考察》，《許倬雲自選集》，上海教育出版社，2002年，第220～244頁。

的波浪、亂流和漩渦。驚濤拍岸，石上留痕，斑斑血淚，點點心酸，被史家苦心採擷，才有了一頁頁、一篇篇的史書供我們觀覽。

我每次讀到宇文護的母親閻氏從北齊給宇文護的信，就不禁淚目。閻氏本來是一個生活在內蒙古陰山北麓武川鎮的普通婦女，不料因為戰亂，丈夫宇文顥戰死。閻氏被迫跟隨難民潮到了河北，投奔流民大軍。孝明帝孝昌二年（526 年），宇文顥的父親宇文肱和弟弟宇文連，又在定州戰死。閻氏帶著十二歲的兒子宇文護和妯娌、侄兒一共六人，被官軍抓住，碰巧又被流民集團解救。流民集團戰敗，都被尒朱榮收編，宇文一家到了山西壽陽的難民區──僑置朔州，暫時安定。但是這些難民早已身不由己，必須要為朝廷打仗。孝莊帝建義元年（528 年），宇文泰跟隨武川鎮人賀拔岳，加入尒朱天光的西征軍，去征討在高平鎮起兵的万俟醜奴。過了兩年，關西安定，十七歲的宇文護被宇文泰派來的家奴來富，接到關西。不料六年之後，孝武帝逃奔關西。東魏、西魏分裂，都自稱是大魏正統。誰也未曾料到，曾經權傾朝野的尒朱氏很快覆滅，賀拔岳也被殺，最終竟然輪到宇文家建立了北周。宇文泰死後，宇文護總覽朝政。宇文護雖然在一人之下、萬人之上，但是他的母親卻在北齊配發在中山宮為奴。

周武帝保定三年（563 年），宇文護為了迎接母親，以停戰為條件，終於接到了母親時隔三十三年的來信。母親深情地回憶，宇文護和堂兄元寶、菩提及姑姑的兒子賀蘭盛洛在壽陽讀書時，因為老師成先生太嚴厲，四個小孩想謀害成先生，三個小孩被他們的母親責打，唯有賀蘭盛洛因為沒有媽媽，所以沒人打他。閻氏還記得兒子走的時候穿的是緋綾袍、銀裝帶，賀蘭盛洛穿的是紫織成纈通身袍、黃綾裏，一起乘驛而去，三個孩子都叫閻氏為阿摩敦（阿媽）。閻氏把宇文護小時候穿的錦袍一直保存在身上，這時寄給宇文護。

慈母手中線，遊子身上衣，如果不是媽媽，誰還會保存兒子小時候的衣服？宇文護自己可能早已忘記離別時穿的衣服，但是他的媽媽永遠不會忘記。可以想像宇文護收到媽媽寄來的小時候衣服，一定悲不自勝。有些老兵晚年回到家鄉，很難找到父母的衣物，更不必談自己小時候的衣物。

閻氏在信的開頭自稱十九歲結婚，現在八十歲，生了三男三女，無一人在身邊。老了耳背，別人大聲說話才能聽到。信的末尾寫道：「禽獸草木，母子相依。吾有何罪，與汝分離。今復何福，還望見汝。言此悲喜，死而更蘇。世間所有，求皆可得。母子異國，何處可求。假汝貴極王公，富過山海。有

一老母，八十之年，飄然千里，死亡旦夕，不得一朝暫見，不得一日同處，寒不得汝衣，饑不得汝食，汝雖窮榮極盛，光耀世間，汝何用為？」北齊為了停戰求和，打出了閻氏的悲情牌，信中的駢文應該是被有關部門的筆桿子潤色改寫。無論如何，這封信確實有效地觸動了宇文護的內心。即使有再多的榮華富貴，也比不上媽媽再愛我一次。宇文護終於在第二年迎來了母親，宇文護給母親無以復加的榮華富貴，不料母親享受三年，就在天和二年（567年）去世了。〔註2〕

　　宇文護和母親相隔三十三年，重聚僅有三年，戎馬廝殺的代價是家人天各一方。宇文護還是亂世之中的幸運兒，當時還有多少普通的老兵能夠再和家人團圓呢？多少一別就成了永別，有的少年出門為媽媽去打一瓶醬油，白髮歸來時，只能跪在媽媽的墳前痛哭。很多人都不知道家人死在何方，多少人為了能和家人團聚而被處決。宇文泰原來的長官賀拔勝留在北齊的家人，就被高歡全部殺死。賀拔勝聽說噩耗，在悲痛之中不久去世。〔註3〕

　　閻氏可能不求榮華富貴，哪怕她在北齊也是榮華富貴，朝思暮想的肯定還是自己的兒子。北齊的皇后們不也是享盡榮華富貴嗎？高歡的長子高澄被追諡為文襄帝，高澄的妻子元氏是北魏孝靜帝的姐姐，可謂出身顯貴。高澄的二弟文宣帝高洋建立了北齊，晚年因為長年酗酒而昏狂，姦污嫂子元氏時，還說大哥高澄當年姦污了我的妻子，我現在報復他。高洋還下令高氏的婦女都在面前亂交，同時令胡人羞辱眾人。高洋死後，他的妻子李氏又被高洋的九弟武成帝高湛強姦懷孕，李氏的兒子太原王高紹德來看她，李氏因為羞愧而不想見兒子，李氏殺死她和高湛的女兒，高湛竟然因此在李氏面前殺死高紹德。〔註4〕高洋傳位給兒子高殷，高歡的第六子孝昭帝高演和九弟高湛廢殺高殷，高演許諾傳位給高湛，高演在位兩年即死，高演死前請弟弟高湛善待兒子高百年，但高湛即位後竟然活活打死侄兒高百年，高百年請阿叔饒他一命，願為阿叔做奴，屍體被扔在池塘。〔註5〕高歡十一個兒子，高濬、高渙被親兄弟高湛親手刺殺、燒殺，高淯被人謀殺，高湜被婁太后打死，高濟被侄兒後主高緯殺死，死之前還說按次序應該輪到他了。〔註6〕高家很多人都因酗

〔註2〕《周書》卷十一《宇文護傳》。
〔註3〕《周書》卷十四《賀拔勝傳》。
〔註4〕《北齊書》卷九《皇后列傳》。
〔註5〕《北齊書》卷十二《樂陵王百年傳》。
〔註6〕《北齊書》卷十《高祖十一王傳》。

酒而亡，還有很多人被親屬亂殺。高歡的孫子高孝珩哀歎，除了祖父高歡以外，叔伯和兄弟沒有一個人活到四十歲！〔註7〕

宇文護為了獨攬朝政，殺了他扶持起來的宇文泰兩個兒子：周閔帝宇文覺、周明帝宇文毓，都是他的親堂弟。宇文護終於在天和七年（572年）被自己的另一個親堂弟周武帝宇文邕親手殺死，宇文邕在六年之後滅亡北齊，但是他的王朝三年之後就被親家楊忠的兒子楊堅竊取，楊忠建立了隋朝。

皇族之間尚且如此，皇帝殺功臣就像殺一條狗。前人往往指責楊堅不該奪取外孫的皇位，他們不曾想到，楊堅必須篡位，因為他的父親楊忠能活下來很不容易，同為北周元勳的趙貴、獨孤信不就是兔死狗烹？在那個永不停轉的大絞肉機之中，不殺人就被人殺，每個人的生命都在刀尖上遊走。殺人的人往往夢見被他殺的人來索命，侯莫陳悅殺了賀拔岳，精神恍惚，經常夢到賀拔岳在追他，問他哪裏去。〔註8〕同為八柱國的李虎，因為死得早而逃過一劫。楊隋代周是螳螂捕蟬，李虎的孫子李淵黃雀在後，代隋建唐。

南朝的皇族內部濫殺，比北朝有過之而無不及。劉宋孝武帝劉駿大殺宗室，劉駿的兒子前廢帝劉子業殺皇室和功臣多人，劉子業把叔叔們裝在竹籠之中，稱為豬王、驢王、殺王、賊王。宋明帝劉彧因為太胖，被劉子業稱為豬王，被劉子業勒令在泥塘中吃豬食。劉子業讓左右姦污叔叔劉休仁的生母楊太妃，劉子業經常威脅要隨時殺死叔叔們。〔註9〕孝武帝的二十八個兒子，被他們的叔叔宋明帝劉彧殺光。劉彧晚年也不放過當初和他一起受苦的弟弟們，弟弟劉休仁在死之前，大罵劉彧：「孝武以誅鉏兄弟，子孫滅絕，今復為爾，宋祚其能久乎？」〔註10〕蕭道成殺光劉宋皇族，告誡兒子齊武帝蕭賾：「宋氏若非骨肉相殘，它族豈得乘其弊？」〔註11〕蕭道成的侄兒齊明帝蕭鸞，把蕭道成的十二個兒子、蕭賾的十七個兒子基本殺光，蕭鸞的兒子在南齊末年基本也被殺光。〔註12〕蕭梁的建立者蕭衍是蕭齊的同族，蕭衍的父親蕭順之是蕭齊的功臣，蕭順之一家有幸未被殺害。蕭衍很想改變宋、齊皇族廝殺

〔註7〕《北齊書》卷十一《廣寧王孝珩傳》。
〔註8〕《周書》卷十四《侯莫陳悅傳》。
〔註9〕《宋書》卷七《前廢帝紀》。
〔註10〕《資治通鑒》卷一三一。
〔註11〕《資治通鑒》卷一三六。
〔註12〕《南齊書》卷三十五《高帝十二王傳》、卷四十《武十七王傳》、卷五十《明七王傳》。

的風氣，可惜蕭梁的宗室在國破家亡之時還在互相廝殺。

我這本小書研究的是諸多大戰的位置，為戰爭而使河流如何改道，為流民設置了哪些州縣，王朝為何興衰。具體內容暫且不論，很多人認為歷史學就是復原歷史真相，這個觀點似乎有些問題。我們即便是無限逼近歷史真相，可能也要思考復原歷史真相的意義。一將功成萬骨枯，無論是我在文中考證的戰爭還是治水工程都要死很多人，用千萬骷髏堆成的王朝不過是奉養了一小群人縱酒、亂交、濫殺。歷代皇帝都用儒學教育子孫，然而都不能改變王朝盛極而亂的循環。每一個王朝都靠武力開創，所以皇帝從來篤信武力。當末代君主在淫亂中衰敗時，握有兵權的大臣就用武力開創下一個王朝，循環往復。

都說劉項原來不讀書，其實劉項們也讀書，但是他們即便讀了書，看到歷代王朝的結局，還是要飛蛾撲火，重來一遍。現在我們有幸跳出盧山，看清了歷史的真面目。可是仍然不應該忘記歷史，因為陽春三月，還有乍暖還寒。亂世之中的和平有時非常短暫，宇文護為了迎接母親而停止對北齊的進攻，母親一來就又發兵。母子相隔半生，母親多年受苦，沒有讓宇文護改變在戎馬生涯之中養成的嗜血性格。軍人們自以為是為皇帝奮戰，不知皇帝有時正是殺害他們父母的人，可謂是認賊作父。不過我們我們不能輕易鄙視古人，古人也可能比現代人幸福，閻氏的兒子在敵方，她自己再苦也不必改造自己的思想。我們也不能簡單批判個體，如果宇文護不離開她的母親，也可能和他的母親一起在北齊受苦甚至很早一起死去，他們都是制度的受害者，是時代的悲劇。

每一個勝利者在書寫歷史時，都自稱是上膺天命。其實歷史充滿了偶然，這些人不過是比較幸運。很多王朝的建立者，本來是平民，過了幾代，王朝滅亡，他們的子孫就又變成了平民，哪裏有什麼天命呢？勝利者還會自稱是民心所向，其實平民往往是被亂世的洪流裏挾，能夠活下來已經是萬幸，他們從來沒有選擇權。有時兩個分裂政權停戰幾十年，又劍拔弩張。人們如此不珍惜來之不易的和平，往往因為他們沒有走出傳統歷史的誤區。

受到傳統的影響，我們在潛意識裏往往不由自主地產生一種帝王崇拜，我在初中所讀的語文教科書選了曹操的《觀滄海》，曹操東臨碣石，以觀滄海，已經在打敗袁紹、掃平華北之後，自然幸甚至哉。可是我所讀的語文教科書沒有選曹操的《蒿里行》，此時曹操還在中原，面對袁紹、袁術的南北

夾攻，前途未卜。所謂千里無雞鳴，生民百遺一，好像是文學語言。其實我們看正史記載的人口數字可知，東漢末年全國確實有一大半人口在戰亂之中喪生。現在很多人不知道漢末魏晉的如此慘況，就去緊跟帝王歌以詠志。如果每個人的頭腦裏都裝滿了帝王思想，就會讓悲劇不斷重演，何時是個盡頭？

有人說對歷史應有同情之理解，可是這種同情是給予殺人如麻的古代帝王，還是給予死於非命的平民百姓呢？如果這些死的百姓也不過是一個個未能成功上位的帝王，那我們應該同情他們的時代沒有產生新的思想、新的制度。春秋亂世之中的百姓，不知同時代的希臘城邦有投票選舉。漢帝國統治下的臣民，也不知同時代的羅馬帝國皇帝不是父子繼承。

漢代名將霍去病的豪言壯語是：「匈奴未滅，何以家為？」可是他二十四歲死後，兒子霍嬗繼承侯位，六年而死，侯國被除。衛青長子宜春侯衛伉坐法失侯，又過了五年，衛青另外兩個兒子陰安侯衛不疑、發干侯衛登，皆坐酎金失侯。霍去病是皇后衛子夫的姐姐衛少兒和霍中孺的私生子，衛青是衛子夫同母異父的弟弟，霍光是霍去病同父異母的弟弟。衛青的生父是鄭季，衛青是鄭季和衛媼的私生子，冒姓為衛。霍中孺和衛少兒私通生子，又各自結婚，從不往來。衛子夫成為皇后，霍去病才找到生父和弟弟霍光。衛子夫因為兒子太子劉據被殺，而被迫自殺身亡。霍去病的弟弟霍光，成為漢武帝的託孤大臣，是漢昭帝皇后上官氏的外祖父，是漢宣帝皇后霍成君的父親，權傾朝野。昭帝按照輩分是宣帝的叔祖父，可是比宣帝僅僅大三歲，霍光的女兒霍成君既是上官皇太后的姨母，又是她的侄孫媳。霍光的妻子為了讓女兒成為皇后，毒死宣帝的原配許皇后。霍光知曉，不敢揭露，霍家為了獨攬朝政可謂不擇手段。霍光死後，兒子霍禹因謀反罪被腰斬，滿門被抄。霍成君被廢，十二年後自殺。漢宣帝劉詢是劉據的孫子，在民間長大，岳父許廣漢是下過蠶室的罪人。宣帝認為兒子劉奭將來會使漢朝大亂，其實漢朝的衰敗不是元帝劉奭的責任，而是此前積累。衛青、霍去病、霍光都是靠他們和衛子夫曖昧不清的裙帶關係，一人得道，雞犬昇天，可是伴君如伴虎，他們揮向匈奴人的屠刀最終都回到了自己家人身上。

驅使他們手中屠刀的是思想的屠刀，就是為皇帝建功立業的思想。唯有放下思想的屠刀，才能立地成佛。魏晉南北朝一個個霸主的功業，轉瞬即逝，留下的不過是一堆堆殘垣斷壁，荒草野冢。即便是能講出五胡十六國名字的

人，也很難講出那些君主的陵墓下落吧！

正因為曹操所觀的滄海，其實是陰風呼號的無邊苦海，很多人想通了回頭是岸，所以有魏晉南北朝的佛教流行。對學者而言，沉重的歷史包袱也是汪洋苦海，研究者不應深陷其中，而應該回頭反觀，側身移步。多用遠近高低的不同視角，方能看到峰嶺異色。

漢朝真的消滅匈奴了嗎？如果真的消滅了匈奴，還有匈奴人劉淵拉開五胡十六國的序幕嗎？西遷到歐洲的匈奴人也從來沒有滅絕，匈奴未滅，五胡亂華，可見種族滅絕的思想不僅極其可笑，而且一定會傷及自身。冤冤相報，無有盡時。希特勒不僅未能消滅猶太人，反而促使以色列人回到故鄉建立以色列，歷史上哪個民族是被輕易消滅的呢？如果歷史學者還沒有認識到歷史上那些可笑可悲思想的危害，頭腦中充滿了帝王思想，編教科書時只選取霍去病那八個字所謂豪言壯語，而不講衛家、霍家的悲慘下場，不過是為當代的帝王們去培養一代代新的走狗和炮灰。

來自極地的迅猛寒風，吹散了世界各地的溫暖家庭，各民族在流散遷徙之中陷入混戰。身體涼了還容易溫暖，心寒了就難以回轉。如果眼中還有淚水，心就未寒透。折戟沉沙，風向無常，王朝變幻，人走茶涼。看魏晉南北朝的亂世歷史，使我們更加相信，歷史上沒有一個政權能以武力來證明自己是正統，窮兵黷武反而加速滅亡，唯有民眾的幸福才值得稱道。

第一章　水道與社會

第一節　汝南郡在汝北之謎試解

今河南省有汝南縣，古代有汝南郡，汝南是周姓等大姓的郡望，現在華南一些家族的門楣和譜牒還可以看到汝南二字。可是汝南作為中國人熟悉的地名，其得名由來卻很少有研究。其實汝南這個名字的由來大有文章可做，因為我們如果翻開譚其驤主編的《中國歷史地圖集》第二冊就會發現，西漢汝南郡的大多數土地居然不在汝水之南，而在汝水以北。[註1]不僅如此，汝南郡先治上蔡縣（治今上蔡縣），後遷平輿縣（今平輿縣北），[註2]都在汝水之北，那麼為什麼當時叫汝南郡呢？《水經注》卷三十六《溫水》說：「范泰《古今善言》曰：日南張重，舉計入洛。正旦大會。明帝問：日南郡北向視日邪？重曰：今郡有雲中、金城者，不必皆有其實。」[註3]雲中固然不在雲霄之中，金城也不是黃金砌成，但是古人不可能弄錯南北，所以汝南郡的得名一定另有蹊蹺。

一、汝水故道在汝南郡北部

原來汝水不是後世的汝河，更非今日的汝河。在漢代汝南郡有女陽縣、女陰縣，分別在今河南周口市的西南、安徽阜陽市，女陽縣、女陰縣即汝陽

[註1]譚其驤主編《中國歷史地圖集》第二冊，中國地圖出版社，1982年，第19頁。
[註2]周振鶴：《漢書地理志匯釋》，安徽教育出版社，2006年，第115頁。
[註3]〔北魏〕酈道元撰、楊守敬、熊會貞疏、段熙仲點校：《水經注疏》，江蘇古籍出版社，1989年，第2997頁。

—9—

縣、汝陰縣，這兩個縣正是汝水舊道所經，因而得名，班固《漢書·地理志》喜用古字，女陽、女陰未必代表漢代真實地名。

這條流經汝陽、汝陰縣的汝水舊道，就是《水經注》卷二十二《潁水》所說的死汝，同卷《水經》：「又南過女陽縣北。」酈道元注：「縣故城南有汝水枝流，故縣得厥稱矣。闞駰曰：本汝水別流，其後枯竭，號曰死汝水，故其字無水。余按汝、女乃方俗之音，故字隨讀改，未必一如闞氏之說，以窮通損字也。」〔註4〕酈道元說女、汝通假，非常正確。因為這條汝河故道在汝南郡北部，所以汝南郡才得名汝南。

酈道元說這條汝河故道的流向是：

> 潁水又東南流，逕胡城東……杜預《釋地》曰：汝陰縣西北有胡城也。潁水又東南，汝水枝津注之。水上承汝水別瀆於奇頟，城東三十里，世謂之大灈水也。東南逕召陵縣故城南……又東南逕征羌縣，故召陵縣之安陵鄉，安陵亭也……汝水別瀆又東逕公路臺北……汝水別溝又東逕西門城，即南利也……縣北三十里有孰城，號曰北利。故瀆出於二利之間，間關女陽之縣，世名之死女。縣取水名，故曰女陽也。又東逕南頓縣故城南，又東南逕銅陽城北，又東逕邸鄉城北，又東逕固始縣故城北……別汝又東逕蔡岡北……枝汝又東北流逕胡城南，而東歷女陰縣故城西北，東入潁水。潁水又東逕女陰縣故城北。《史記·高祖功臣侯者年表》曰：高祖六年，封夏侯嬰為侯國。王莽更名之曰汝墳也。縣在汝水之陰，故以汝水納稱。城西有一城，故陶丘鄉也，女陰郡治。〔註5〕

死汝又名汝水枝津、別汝、枝汝，其實原來是汝水正流。據《中國文物地圖集》河南分冊，召陵縣城即今鄢城縣東部召陵鄉召陵村的召陵故城，征羌縣（安陵亭）城應為今商水縣大武鄉程劉村的安陵城，南頓縣城即今項城縣西部南頓鎮的南頓故城，〔註6〕銅陽城即今安徽臨泉縣銅城鎮，汝河故道到汝陰縣入潁水。

〔註4〕〔北魏〕酈道元撰、楊守敬、熊會貞疏、段熙仲點校：《水經注疏》，第 1818頁。

〔註5〕〔北魏〕酈道元撰、楊守敬、熊會貞疏、段熙仲點校：《水經注疏》，第 1826～1831 頁。

〔註6〕河南省文物局編製：《中國文物地圖集·河南分冊》，中國地圖出版社，1991年。

　　胡天生、尚景熙對於汝河故道都有考證，其中胡天生的考證是正確的，他雖然沒有利用《中國文物地圖集》，但是已經根據地名指出召陵、南頓、銅陽、固始等縣城位置，並根據唐代李吉甫《元和郡縣圖志》卷九蔡州郾城縣「征羌故城在縣東南七十五里」推斷其位置，然後根據這些城址定汝水故道，〔註7〕這個方法是科學的。

　　尚景熙對汝水故道的考證則完全錯誤，他通過實地考察，發現一條介於汾河、洪河之間的古河道，認為這是汝水故道。其實我們如果對照《中國文物地圖集‧河南分冊》，很容易發現這條故道和《水經注》記載的各城無一吻合。這個例子也提醒我們，要考證《水經注》的古河道，千萬不能先從自然地理資料或實地考察出發，而必須先考證酈道元記載的沿河各城址所在，然後根據這些城址才能得出準確的結論。因為中國古代的河道太多，《水經注》記載的只是其中一部分，所以我們不知道哪條河道就是酈道元說的那一條。古代的城址確定不移，雖然地名有變化，但是《中國文物地圖集》是考古工作者辛勤編繪，即使有一些城址的古代原名考實有誤，我們還可以根據古代的地理志加以辨明，何況多數城址原本就沒有爭議。

　　在尚景熙的文章裏，有一幅《汝水變遷及其故道遺存示意圖》，這幅圖上畫出另外一條長河，源出河南省漯河市的東部，稱為汾河，下游稱為泉河，一直到阜陽市注入潁河。胡天生指出這條汾河正是汝水故道，按今地圖上的汾河，出自漯河市沙河南岸，經過召陵鎮南，這與酈道元所記汝水故道吻合。胡天生還指出，汾河的名字在酈道元的《水經注》裏已經出現，即《水經注》卷三十一《灈水》的汾溝。

　　酈道元《水經注》卷二十一《汝水》：「汝水又東南，逕奇頟城西北，今南潁川郡治也。潧水出焉，世亦謂之大灈水。《爾雅》曰：河有雍，汝有潧。然則潧者，汝別也。故其下夾水之邑，猶流汝陽之名，是或潧、灈之聲相近矣，亦或下合灈、潁，兼統厥稱耳。」〔註8〕胡天生注意到「故其下夾水之邑，猶流汝陽之名」這一句話，指出潧水即死汝（汝水枝津），因為與大灈水貫通，所以潧水、大灈水就被世人混為一談了。

〔註7〕胡天生：《讀懂汝潁古河道──汝潁亂名八百年解讀》，程必定、吳春梅主編《淮河文化縱論──「第四屆淮河文化研討會」論文選編》，合肥工業大學出版社，2008年。

〔註8〕〔北魏〕酈道元撰、楊守敬、熊會貞疏、段熙仲點校：《水經注疏》，第1766～1767頁。

　　尚景熙的文章還有一個大誤，就是誤以為古代的潁水原來是汝水的支流，他說濦、潁同音，所以二者等同，其實《水經注》說濦水只是潁水的支流，不可等同。《山海經·海內東經》說潁水「入淮西鄢陵北」，尚景熙認為這個西鄢是楚都鄢郢，也即巨陽，在今阜陽市。其實這裡說的是西鄢，不是鄢郢，鄢郢也不在今阜陽市。如果在今阜陽市北，怎麼可能是潁水入淮的地方呢？他又說濆、濦可以通假，其實前者是唇音，後者是影母，根本不能通假。

二、汝水幹流的西移

　　至此我們明白了汝河故道的位置，但是酈道元時代的汝水既然不是原來的汝水，這條新的汝水原來是什麼水道呢？其實《山海經》告訴了我們，《中次十一經》說：「（雅山）澧水出焉，東流注於視水。」〔註9〕在《水經注》裏，醴水（即澧水，今醴河）、視水（今遂平縣汝河上游）都是注入汝水，前者《水經注》卷二十一《汝水》有記載，又《水經注》卷三十一有《瀙水》篇，《水經》說：「瀙水出潕陰縣東上界山……又東過上蔡縣南，東入汝。」酈注說：「《山海經》謂之視水也。」〔註10〕而在《山海經》時代，汝水原來在酈縣故城（今酈城縣）直往東流，入汝水故道。

　　在《山海經》的時代，醴水口與視水口之間的這一段汝河，原來也不是醴水河道，因為在醴水與視水之間還有潕水（今小洪河），潕水在《水經注》時代也是汝河的支流，在定潁縣（治今西平縣東）注入汝河，《中次十一經》說：「（朝歌山）潕水出焉，東南流注於滎。」〔註11〕滎水不知是後世哪一條河，但是既然夾在醴水與視水之間，醴水就不能穿過潕水、滎水，只能在更東的地方注入視水。

　　再看《山海經·中次十一經》說：「（葳山）視水出焉，東南流注於汝水。」〔註12〕那麼原來的視水河道也不是現在的汝河下游，而是向東注入汝河故道，現在的汝河下游原來是發源於今駐馬店市、確山縣的一系列河流的下游。《山海經》說醴水注入視水，應該是《水經注》的濦水流域，《水經注·汝

〔註9〕 袁珂校注：《山海經》，巴蜀書社，1996年，第208頁。

〔註10〕 〔北魏〕酈道元撰、楊守敬、熊會貞疏、段熙仲點校：《水經注疏》，第2628頁。

〔註11〕 袁珂校注：《山海經》，第199頁。

〔註12〕 袁珂校注：《山海經》，第206頁。

水》說：「汝水又東南，左會瀙水。水上承汝水別流於奇頟城東，東南流為練溝，逕召陵縣西，東南流注，至上蔡西岡北，為黃陵陂。陂水東流，於上蔡岡東為蔡塘。又東逕平輿縣故城南，為瀙水……瀙水又東南，左迤為葛陂……陂水東出為銅水，俗謂之三丈陂，亦曰三嚴水。水逕銅陽縣故城南，應劭曰：縣在銅水之陽……銅陂東注為富水，水積之處，謂之陂塘，津渠交絡，枝布川隰矣。瀙水自葛陂東南，逕新蔡縣故城東，而東南流注於汝水。」〔註13〕可見上古的瀙水就是通過銅水，注入汝河故道，這一帶是河網地帶。

酈道元把死汝稱為汝水枝津、別汝、枝汝，說明在斷流之前就已經是汝河的支脈而非主道，也就是說汝河早就從故道西移到今漯河、西平、上蔡一線，那麼汝河為什麼會西移呢？今天汝河上游在郾城縣向東注入潁河，小洪河向東通過洪河注入淮河，都不向南走南汝河。這原本才合乎自然規律，因為這些河流從丘陵地區流出後當然是直往東部低地流去。反而是中古時期行經漯河、西平、上蔡一線的南北向汝河，不向東部低地流去，而是限定在坡地上，這應該是人為影響的結果。

汝水西移的開始時間，現在難以考證，但是《漢書·地理志》汝南郡定陵縣下說：「高陵山，汝水出，東南至新蔡入淮，過郡四，行千三百四十里。」〔註14〕說明東漢前期汝水幹道已經西移。《漢書·五行志上》說：「（高后）四年（前184年）秋，河南大水，伊雒流千六百餘家，汝水流八百餘家。」〔註15〕不過材料太少，所以我們不能判斷此條與汝水改道的關係。

我認為導致汝水幹流西移的人為作用，很可能是漢魏時期汝南郡眾多豪族的陂塘水利活動，《漢書》卷八十四《翟方進傳》說：「汝南舊有鴻隙大陂，郡以為饒，成帝時，關東數水，陂溢為害。方進為相，與御史大夫孔光共遣掾行視，以為決去陂水，其地肥美，省堤防費而無水憂，遂奏罷之。及翟氏滅，鄉里歸惡，言方進請陂下良田不得而奏罷陂云。王莽時常枯旱，郡中追怨方進，童謠曰：壞陂誰？翟子威。飯我豆食羹芋魁。反乎覆，陂當復。誰云者？兩黃鵠。」〔註16〕《水經注·淮水》說：「慎水又東流，積為燋陂。陂水又東南流為上慎陂，又東為中慎陂，又東南為下慎陂，皆與鴻郤陂水散

〔註13〕〔北魏〕酈道元撰、楊守敬、熊會貞疏、段熙仲點校：《水經注疏》，第1783～1788頁。

〔註14〕〔漢〕班固：《漢書》，北京：中華書局，1962年，第1562頁。

〔註15〕〔漢〕班固：《漢書》，第1346頁。

〔註16〕〔漢〕班固：《漢書》，第3440頁。

流。其陂首受淮川，左結鴻陂。漢成帝時，翟方進奏毀之。建武中，汝南太守鄧晨欲修復之，知許偉君曉知水脈，召與議之。偉君言：成帝用方進言毀之，尋而夢上天，天帝怒曰：何故敗我濯龍淵？是後民失其利，時有童謠曰：敗我陂，翟子威，反乎覆，陂當復。明府興復廢業，童謠之言，將有徵矣。遂署都水掾，起塘四百餘里，百姓得其利。」〔註17〕此陂在慎陽縣（今正陽縣北），東為安城縣，即汝南周氏所在地。周斐《汝南先賢傳》所記名人多數出自慎陽、安城（治今汝南縣王崗鎮）、西平（治今西平縣西）、上蔡、平輿等縣，〔註18〕集中在汝南郡西南部，水資源的掌握和豪族的強盛是相輔相成的，所以這可能導致汝南郡西南部豪族加強上游水資源的截留。

北宋人編的《太平御覽》卷三百七十五引汝南人周斐《汝南先賢傳》曰：「陽安令趙規與朗陵太守黃萌爭水，規割指詛曰：隨血所流入陽安界。萌忿殺規，小吏王朔復刺殺萌，朗陵官屬又殺朔。民於京山上為朔作祠壇，每水旱，輒往祈禱。」〔註19〕陽安、朗陵在今確山縣北部、南部，說明魏晉時期汝南郡南部爭水矛盾很深，以致引起兩縣連環仇殺。前人考證此書作於曹魏，〔註20〕但是根據內容，則此事應該發生於西晉，朗陵縣不曾設郡，《晉書》卷三說泰始元年（265年）封丞相何曾為太尉、朗陵公，卷二十四《職官志》說：「又為郡公，制度如小國王，亦中尉領兵。」〔註21〕因為朗陵公封地相當於郡，所以有朗陵太守一說，其實應該是朗陵縣令，所以陽安縣令敢與之爭鬥。

雖然汝水幹流西移是魏晉時事才確定，但是汝水故道此時還沒有斷流，那麼汝水故道是怎樣斷流為死汝的呢？

三、汝水故道斷流與討虜渠

為汝水故道出自瀙水，所以我們必須弄清瀙水。《水經注》卷三十一有《瀙水》篇，全文很短，但很重要，《水經》說：「瀙水出瀙強縣南澤中，東入潁。」酈注全文如下：

〔註17〕〔北魏〕酈道元撰、楊守敬、熊會貞疏、段熙仲點校：《水經注疏》，第1507～1508頁。

〔註18〕劉緯毅：《漢唐方志輯佚》，北京圖書館出版社，1997年，第22～28頁。

〔註19〕〔宋〕李昉等：《太平御覽》，北京：中華書局，1960年，第1733頁。

〔註20〕〔清〕姚振宗：《隋書經籍志考證》卷二十，《續修四庫全書》第915冊。

〔註21〕〔唐〕房玄齡等：《晉書》，北京：中華書局，1974年，第52、744頁。

潕水出潁川陽城縣少室山，東流注於潁水，而亂流東南逕臨潁縣西北，小潕水出焉。東逕臨潁縣故城北。潕水又東逕潕陽城北，又東逕潕強縣故城南，建武元年，世祖封揚化將軍堅鐔為侯國。潕水東為陶樞陂，余按潕陽城在潕水南，然則此城正應為潕陰城而有潕陽之名者，明在南猶有潕水，故此城以陽為名矣。

潁水之南有二瀆。其南瀆東南流，歷臨潁亭西，東南入汝，今無水也，疑即潕水之故瀆矣。汝水於奇頟城西，別東派，時人謂之大潕水，東北流，枝瀆右出，世謂之死汝。別汝又東北，逕召陵城北，練溝出焉。別汝又東，汾溝出焉。別汝又東，逕征羌城北。水南有汾陂，俗音糞。汾水自別汝東注，而為此陂。水積征羌城北四五里，方三十里許。瀆左合小潕水，水上承狼陂南流，名曰罩水。

青陵陂水自陂東注之。東回又謂之小潕水，而南流注於大潕水。大潕水取稱，蓋藉潕沿注，而總受其目矣。又東逕西華縣故城南，又東逕汝陽縣故城北，東注於潁。〔註22〕

《水經注》卷二十二《潁水》的《水經》說：「又東南過臨潁縣南，又東南過汝南潕強縣北，洧水從河南密縣東流注之。」酈注卻說：「潁水自縣西，小潕水出焉。《爾雅》曰：潁別為沙。郭景純曰：皆大水溢出，別為小水之名也。亦猶江別為沱也……潁水又東逕潕陽城南，《竹書紀年》曰：孫何取潕陽。潕強城在東北，潁水不得逕其北也。潁水又東南，潩水入焉，非洧水也。」〔註23〕《水經》說潁水經過潕強縣北，酈注說潁水不可能經過其北，說明潁水河道發生了變化，潁水從縣北移到了縣南。

在潁水新道之南還有一條小潕水，酈道元說潕水又東逕潕陽城北，又東逕潕強縣故城南，既然在潕陽城北，為什麼叫潕陽，而不是潕陰呢？其實潕陽之名原本不錯，因為這個名字是相對於潁河南面的那條小潕水而言的，潕陽城正是在小潕水的北面，因而得名。潁河改道之後，潕陽和小潕水被潁河新道隔開，人們不易再把二者聯繫起來了，所以連酈道元也沒有說清楚其得名原因。

〔註22〕〔北魏〕酈道元撰、楊守敬、熊會貞疏、段熙仲點校：《水經注疏》，第2622～2625頁。

〔註23〕〔北魏〕酈道元撰、楊守敬、熊會貞疏、段熙仲點校：《水經注疏》，第1815～1817頁。

　　潁河北面的那條灈水，楊守敬《水經注圖》標注說即沙水，其實這是楊守敬的誤解，酈道元沒有說小灈水即沙水，潁水南面的小灈水也不是北面的灈水。北面的灈水很可能是潁水舊道，南面的小灈水才是舊灈水。小灈水出自青陵陂，據《潁水注》上文，此陂確實在潁水南面。那麼大灈水又是怎麼來的呢？酈道元說其取名於小灈水，這是疑點之一，而且灈強、灈陽全在小灈水岸邊，都不在大灈水岸邊。

　　其實大灈水原來是不存在的，因為大灈水的西段原來是汝水故道的一段，汝水當然是上古以來就有名的大河。而大灈水的東段原來應該是小灈水的下游，那麼中間一段是怎樣產生的呢？或者說大灈水是從何而來呢？

　　其實中間的這條聯結河段也可以考證其由來，《三國志》卷二《魏文帝紀》說：「（黃初六年，225 年）三月，行幸召陵，通討虜渠……辛未，帝為舟師東征。五月戊申，幸譙。」〔註24〕

　　歷代史書不詳細考證討虜渠的位置，明清時期顧祖禹《讀史方輿紀要》卷四十七郾城縣說：「討虜渠，在縣東五十里，曹魏黃初六年幸召陵，通討虜渠，謀伐吳也」，又說召陵城在縣東四十五里，意必抄自地方志。然以郾城縣五十里度之，正是召陵縣附近，與《三國志》吻合。召陵縣就在大灈水旁邊，所以我們不難推測，曹丕在召陵縣開鑿的討虜渠正是後世的大灈水中間一段。因為汝水故道和小灈水很近，所以曹丕把原來南流入汝水故道的水流截入小灈水。三國風雲很快散盡，人們忘記了討虜渠的名字，因為汝水的流量比小灈水大，而大灈水的下游佔用了小灈水下游故道，所以從汝水到潁水的這一段河流就被稱為大灈水了，即今沙河。嚴格說來，討虜渠只是大灈水的中間一段，曹魏時期很可能還沒有大灈水的稱呼，所以《中國歷史地圖集》第三冊把討虜渠、灈水標在一起是錯誤的。

　　曹丕之所以要使汝水改道注入潁河，目的是加大潁水中游的流量，因為曹魏的水軍從潁川郡向下，經過潁河，可以直達揚州治所壽春（治今安徽壽縣），進而出入淮河，南征孫吳。

　　曹魏時賈逵為了征吳而屯田，截留汝水，建造新陂，《晉書·食貨志》：「賈逵之為豫州，南與吳接，修守戰之具，堨汝水，造新陂，又通運渠二百餘里，所謂賈侯渠者也。」

　　司馬懿用鄧艾在潁水屯田，《晉書·食貨志》：「帝因欲廣田積穀，為兼併

<hr>

〔註24〕〔晉〕陳壽：《三國志》，北京：中華書局，1959 年，第84～85 頁。

之計，乃使鄧艾行陳、項以東，至壽春地。艾以為田良水少，不足以盡地利，
宜開河渠，可以大積軍糧，又通運漕之道。乃著《濟河論》以喻其指……宣
帝善之，皆如艾計施行。遂北臨淮水，自鍾離而南、橫石以西，盡沘水四百
餘里，五里置一營，營六十人，且佃且守。兼修廣淮陽、百尺二渠，上引河
流，下通淮潁，大治諸陂於潁南、潁北，穿渠三百餘里，溉田二萬頃，淮南、
淮北皆相連接。自壽春到京師，農官兵田，雞犬之聲，阡陌相屬。每東南有
事，大軍出征，泛舟而下，達於江淮，資食有儲，而無水害，艾所建也。」
鄧艾主要是引黃河之水，注入潁水，但是在曹丕時代，可能最早是考慮引汝
水入潁水。

<h2 style="text-align:center">汝水故道改道示意圖</h2>

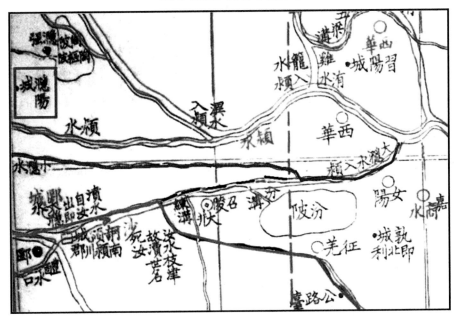

（下方紅線為汝水故道，上方藍線為小潩水故道，中間虛線為討虜渠，從郾城到
西華一段的汝潁之間即大潩水，底圖採自楊守敬：《水經注圖》，北京：中華書局，
2009 年）

　　經過此次改道，原本已經是支流的汝水故道變成死汝，汝水上游的很多
水量截入潁河。不過這時的汝水南北仍然沒有完全隔斷，直到元明時期北汝
河才在今漯河市南部被阻斷，完全東流入沙河，西平縣的汝河中段被阻斷，
東流入洪河，汝水的上游北汝河因此不僅成為潁水的支流，而且居然成了沙

河的支流，這一點前引尚景熙的文章已有研究，這裡就不再贅述。沙河下游即大澱水，沙河的上游是原來汝水的支流溰水。元明時期之所以把汝河分為三段，是為了減輕汝河的水災，其實這正是順應了山洪原來的自然向東的流向，汝河實際上是部分地恢復到了上古的形態。至此，我們終於理清了汝水河道的變遷史。

第二節　齊、隋河清隱藏的殺機

北齊武成帝高湛太寧二年（562 年）四月乙巳：「青州刺史上言，今月庚寅河、濟清。以河、濟清，改大寧二年為河清。」北齊皇族鮮卑高氏是歷史上最污濁的皇族，急於用黃河變清來掩蓋自己在人類歷史上空前絕後的污濁。可惜黃河變清是極端反常現象，黃河變清絕不是好事！青州（治今山東青州）在當時黃河最下游的入海口，黃河真的都變清了嗎？就在河清改元的第二年發生了大水災，第三年又是大水災，餓死者不可勝計。河清四年還在賑災，太史奏天象有變，王位或許不保！當時的皇帝還都是唯心主義者，歷史學家在社會上還有一定地位，所以高湛趕快禪位給太子高緯，改元天統。不料後主時又發生了兩次大水災，僵屍滿路，北齊很快滅亡。

其實黃河入海口的反常變清，正是因為其上游出現很多決口，泥沙未到海口就分散到各地去了。這些決口造成很多大水災，不始自北齊河清元年，魏晉十六國到北魏時期的黃河水災已經越來越嚴重，黃河水災更延續到隋代，加速了北齊和楊隋的滅亡。

一、北齊的水災和滅亡

北齊水災的起因竟然是大旱，文宣帝高洋天保八年（557 年）：「春三月，大熱，人或喝死。夏四月庚午，詔諸取蝦蟹蜆蛤之類，悉令停斷，唯聽捕魚。」因為河湖乾涸，所以人們爭相捕捉水族，皇帝下詔只能捕魚，不能捕捉蝦蟹蜆蛤。乾涸的河湖變成了蝗蟲最好的繁衍地，所以到了秋季，發生大蝗災：「自夏至九月，河北六州、河南十二州、畿內八郡大蝗。是月，飛至京師，蔽日，聲如風雨。甲辰，詔今年遭蝗之處免租。」可見蝗災主要發生在河北、河南，當時河南包括今天山東省。

天保九年（558 年）七月：「戊申，詔趙、燕、瀛、定、南營五州及司州

廣平、清河二郡，去年蚕澇損田，兼春夏少雨，苗稼薄者，免今年租賦。」
〔註25〕趙、燕、瀛、定、南營州、廣平、清河二郡都在今河北省，證明了去年的蝗災以河北最嚴重。蚕指代蝗蟲，澇是水災，則天保八年夏季還發生了水災。

　　因為這次災害非常嚴重，所以遷徙受災的百姓去北方墾田，天保八年：「議徙冀、定、瀛無田之人，謂之樂遷，於幽州范陽寬鄉以處之，百姓驚擾。屬以頻歲不熟，米糴踴貴矣。廢帝乾明中，尚書左丞蘇珍芝，議修石鱉等屯，歲收數萬石。自是淮南軍防，糧廩充足。孝昭皇建中，平州刺史嵇曄建議，開幽州督亢舊陂，長城左右營屯，歲收稻粟數十萬石，北境得以周贍。又於河內置懷義等屯，以給河南之費。自是稍止轉輸之勞。」〔註26〕斛律金的孫子幽州刺史斛律羨，在後主天統元年（565年）：「又導高梁水北合易京，東會於潞，因以灌田。邊儲歲積，轉漕用省，公私獲利焉。」〔註27〕他引導在今北京西北流出的高梁水，東會潞水（潮白河），灌溉新開的田地。

　　北齊天保八年（557年）之前的七年，西魏大統十六年（550年）：「太祖以涇渭漑灌之處，渠堰廢毀，乃命（賀蘭）祥修造富平堰，開渠引水，東注於洛。功用既畢，民獲其利。」〔註28〕天保八年之後的第五年，北周保定二年（562年）：「春正月壬寅，初於蒲州開河渠、同州開龍首渠，以廣灌漑。」這也是應對乾旱的措施，不過北周比北齊好在不會遇到黃河泛濫。

　　因為春季乾旱缺水，小河最先乾涸，所以人們最終必須掘開水量最多的黃河取水，又不及時修建堤防，這些決口就成了隱患。到了夏季大雨，黃河就從決口溢出，造成很多水災。所以從天保八年大旱之後的第六年開始，黃河頻繁水災，河清二年（563年）：「夏四月，并、汾、晉、東雍、南汾五州蟲旱傷稼，遣使賑恤。」〔註29〕十二月，兗、趙、魏三州大水。〔註30〕兗州西部靠近黃河，魏州也在黃河岸邊，都是因為黃河決口發生水災。十二月是乾旱季節，這次大水由夏秋華北的暴雨引起，應該是源自黃河的決口。

　　河清三年（564年）：「六月庚子，大雨晝夜不息，至甲辰乃止……閏（九）月乙未，詔遣十二使巡行水潦州，免其租調……（是歲）山東大水，饑死者

〔註25〕《北齊書》卷四《文宣紀》。
〔註26〕《隋書》卷二十四《食貨志》。
〔註27〕《北齊書》卷十七《斛律金傳附斛律羨傳》。
〔註28〕《周書》卷二十《賀蘭祥傳》。
〔註29〕《北齊書》卷七《武成紀》。
〔註30〕《隋書》卷二十二《五行志上》。

不可勝計，詔發賑給，事竟不行……（四年，565年）三月戊子，詔給西兗、梁、滄、趙州，司州之東郡、陽平、清河、武都，冀州之長樂、渤海遭水潦之處貧下戶粟，各有差。家別斗升而已，又多不付。」〔註31〕這次水災最嚴重的是西兗、梁、滄、趙州，司州之東郡、陽平、清河、武都，冀州之長樂、渤海，都是靠近黃河的地方，而不是靠近太行山的地方，可見水災來自黃河決口。

後主高緯天統元年（566年）：「秋七月乙未，太上皇帝詔，增置都水使者一人。」〔註32〕二年（567年）：「春，旱。是時大發卒，起大明宮。」三年（568年）：「三年十月，積陰大雨。胡太后淫亂之所感也。」〔註33〕大雨導致大水災和大饑荒：「是秋，山東大水，人饑，僵尸滿道。」〔註34〕

武平四年（569年）：「山東饑。是時，大興土木之功於仙都苑。又起宮於邯鄲，窮侈極麗。後宮侍御千餘人，皆寶衣玉食。」〔註35〕

武平六年（575年）：「八月丁酉，冀、定、趙、幽、滄、瀛六州大水。是月，周師入洛川，屯芒山，攻逼洛城，縱火船焚浮橋，河橋絕……七年（576年）春正月壬辰，詔去秋已來水潦，人饑不自立者，所在付大寺及諸富戶濟其性命……秋七月丁丑，大雨霖。是月，以水潦，遣使巡撫流亡人戶。」十二月，周武帝宇文邕攻下晉州。齊後主高緯慌忙傳位給太子高恒，自己逃往鄴城。次年正月，高緯和高恒在青州被周軍俘虜。

二、北魏的黃河水災

北魏的黃河兩岸至少有七次大水災，《魏書‧靈徵志上》記載：

孝武帝：太和六年（482年）七月，青、雍二州大水。八月，徐、東徐、兗、濟、平、豫、光七州，平原、枋頭、廣阿、臨濟四鎮大水……

二十二年（499年）戊午，兗、豫二州大霖雨。二十三年（500年）六月，青、齊、光、南青、徐、豫、兗、東豫八州大水。

宣武帝：景明元年（500年）七月，青、齊、南青、光、徐、兗、豫、東豫，司州之潁川、汲郡大水，平隰一丈五尺，民居全者十四五……

〔註31〕《北齊書》卷七《武成紀》。
〔註32〕《北齊書》卷八《後主紀》。
〔註33〕《隋書》卷二十二《五行志上》。
〔註34〕《北齊書》卷八《後主紀》。
〔註35〕《隋書》卷二十二《五行志上》。

孝明帝：熙平二年（517年）九月，冀、瀛、滄三州大水。

正光二年（521年）夏，定、冀、瀛、相四州大水……

孝靜帝：元象元年（538年），定、冀、瀛、滄四州大水。

興和四年（542年），滄州大水。

以上是地點明確的記載，還有兩次地點不明，可能包括黃河兩岸，即宣武帝永平三年（510年）七月州郡二十大水，延昌元年（512年）夏京師及四方大水。明確的記載中，平原、枋頭、臨濟都在黃河岸邊，冀州、滄州、瀛州、濟州、齊州、青州、兗州都在黃河水系下游，可見北魏黃河水災嚴重。

因為宣武帝時冀州、定州多次水災，所以博陵郡安平縣（今河北安平縣）人崔楷上書：

> 頃東北數州，頻年淫雨，長河激浪，洪波汨流，川陸連濤，原隰過望，彌漫不已，泛濫為災。戶無擔石之儲，家有藜藿之色。華壤膏腴，變為舄鹵；菽麥禾黍，化作葭蒲……自比定冀水潦，無歲不饑。幽瀛川河，頻年泛溢……計水之湊下，浸潤無間，九河通塞，屢有變改，不可一準古法，皆循舊堤。何者？河決瓠子，梁楚幾危，宣防既建，水還舊跡。十數年間，戶口豐衍。又決屯氏，兩川分流，東北數郡之地，僅得支存。及下通靈、鳴，水田一路，往昔膏腴，十分病九，邑居凋離，墳井毀滅。良由水大渠狹，更不開瀉，眾流壅塞，曲直乘之所致也。至若量其逶迤，穿鑿涓澮，分立堤堨，所在疏通，預決其路，令無停蹙。隨其高下，必得地形，土木參功，務從便省。使地有金堤之堅，水有非常之備。鉤連相注，多置水口，從河入海，遠遍徑過，瀉其境鴻，泄此陂澤。九月農罷，量役計功。十月昏正，立匠表度。縣遣能工，麾畫形勢……即以高下營田，因於水陸，水種秔稻，陸藝桑麻。必使室有久儲，門豐餘積。

宣武帝下詔曰：「頻年水旱為患，黎民阻饑，靜言念之，昃不遑食，鑒此事條，深協在慮。但計劃功廣，非朝夕可合，宜付外量聞。」事遂施行，楷用功未就，詔還追罷。〔註36〕

崔楷明確指出是黃河溢出為災，認為黃河不能都留在故道，水災的原因是水量太大，而民間私開的渠道狹窄，水口不多，所以應該多開水口。九月農閒，開始動工，縣官派人，勘測地形。如果規劃科學，多種莊稼，一定能

〔註36〕《魏書》卷五十六《崔辯傳附崔楷傳》。

使民間富庶。可惜崔楷的看法太理想，如果多開水口，又不能得到科學規劃，必然使水系更紊亂，但是要規劃得當，花費的成本太高，地方官不可能面面俱到。宣武帝想實行崔楷的計劃，又追還詔書。因為北魏未曾治理，所以河北的水災到孝明帝、孝靜帝時仍然嚴重。

東魏孝靜帝時，劉貴與高昂並坐，聽說治理黃河的役夫多溺死。貴曰：「頭錢價漢，隨之死。」高昂怒，拔刀斫貴。〔註37〕說明此時水災嚴重，高昂是渤海郡人，家鄉水災嚴重，死的是他家鄉人，所以他不滿匈奴人劉貴鄙視漢人的話，要用刀砍高歡的恩人劉貴。

魏文帝曹丕黃初時（220～226 年）黃河大水，傅祗：「為滎陽太守。自魏黃初大水之後，河濟泛溢，鄧艾嘗著《濟河論》，開石門而通之，至是復浸壞。祗乃造沈萊堰，至今兗、豫無水患，百姓為立碑頌焉。」〔註38〕前人據《晉書‧五行志》和《資治通鑑》統計曹魏景初元年（237 年）到西晉太安元年（302 年）的黃河流域還有 11 次大水，〔註39〕但是西晉其實也是一個歷史上罕見的連年大旱時代，《宋書‧五行志二》記載西晉武帝泰始七年到十年（270～274 年）連續 4 年大旱，太康二年（281）到永熙元年（290年）連續 11 年大旱，此外還有 6 年大旱。永嘉三年（309 年）五月的大旱：「河、洛、江、漢皆可涉。」這是歷史上罕見的異象，西晉的大旱伴隨歷史上罕見的奇寒，北方游牧民族被迫南下，西晉必須滅亡。西晉大旱時代還有大水，原因很可能和上文分析的北魏、北齊水災原因相同。

三、隋代的黃河水災

北魏、北齊積累下來的黃河水災，延續到隋代，不僅未能解決，而且更加嚴重了，《隋書‧五行志》和《煬帝紀》記載：

> 開皇十八年，河南八州大水……
>
> 仁壽二年，河南、河北諸州大水……
>
> 大業三年，河南大水，漂沒三十餘郡……
>
> 大業七年秋，大水，山東、河南漂沒三十餘郡，民相賣為奴婢。

〔註37〕《北史》卷三十一《高昂傳》。

〔註38〕《晉書》卷四十七《傅玄傳附傅祗傳》。

〔註39〕水利部黃河水利委員會本書編寫組：《黃河水利史述要》，水利出版社，1982年，第 97 頁。

唐代人認為北齊、隋河清是亡國之象,《隋書・五行志》:「後齊河清元年四月,河、濟清……是後十餘歲,隋有天下。大業三年,武陽郡河清,數里鏡澈。十二年,龍門又河清。後二歲,大唐受禪。」

開皇十八年(598 年)離武平七年(576 年)的大水,僅有 12 年,還是北齊的遺留問題。大業三年(607 年),黃河下游的武陽郡(即魏州)河清,同年河南發生大水災。

大業七年(611 年)的大水災和征高麗的繁重徭役,使楊玄感舉起了反隋的大旗,《隋書・食貨志》:「七年冬,大會涿郡。分江淮南兵,配驍衛大將軍來護兒,別以舟師濟滄海,舳艫數百里。並載軍糧,期與大兵會平壤。是歲山東、河南大水,漂沒四十餘郡,重以遼東覆敗,死者數十萬,因屬疫疾,山東尤甚。所在皆以征斂供帳軍旅所資為務,百姓雖困,而弗之恤也。每急徭卒賦,有所徵求,長吏必先賤買之,然後宣下,乃貴賣與人,旦暮之間,價盈數倍,哀刻征斂,取辦一時。強者聚而為盜,弱者自賣為奴婢。九年……又發諸州丁,分為四番,於遼西柳城營屯,往來艱苦,生業盡罄。盜賊四起,道路隔絕,隴右牧馬,盡為奴賊所掠,楊玄感乘虛為亂。」

四、黃河安流八百年公案再探

譚其驤 1961 年發表的文章提出,黃河自從東漢明帝十二年(69 年)王景治河到五代景福二年(893 年)改道,有一個安流八百年時期。史書記載東漢到隋代的河溢僅有四次:東漢桓帝永興元年(153 年)、曹魏明帝太和四年(230 年)、西晉武帝泰始七年(271 年),外加《水經注・河水》記載黃河沖毀河邊的高磁津城。譚其驤認為黃河安流八百年的原因是魏晉南北朝時期,五胡南下,黃河中上游原來漢人的田地成了胡人的牧場,所以水土流失變輕。〔註 40〕

任伯平很快發文商榷,他認為黃河下游的洩洪能力也是決定水災多少的重要因素,東漢王景治水使水患減少,但是東漢時期的黃河中游顯然還沒有變成胡人的牧場,魏晉南北朝時黃河中上游變成牧場也會引起水土流失。〔註 41〕

〔註 40〕譚其驤:《何以黃河在東漢以後會出現一個長期安流的局面——從歷史上論證黃河中游的土地合理利用是消弭下游水害的決定性因素》,《學術月刊》1962 年第 2 期,收入譚其驤:《長水集》下冊,人民出版社,2009 年,第 1~34 頁。

〔註 41〕任伯平:《關於黃河在東漢以後長期安流的原因》,《學術月刊》1962 年第 9 期。

　　譚其驤的助手鄒逸麟很快又和任伯平商榷，他認為中游的土地利用是重要作用，西漢末年的黃河中游墾殖減少也是東漢水災減少的重要原因，牧業引發的水土流失不如農業嚴重。〔註42〕他對任伯平的第一點、第三點提出的反駁有一定道理，但是不能證明中游的土地利用是決定水災多少的最重要原因。至於對任伯平第二點的回答則不能成立，因為任伯平對比的是東漢和魏晉南北朝，而不是對比東漢和西漢。

　　1979 年的《中國水利史稿》提出魏晉南北朝黃河水災確實減少，但北魏崔楷的上書證明也有大水災，此時全國人口減少，政局混亂，很可能有很多水災未被詳細記載。〔註43〕1982 年的《黃河水利史述要》再對譚其驤之說提出商榷，認為黃河依然是濁河，黃河水災減少可能還有很多其他原因，比如王景改成的河道是直線入海，方便泄水，王景增加了泄水口。

　　姚漢源 1986 年的《中國水利發展史》認為魏晉南北朝的很多統治者不關心水災，《晉書・傅玄傳》記載晉武帝泰始四年（268 年）傅玄上書稱：「魏初未留意於水事，先帝（司馬昭）統百揆，分河堤為四部，並本凡五謁者，以水功至大，與農事並興，非一人所周故也。今謁者一人之力，行天下諸水，無時得遍。伏見河堤謁者車誼不知水勢，轉為他職，更選知水者代之。可分為五部，使各精其方宜。」大興三年（320 年），石勒看到滹沱河大水沖下很多木材，認為是上天幫他建造宮殿。咸和六年（331 年），大水又漂出巨木百萬根，石勒高興地用來建造鄴宮。姚漢源重新統計發現，魏晉南北朝的黃河水災頻度減少不是太多，所謂黃河長期安流是一個誤解。〔註44〕任伯平、趙淑貞的文章類似上述水利學家的觀點，還提出此時氣候總體上寒冷乾旱也是重要原因。〔註45〕

〔註42〕鄒逸麟：《讀任伯平〈關於黃河在東漢以後長期安流的原因〉後》，《學術月刊》1962 年第 11 期。

〔註43〕武漢水利電力學院、水利水電科學研究院編：《中國水利史稿》，水利電力出版社，1979 年。

〔註44〕姚漢源：《中國水利發展史》，上海人民出版社，2005 年再版，第 94～106 頁。姚漢源：《黃河水利史研究》，黃河水利出版社，2003 年。

〔註45〕趙淑貞、任伯平：《關於黃河在東漢以後長期安流問題的研究》，《人民黃河》1997 年第 8 期。趙淑貞、任伯平：《關於黃河在東漢以後是否長期安流的初步探討》，《土壤侵蝕和水土保持學報》1998 年第 1 期。趙淑貞、任伯平：《關於黃河在東漢以後長期安流問題的再探討》，《地理學報》1998 年第 9 期。趙淑貞、任伯平：《北魏時期黃河下游水患問題的再探討》，《人民黃河》1999 年第 4 期。

　　譚其驤的視角和水利學家不同，他不是從自然科學而是從社會的角度來看水災，別出心裁，提出民族轉換的觀點，應該承認這是他的一大創意，有很大貢獻。譚其驤的觀點也是一個重要原因，但是也有很多問題。譚其驤所謂的黃河安流班不過是從黃河未曾改道而言，不能證明其間水災減少，所謂東漢到隋代僅有四次河溢，不過是史書的表面現象，史書記載冀州、兗州、豫州、青州、徐州的多次大水一定有很多來自黃河泛濫。魏文帝黃初大水可以確定是黃河泛濫，而北魏、北齊的黃河泛濫有崔楷的上書和臨河的地名為鐵證，所以譚其驤的統計有很大失誤，水利學家的統計更精確。

　　鄒逸麟在 1989 年又發文維護譚其驤的觀點，他認為北魏崔楷的上書不能證明是黃河泛濫，理由是崔楷提到洪水在冀、定、幽、瀛四州，黃河的洪水不能到達幽州、定州。崔楷認為渠道太窄太彎，證明洪水不是來自黃河。〔註46〕我認為鄒逸麟的看法違背邏輯，黃河的洪水不能到達幽州、定州能證明黃河的洪水不能到達冀州、瀛州嗎？渠道太窄太彎能證明這些渠道的水不是來自黃河嗎？難道黃河泛濫出來的洪水不能經過其他河流和渠道嗎？崔楷明確提到長河激浪，這不是黃河是什麼？

　　王守春也發文維護譚其驤的觀點，批判水利學家的觀點，他認為魏晉南北朝時期很多水災的原因是太行山麓的暴雨引起，不是黃河決口，北魏華北人口已經超過西晉，西晉有都水使者，北魏有水衡都尉，隋代有都水臺，不能說漢唐時代不重視治河。〔註47〕日本學者濱川榮認同譚其驤和王守春的觀點，魏晉南北朝時期黃河水災確實在總體上減少。〔註48〕

　　我認為鄒逸麟、王守春等人的觀點有重大問題，首先是史料不夠充足，仍然主要來自《魏書》和《隋書》，而未看到《北齊書》的諸多重要史料，如果我們仔細分析《魏書》、《北齊書》記載的水災地點，就會發現很多地方根本不是在太行山前地帶，典型的案例是河清四年的水災地點：西兗、梁、滄、趙州，司州之東郡、陽平、清河、武都，冀州之長樂、渤海。除了趙州

〔註46〕鄒逸麟：《東漢以後黃河下游出現長期安流局面問題的再認識》，《人民黃河》1989 年第 2 期。

〔註47〕王守春：《論東漢至唐代黃河長期相對安流的存在及若干相關歷史地理問題》，《歷史地理》第十六輯，上海人民出版社，2000 年，第 295～307 頁。

〔註48〕〔日〕濱川榮：《漢唐期間河災的減少及其原因——圍繞譚其驤說的最近議論》，原刊《中國水利史研究》第 34 號，2006 年，王明明譯，刊鈔曉鴻主編：《海外中國水利史研究——日本學者論集》，人民出版社，2014 年，第 36～57 頁。

之外，其他地方都不在太行山前地帶，司州的東郡（治今滑縣）、陽平（治今館陶）、清河（治今臨清東北）各郡緊鄰黃河岸邊，西兗（治今曹縣）、梁州（治今開封）、滄州（治今）、冀州（治今冀州）都在黃河支流下游。同年，鄭州也發生了大水，赫連子悅：「除鄭州刺史，於時新經河清大水，民多逃散，子悅親加恤隱，戶口益增，治為天下之最。」〔註49〕北齊的鄭州在今河南省中部，不太可能同時和太行山出現暴雨，鄭州的東北部有黃河支流沙水（今賈魯河），所以同年的鄭州大水應該也是來自黃河泛濫。太和六年的水災地點之中，平原鎮（今聊城）、枋頭鎮（今浚縣枋城）都在黃河岸邊。再結合北魏崔楷上書明確指出河北的黃河泛濫，則南北朝時期黃河多次泛濫不容否定。

　　十六國時期兵荒馬亂，不可能有效治理黃河，不能因為西晉、北魏有治水官員就代表十六國也有。有治水官不能證明治河，治河不能證明有效治河，歷史上很多官員都是尸位素餐，更何況魏晉南北朝時期的官職很多是世家大族為了安排子弟任官。

　　徐海亮認為黃河在漢代、宋代和明清時期水災變多，可能有宏觀環境背景，受太陽活動、全球氣候等因素影響。〔註50〕

五、東魏石濟津黃河決口的影響

　　東魏發生的石濟津河決非常重要，《北齊書》卷四十二《陽斐傳》記載東魏時：「石濟河溢，橋壞，斐修治之。又移津於白馬（在今滑縣），中河起石潬，兩岸造關城，累年乃就。」

　　黃河在石濟津決口，陽斐雖然修復了河橋，但是主要渡口河津北移到白馬津，在黃河中間建造石島，兩岸建造關城。《水經注》卷五《河水》：

> 河水於是有棘津之名，亦謂之石濟津……宋元嘉中，遣輔國將軍蕭斌率寧朔將軍王玄謨北入，宣威將軍垣護之以水軍守石濟，即此處也。河水又東，淇水入焉。又東，逕遮害亭南……又有宿胥口，舊河水北入處也。河水又東，右逕滑臺城北。

　　石濟津（棘津）的北部就是枋頭城，淇水本來注入黃河，但是曹操以大

〔註49〕《北齊書》卷四十《赫連子悅傳》。

〔註50〕徐海亮：《歷史上黃河水沙變化的一些問題》，《歷史地理》第十二輯，上海人民出版社，1995年。

枋迫使淇水北入白溝，南通清河，枋頭城從此成為魏晉南北朝時重要城市。

石勒在壽春被晉軍打敗，想從棘津渡河，但是汲郡向冰在枋頭設壁，石勒派軍潛入淇水故道，奪取其船，從枋頭長驅向鄴。〔註51〕石勒遷氐族苻洪部眾到枋頭，封為龍驤將軍、流人都督、西平郡公、關內領侯將。石趙滅亡，苻健從枋頭回到關中，建立前秦。〔註52〕

東晉海西公太和四年（369年）桓溫北伐，破前燕軍，到枋頭，慕容暐想退回和龍，桓溫因為糧盡焚船，退到襄邑戰敗。五年（370年），苻堅克燕，改枋頭為永昌縣。慕容垂在恢復燕國，圍攻鄴城的苻堅之子苻丕，苻丕請求東晉救援，劉牢之率軍兩萬北征，慕容垂到枋頭，慕容垂退走。劉牢之到鄴城，苻丕率鄴城之眾就晉谷於枋頭。〔註53〕劉宋元嘉二十七年（450年）十月，垣護之北伐，據石濟津，敗退時砍斷北魏設置在黃河上的鐵索。〔註54〕

北魏汲郡移治枋頭，酈道元《水經注》卷九記載曹操開鑿的渠道荒廢，孝明帝熙平時又恢復。但是東魏石濟津決口，使石濟津和枋頭衰落，隋唐史書都已不提枋頭。東魏把渡口北移到更靠近鄴城的白馬津，白馬津正對東郡治所白馬縣，隋唐是滑州。

石濟津南部的靈昌津也因此更加興盛，石勒曾在靈昌津的黃河建橋，隋代在靈昌津新設了靈昌縣（今滑縣半坡店鄉零河村），《元和郡縣圖志》卷八滑州靈昌縣：「本漢南燕縣地，自漢至隋不改，開皇十六年，分東燕、酸棗二縣置靈昌縣，取靈昌津為名。」顯然因為黃河在石濟津決口，導致人們改走靈昌津渡口。隋煬帝大業二年（606年）在靈昌縣西南五十三里設金堤關，十三年（617年）廢。唐玄宗天寶十四載（755年）十二月，安祿山從靈昌津渡河。後唐莊宗李存勗同光元年（923年）改名靈河縣，北宋英宗趙曙治平三年（1066年）因為黃河決口降為靈河鎮。

所以東魏的石濟津河決非常重要，雖然未使黃河改道，但是對黃河岸邊的渡口和城市有重要影響。

六、胡人種田和唐宋西北胡化

漢武帝曾經遷徙一百多萬關東人到西北屯墾，但是漢代的西北也有很多

〔註51〕《晉書》卷一百五《石勒載記下》。
〔註52〕《晉書》卷一百十二《苻洪載記》。
〔註53〕《晉書》卷一百二十三《慕容垂載記》。
〔註54〕《宋書》卷《垣護之傳》。

土著的胡人。魏晉南北朝時期的西北仍有很多漢人，這些漢人和胡人雜居，使胡人也會種田。《北史》卷九十六《稽胡傳》：「自離石以西，安定以東，方七八百里，居山谷間，種落繁熾。其俗土著，亦知種田，地少桑蠶，多衣麻布。其丈夫衣服及死亡殯葬，與中夏略同。婦人則多貫蜃貝以為耳頸飾。與華人錯居。」《太平寰宇記》卷三十五丹州引隋代《圖經雜記》：「俗謂之丹州白室，胡頭漢舌。即言其狀似胡，而語習中夏。」譚其驤認為稽胡以畜牧為主，所以才有亦知種田的話。我認為未必，稽胡和漢人長期雜居，所以男人的衣服和漢人相同，亦知種田指的是稽胡已經半漢化，不像北方的胡人，而是也會種田。

既然從孝昌元年（525 年）到天平二年（535 年），山胡劉蠡升在汾州稱王，則其糧食可以自給自足。不僅如此，北周保定四年（564 年），楊忠和突厥人攻打北齊，還要靠山胡供糧。

唐朝從來沒有像漢代那樣組織上百萬的關東漢人去西北屯墾，在河套所設縣數完全不能和漢代相比，反而招徠很多突厥人、党項人住在河套，這些胡人主要從事牧業，晚唐沈亞之《夏平》稱夏州的党項人：「所業無農桑事，畜馬、牛、羊、橐駝。」既然唐代的黃河中游漢人未有大規模增加，那麼唐宋時期黃河水災劇增就不能用民族變化來解釋。

晚唐胡人據有西北，統治很多漢人，不過此時很多漢人給胡人放牧，張籍《隴頭行》詩云：「驅我邊人胡中曲，散放牛羊食禾黍。去年中國養子孫，今著氈裘學胡語。」既然晚唐西北的農業縮小，牧業擴大，而黃河水災開始劇增，可見黃河水災未必都是由黃河流域的民族和經濟來決定。

七、結　論

可見魏晉南北朝時期黃河雖然有多次決口，但是這個時代的黃河分流的口門很多，所以每一次決口的規模不會太大，使黃河的主流未發生改道。北魏崔楷的上書表明，華北的世家大族控制地方，黃河的諸多分流河道在各郡內得到一定程度地有效管理。因為魏晉南北朝時代總體上是寒冷乾旱氣候，降水偏少，王景治河的新河道又縮短了入海路線，胡人南遷也使黃河中上游的水土流失有所減少，所以魏晉南北朝時期的黃河災害規模相對較小。

但是魏晉南北朝時期的黃河仍然有多次決口，造成的危害很大，有些決口還形成了重要的影響。正是因為地方大族各自引流，一定程度上減少了黃

河大決口的隱患，使北魏長期不關心黃河治理，積重難返，致使北齊的黃河水災越來越嚴重，加速了北齊的滅亡。隋朝也不治河，水災又越來越嚴重，也加速了隋朝的滅亡。河清的背後隱藏了明顯的殺機，歷史上的河清不常見，北齊的河清是唯一源自黃河的年號。而宋徽宗、金宣宗、元順帝、明崇禎等亡國君主時竟然都因為乾旱出現了河清，古代有 43 次黃河清而宋徽宗時就有 10 次。〔註55〕漢桓帝延熹九年（166 年），濟陰、東郡、濟北、平原郡河水清，襄楷認為河清是諸侯為帝的徵兆。清代顧炎武《日知錄》卷三十還在盲從襄楷的謬論，顧炎武把歷代亡國前的河清也歸入諸侯為帝的證據，包括朱元璋取代元順帝。其實朱元璋不過是一個流氓，連里長都談不上，更不要說諸侯了。

鄭州桃花峪黃河中流北部灘地的農田

　　清朝有七次黃河清，順治元年（1644 年）、二年、康熙九年（1670 年）各有一次，雍正三年（1725 年）黃河變清使胤禛欣喜若狂，親自撰寫《河清

〔註55〕王星光、彭勇：《歷史時期的「黃河清」現象初探》，《史學月刊》2002 年第 9
　　　　期。

頌》，在淮安立碑。四年、五年又有黃河清，大小奴才競相撰寫《河清頌》。雍正五年，胤禛看到太常寺卿鄒汝魯上的《河清頌》有「舊染維新，風移俗易」八個字，就拿鄒汝魯問罪，革職發放到荊州修江堤。雍正四年，太子弘曆也作了《河清頌》，收入乾隆元年的《樂善堂全集》初刻本，不料乾隆二十三年（1758年）弘曆收繳初刻本，當年刻印的修訂本刪去了《河清頌》。乾隆五十三年（1788年），弘曆對地方官上奏的黃河清很不感興趣，認為符瑞無關實政，或許是他看到史書上的黃河清多在亡國之前，有所忌諱。弘曆漢化比胤禛深，他把父親胤禛親自組織編寫推廣的《大義覺迷錄》列為禁書。這也是古代王朝的最後一次河清，宣統年間沒有黃河清，腐朽的清朝還是被孫中山扔進了歷史的垃圾堆。

第三節　魏晉南北朝淮、沭下游地理叢考

　　淮河流域歷來是中國歷史地理學界關注的地區，但是關於淮河流域歷史地理的研究，在位置上側重於淮河中下游及其中游支流，關於沂河、沭河等下游支流的專文則很少。在時段上側重於宋代黃河奪淮以後，關於唐代以前的研究很少。歷史上沭河下游水文主要有兩次大變化：一是東晉以後的沭水改道，二是清代以後的水系變亂和碩濩湖的淤積。第一次變化在東晉南北朝的戰亂之中，伴隨著秦漢以來郡縣的變亂。隋唐以前沭河下游河道和政區的舊跡漸漸湮沒，致使後人考訂往往出錯。

　　邗溝改道也在漢唐之間，游水一名在隋唐以後也消失。前人就邗溝改道、漢晉時淮浦縣城位置、游水走向、沭水下游改道、漢代東海郡曲陽縣城位置、漢代東海郡胸縣伊盧鄉位置等問題已有考證，本文就這些問題提出一些新的看法。鬱州自蒼梧徙來一說，前人未作考實，本文予以說明。

一、邗溝改道

酈道元《水經注》卷三十《淮水》

　　　　舊道東北出，至博芝、射陽二湖。西北出夾邪，乃至山陽矣。至永和中，患湖道多風，陳敏因穿樊梁湖北口，下注津湖逕渡，渡十二里，方達北口，真至夾邪。興寧中，復以津湖多風，又自湖之南口，沿東岸二十里，穿渠入北口，自後行者不復由湖。故蔣濟《三州論》曰：淮湖紆遠，水陸異路，山陽不通，陳登穿溝，更鑿馬瀨，

百里渡湖者。

楊、熊疏本作「陳登穿溝」，並說：「先陳下有脫文，趙同，上有陳敏穿樊梁湖事增敏字。戴增同。守敬按：劉文淇曰，陳敏，晉惠帝太安時人，在蔣濟後八十年，《三州論》不當引之，當作陳登。以《三國志·登傳》為廣陵太守也。其說良是。但謂是《水經注》舊本則誣矣。會貞按：嚴可均輯《全魏文》，載《三州論》不採穿溝一句，蓋亦為近本《水經注》陳敏字所惑。《水經》為三國魏人作，《經》言中瀆水出白馬湖東北注淮，足徵鑿馬瀨是陳登事。」〔註56〕田餘慶先生在陳登被誤作陳敏之說的基礎上，對陳登主持邗溝改道的原因作了進一步的闡發，並說：「或許是陳敏在利用中有所修治，才造成《水經·淮水注》中的錯亂。」〔註57〕他還認為《水經注》記載的邗溝首次改道也是陳登所為，這和楊、熊理解不同，熊會貞在「陳敏因穿樊梁湖北口」下按：「《晉書·陳敏傳》敏為廣陵度支及廣陵相，此蓋其時事。但考在惠帝末，下距穆帝永和約四十年，不合。此當作永安，或永興，和字乃涉上文而誤。」

其實眾人皆知西晉末年的陳敏，不知三國時也有一個陳敏，《太平廣記》卷二九三《陳敏》引《神鬼傳》陳敏條，說吳國孫皓之世江夏太守陳敏在長江中翻船，〔註58〕《神鬼傳》是南朝作品，〔註59〕當然這個陳敏不一定就是《水經注》的陳敏。眾人皆知陳登在東漢末年任廣陵太守，據《魏書》的《武帝紀》、《呂布傳》及所附的《陳登傳》已在建安二年後，建安和永和二字，音形皆不近，所以永和時陳敏穿溝不可能是建安時陳登穿溝的訛誤。漢獻帝曾用永漢年號，但是該年（中平六年，189年）改過三次年號後又改回中平，永漢只從九月甲戌用到十二月戊戌，所以《三國志》用中平六年紀年。而且據《三國志·吳書·劉繇太史慈士燮傳》徐州牧陶謙「使（笮融）督廣陵、彭城運漕」，則陳登在陶謙主政時沒有改變運道的權力。

而熊會貞說陳敏改道的永和可能是永安或永興之誤，也不對，按《晉書·陳敏傳》：

〔註56〕〔北魏〕酈道元注、楊守敬、熊會貞疏、段熙仲點校、陳橋驛復校：《水經注疏》卷三十。

〔註57〕田餘慶：《漢魏之際的青徐豪霸》，《秦漢魏晉史探微（重訂本）》，北京：中華書局，2004年。

〔註58〕〔宋〕李昉等編《太平廣記》，北京：中華書局，1961年，第2333～2334頁。

〔註59〕李劍國：《唐前志怪小說史》，南開大學出版社，1984年，第473頁。

及趙王篡逆，三王起義兵，久屯不散，京師倉廩空虛，敏建議曰：「南方米穀皆積數十年，時將欲腐敗，而不漕運以濟中州，非所以救患周急也。」朝廷從之，以敏為合肥度支，遷廣陵度支。

據《晉書·惠帝本紀》，三王討伐趙王倫大戰在永寧元年（301年），太安二年（304年）張昌反，陳敏在壽春擊張昌，永興元年（304年）中有不到一年時間改為永安，三月陳敏平揚州、徐州，十一月惠帝被劫至長安，其間洛陽嚴重缺糧，所以陳敏運糧應在永寧年間。穆帝永和五年，褚裒自京口北伐彭城，也可能改道邗溝。綜合以上各種可能情況，《水經注》此段錯亂問題不好定論。

不過陳敏運糧的地名確實保留下來了，在今寶應縣東北角的西安豐鎮北部，靠近淮安的地名，有固晉、太倉兩個村名，這裡正是古代邗溝所經。據《萬曆淮安府志》卷三《山川》引南宋寧宗趙擴嘉定年間（1208～1222年）的《山陽志》說：「境內凡瀕於淮、湖者多溝、浦。故晉渡口而北曰楊家溝、太倉浦。」故晉很可能源自晉代史事，太倉則很可能是晉代糧倉。到了隋代，邗溝在長江和淮河之間完全取直，不太可能在此設太倉。

二、游水走向

酈道元《水經注·淮水》：「淮水於（淮浦）縣枝分，北為游水，歷朐縣與沭合，又逕朐山西……游水東北入海，舊吳之燕岱，常泛巨海，憚其濤險，更沿溯是瀆，由是出。」《中國歷史地圖集》第二冊、第四冊畫出的游水上游與今連雲港到淮陰的鹽河一致，過了今新沂河後，西北折到錦屏山（即古朐山）西面。游水的這種畫法值得懷疑，如果游水上游就是鹽河，那麼上古的游水就在海邊，潮汐湧進，海風直吹，和近海沒有太大差別。《讀史方輿紀要》卷漣水縣：「官河，縣北三十里。一名漕河。《唐會要》：垂拱四年，開泗州漣水縣新漕渠，以通海、沂、密等州，南入於淮。」官河（即今淮安市區到連雲港市區的鹽河）是唐代人所開，顯然不是漢代就有的游水。

清代顧祖禹《讀史方輿紀要》漣水縣：「漣水，縣西北三里，即沭陽縣之沭水分流也。在沭陽者曰南漣，在縣境者曰北漣，又有西漣、中漣、東漣之名。中漣闊八十丈，北通官河，南通市河。其上流曰西漣，下流曰東漣，皆闊三十餘丈，自城東入淮謂之漣口。《漢志》淮浦縣有游水，北入海。《水經注》：淮水自淮陰又東至淮浦縣，枝分為游水，北至朐縣與沭水合。蓋即

漣水矣。」

　　依此則游水即漣水,《嘉慶重修一統志》持同樣看法,這種看法應該沒有太大問題,因為從漣水縣到朐縣的自然大河確實只有漣水一條。楊守敬《水經注圖》游水上游不明,下游即漣水,楊圖或確。《淮系年表全編·弁圖》的《運河十二》標注「漣(游)」,《說明五》:「別有漣水(即古游水)自山陽淮,北通海、沂、密諸州(在今淮北鹽河西)。」〔註60〕所謂「北通海、沂、密諸州」是襲用官河(鹽河)的描述,但是武同舉明確地區分了鹽河和漣水(游水)。因為漣水受黃河泛濫影響而淤廢,《水經注圖》、《淮系年表·弁圖》畫地都不精確,下面我們來細考漣水的走向。

　　唐代李吉甫《元和郡縣圖志》卷九漣水縣:「沭水,俗名漣水,西南自海州沭陽縣界流入。」沭陽縣在漣水縣的西北,西南是西北之誤。《太平寰宇記》卷十七漣水軍:「北漣水,西從海州沭陽縣沭水分流,南入縣界,在沭陽名漣水,入縣界名北漣水,南流四十九里,與南漣水合。」明代已經沒有南、北漣水之稱,只有西、中、東漣水,萬曆《淮安府志》安東縣(今漣水縣)中漣河、東漣河、西漣河:「中漣在治北三里,河闊八十餘丈,北通官河,南通市河,下流三里入東漣,闊三十餘丈;上流三十里為西漣,闊如東漣,自西北大湖來,東南入淮。」上引同書沭陽縣沭河條,沭河五支中流入漣水那支即西漣,這支走向是西北——東南,其西北段應即宋代的「北漣水」。但是漣水怎麼又出自大湖(又名碩項湖、碩濩湖)呢?光緒《安東縣志》卷首《四鄉古河圖考》,中漣河與西漣河在岔廟集(今漣水縣岔廟鎮)匯合後,北出一條屯河注入漣水縣北的傅湖(圖上顯示在今漣水縣灰墩和灌南縣新安鎮之間,和大湖相連),卷三《水利》所錄湮沒舊河29條除西、中、東漣河,又有屯河,其注文首先列出《海州志》的矛盾(即上述《淮安志》的矛盾),然後考證出屯河原是中漣河下游,康熙二十四年(1685年)河道總督靳輔因為湖身淤墊,丈地歸屯後築屯堤,沿稱屯河。在《元和郡縣志》、《太平寰宇記》中,漣水只是沭河和淮河之間的一條河,萬曆《淮安府志》中淮河到大湖另外一條河竟然也叫漣河了,其實後者就是游水。因為漣水入游,所以游水的名字被漣水替代了。

　　漣河北過傅湖,到今沭陽縣高墟鎮,萬曆《淮安府志》卷三海州高墟湖:「治西南八十里,通漣河。」又經龍苴(今灌雲縣龍苴鎮),《萬曆淮安志》

〔註60〕武同舉:《淮系年表全編》,1928年,復旦大學圖書館藏。

海州枯溝河：「龍苴鎮北，西通漣河。」又經新壩（今連雲港市新壩鎮）入海，《隆慶海州志》卷十《詞翰志‧鄭公祠堂記》：「沭水西南來，與安東大、富二湖諸水合流為漣，又北三十里入海，而新壩鎮地居二水之中。」〔註61〕大、富二湖，即大湖、傅湖，二水之中指新壩是漣河、官河交匯處，同書卷三《山川》官河：「自新壩南入安東支家河。」《萬曆淮安府志》海州漣河：「上源引沂、沭及桑墟湖水經石湫及黑土灣入海。」

酈道元《水經注‧淮水》說游水過朐縣後，還往北經過利城縣故城東、祝其縣故城西，計斤縣故城西、贛榆縣北、紀鄣城南，才入海，有學者認為這與地勢不合，可能是酈道元把當地河流與游水混淆。〔註62〕我認為從借游水避海上風浪來看，游水很可能已經被人為改造過，在今江蘇、山東交界處以南的海岸還是平原，那麼把游水延伸至此當然是最有利的，所以游水北到贛榆也是有可能的，只是後世北端湮沒了。《中國歷史地圖集》第二冊根據《大清一統志》把祝其縣治標在今贛榆縣西部的山區，可能不確，《水經‧淮水注》：「（祝其）縣之東有夾口浦。」夾口浦似乎是河口海岸地名，連雲港市東連島蘇馬灣新莽始建國四年（公元12年）石刻說：「東海郡朐與琅邪郡櫃為界，因諸山以南屬朐，水以北屬櫃，西直況其。」〔註63〕祝其縣即況其縣之訛，況其縣沿海，這說明況（祝）其縣城很可能在今贛榆縣中部的沿海地區。

三、鬱州自蒼梧徙來

今連雲港雲台山地區，清代以前在海中，稱郁州或鬱州，《水經‧淮水注》：

> （朐縣）東北海中有大洲，謂之郁洲，《山海經》所謂郁山在海中者也。言是山自蒼梧徙此，云山上猶有南方草木。今郁州治。
>
> 故崔季珪之敘《述初賦》，言郁州者，故蒼梧之山也。

所謂山上有南方草木並非神話，據植物地理學家研究，今有蘇南和華南植物跳躍分布到連雲港地區。〔註64〕上古時的氣候比今日溫暖濕潤，所以當

〔註61〕《隆慶海州志》，《天一閣藏明代地方志選刊》第14冊，上海古籍出版社，1982年。

〔註62〕鄒逸麟主編：《黃淮海平原歷史地理》，安徽教育出版社，1997年，第111頁。

〔註63〕連雲港市文管會辦公室、連雲港市博物館：《連雲港市東連島東海琅邪郡界域刻石調查報告》，《文物》2001年第8期。

〔註64〕閻傳海：《植物地理學》第三章第三節《連雲港地區植物區系分析》，科學出版社，2001年。

時的雲台山上有南方草木。傳說自蒼梧遷來，可能因為鬱州這個名稱令人想到古代的鬱林郡（漢晉時治布山縣，治今廣西貴港）和鬱水（今珠江的西江），而鬱林郡的前身是秦、漢初的蒼梧郡。《隋書·地理志下》東海郡東海縣：「有謝祿山、鬱林山。」東海縣治今連雲港市南城鎮，時在鬱州島上，轄境也是鬱州島附近，鬱林山無疑在鬱州島上。

四、沭水改道及走向

酈道元《水經注》卷二十六《沭水》記載沭水到東海郡厚丘縣：

> 分為二瀆，一瀆西南出，今無水，謂之枯沭。一瀆南逕建陵縣故城東……沭水又南逕建陵山西，魏正光中，齊王之鎮徐州也，立大堨，遏水西流，兩瀆之會，置城防謂之曰曲沭戍，自堨流三十里，西注沭水舊瀆，謂之新渠。舊瀆自厚丘西南出，左會新渠，南入淮陽宿預縣注泗水。《地理志》所謂至下邳注泗者也。《經》言於陽都入沂，非矣。沭水左瀆自大堨水斷，故瀆東南出，桑堰水注之，水出襄賁縣，泉流東注。沭瀆又南，左合橫溝水，水發瀆右，東入沭之故瀆，又南暨於堨，〔註65〕其水西南流逕司吾山東，又逕司吾縣故城西……又西南至宿預縣注泗水也。〔註66〕沭水故瀆自下堰東南逕司吾城東，又東南歷柤口城中，柤水出於楚之柤地，《春秋·襄公十年·經》書，公與晉及諸侯會吳於柤。京相璠曰：宋地。今彭城偪陽縣西北有柤水溝，去偪陽八十里，東南流逕偪陽縣故城東北……柤水又東南，亂於沂而注於沭，謂之柤口，城得其名矣。東南至朐縣入游，注海也。（引文省略的三段是對建陵縣、司吾縣、偪陽縣歷史的敘述，與沭水河道無關）

〔註65〕堨，一本作堨，應為堨，堨是名詞。楊守敬《水經注圖》（《楊守敬集》第五冊，湖北人民出版社、湖北教育出版社，1997 年）在沭水南流一支（左瀆）上又畫出一個支流標明「沭水故瀆」，這是錯誤的，原文說「沭水左瀆自大堰水斷，故瀆東南出」，則左瀆即故瀆。上文已經經過大堨了，怎麼又到堨了呢？「又南暨於堨」五個字應該接在上文「沭水又南逕建陵山西」一句後，因為其後不說沭水流到了堨，而直接開始說築堨的經過，明顯缺一句。

〔註66〕西南流支（右支）注入泗水，南流支（左支）下文明明說東南流注入游水，則「又西南至宿預縣注泗水也」似乎有誤，熊會貞說這是沭水左支和泗水間一條湮沒的河道，見楊守敬、熊會貞：《水經注疏》，第 2200 頁。若沭水左瀆分支入泗，則酈道元至少應該說明分出一支，不應如此突兀。待考。

關於這段話，徐士傳解釋為：沭水二瀆分流處在今郯城縣城東壩子村墨河頭，蕭寶夤治水時為了減輕西邊的洪災，在壩子村北築壩，壩上成為水庫，逼迫原本西南流的沭河南流，這就是正光沭水改道；《水經注》是記水道的專著，所以曲沭戍和戰爭無關。《水經注》在行文上「立大壩」和「置城防之」一氣呵成，沒有軍事行動的氣氛。東邊的群眾反對，蓄水區群眾也反對，製造了一系列水利矛盾，所以要用武力保衛大壩，所以才設置城防。當時前線在淮河，不應在此築城；蕭寶夤在正光五年底到六年，就離開徐州了，所以曲沭戍和征伐南朝無關。〔註67〕我認為徐氏的說法是脫離歷史、不合邏輯的臆想。這個錯誤被後人引用，〔註68〕所以必須要糾正。

首先我們來解讀《水經注》原文：沭水分為二支，一支向西南流，一支向南流。西南流這一支無水，又稱舊瀆，即沭水故道，《漢書‧地理志》所謂至下邳縣注入泗水的就是這支。《水經》說沭水最後入沂水，酈道元說《水經》錯了，具體怎樣不得而知，可能這支下游稍有變化，也有可能《水經》小錯。南流這一支《漢書‧地理志》和《水經》都沒有記載，可能是東南流那一支後來改道形成的，所以東南流那一支無水，而這一支有水。南流這一支過建陵山（今新沂市區東）西，北魏正光年間齊王蕭寶夤鎮守徐州時，人工築壩，迫使這一支水西流注入當時無水的沭水故道，聯結新舊河道的是新渠。熊會貞疏：「此左水改流合右水。」民國《重修沭陽縣志》卷二《山川》：「（總沭河）過建陵山故城東，又南經曲沭戍（注：魏立大堰遏水西流）。」〔註69〕二者關於沭水正光改道的概述都沒有錯，只是後者誤以為右瀆邊的曲沭戍在左瀆邊上。

徐士傳把正光改道理解為沭水分為二瀆，他錯誤的原因在於：

1. 關注枯沭無水，認為枯沭一定是被大壩築斷才無水的，其實《水經注》沒有講沭水分為二瀆的經過，我們現在也無法弄清。

2. 把厚丘縣城誤認為在今山東郯城縣東北，致使對大壩地點理解錯誤。

〔註67〕徐士傳：《沭水北魏正光改道和前沭河》，《歷史地理》第六輯，上海人民出版社，1988年。

〔註68〕水利部淮河水利委員會沂沭泗管理局編：《沂沭泗河道志》，中國水利水電出版社，1996年，第17頁。連雲港市地方志編纂委員會編：《連雲港市志》，方志出版社，2000年，第513頁。

〔註69〕錢崇威、戴仁：《民國重修沭陽縣志》，《中國地方志集成‧江蘇府縣志專輯》第57冊，江蘇古籍出版社，1991年。

《太平寰宇記》說厚丘縣在沭陽縣北六十里，《大明一統志》同，《讀史方輿紀要》說在沭陽縣北四十六里，《嘉慶重修一統志》乾脆總言在沭陽縣北，實即今沭陽縣北茆圩鄉厚鎮村，舊名厚丘鎮。歷代志書沒有說過古厚丘縣在郯城縣。

徐士傳把厚丘縣、建陵縣誤認在郯城縣，而沭水二瀆分流處也在郯城縣，使得他錯誤地認為蕭寶夤築塌就在郯城沭水二瀆分流處。其實這個錯誤最早不是他犯出，武同舉的《淮系年表全編》表三「魏孝明帝正光中」一欄說：「齊王鎮徐州，立大塌於厚丘縣建陵山西，遏沭水西流，兩瀆之會，置城防謂之曰曲沭戍」，武同舉自注：「魏東徐州治宿預，厚丘故城在今江蘇沭陽縣，建陵山在沭陽西北，沭分二瀆，一西南入泗，一東北入海，大塌既立，入泗一支遂成枯瀆，東境苦水。」徐、武二人錯誤一樣，但是《淮系年表·弁圖》的《淮系歷史總圖三》和《運河十二》卻沒有錯，只是把曲沭戍標在新渠起點，這可能是因為《淮系年表·弁圖》最後完成，因此得到修正，可能也有參考楊守敬《水經注圖》的緣故，因為《總圖三》和《水經注圖》有些類似。

據《魏書》卷五九本傳，蕭寶夤作為逃到北魏的蕭齊宗室，「志存雪復，屢請居邊」，參加多次對梁的戰爭，這樣一個人，怎麼會去考慮治水和兩邊群眾？當時蕭梁和北魏的國界就在建陵城、曲沭戍附近，西為魏，東為梁。徐士傳說當時前線在淮河是錯誤的，劉宋失「淮北」只是一種簡便說法，在蕭梁太清三年（東魏武定七年，公元 549 年）前，南朝一直保有今連雲港、沭陽、漣水一帶。〔註70〕正光五年（公元 524 年），蕭梁北攻，北魏命蕭寶夤都督徐州東道諸軍事，《梁書》卷《武帝紀》：「十月戊寅，裴邃、元樹攻魏建陵城破之，辛巳又破曲木。……壬寅，魏東海太守韋敬欣以司吾城降。」《通鑒》胡注：「曲木當作曲沭。」曲沭戍正在前線，所以很快被梁攻破。

即使蕭寶夤使沭水改道不在正光五年，也和對梁的戰爭有關。《魏書》本傳記蕭寶夤：「神龜中（公元 518～519 年），出為都督徐、南兗二州諸軍事、車騎將軍、徐州刺史……正光二年（公元 521 年），徵為車騎大將軍、尚書左僕射。」已經有學者認為正光二年之前蕭寶夤任徐州刺史就是《水經注》所說的「齊王之鎮徐州」，〔註71〕這一段徐士傳沒寫。今按《太平御覽》

〔註70〕王仲犖：《北周地理志》卷八東楚州、海州部分，北京：中華書局，1980 年。

〔註71〕趙永復：《〈水經注〉資料斷限》，《歷史地理》第八輯，上海人民出版社，1990年。

卷六三沭水：「《水經》云：沭水，出琅邪東莞縣西北山，東南經東海厚丘縣。梁天監二年（公元 503 年）三月，土人張高等五百餘人相率開鑿此溪，引溉水田二百餘頃。俗名為紅花水，東流入泗州漣水界。」《太平寰宇記》卷二二沭陽縣沭水條也引《水經注》此條，內容相同，應是今本《水經注》的佚文。〔註72〕沭水南流有水的一支在蕭梁境內，西南出的枯河道在魏境，既然梁的百姓用沭水南流那支灌溉，這對魏顯然是不利的。蕭寶夤使南流沭水回到西南的舊河道中，梁的前線地區農業必然受損，這難道不是軍事措施嗎？

至於說《水經注》是水道專著、所以其中的記載都和戰爭無關，說行文一氣呵成、所以就和戰爭無關等等錯誤，我想不必多說了，大家都知道《水經注》內容是什麼，《水經注》沒說蕭寶夤使沭水改道動機不是很正常嗎？酈道元是魏國人，他即使知道真相也不一定說出來，何況他可能不知道，此時距離他的死期（孝昌三年，公元 527 年）只有幾年了。說新渠是解決生活用水、城防是因為水利矛盾等，完全是以今度古。沭水東南流一支被蕭寶夤改道後，何時又回到東南流河道就不得而知了，大概就在南北朝時，可能是梁乘機北伐時，也可能是北齊佔領江北之後。

明代萬曆《淮安府志》卷三《山川》沭陽縣：「（沭河）至縣境分為五道，一自嚴家埠經縣，一百二十里，東流入大湖，縣治在此故名縣，此沭河之正流也。一自高唐溝分流入桑墟湖。一自新店分流，東北入大湖。一自張家溝分流入漣水。一自張家溝分流至下埠橋入大湖，此沭水之分流也。」〔註73〕明代以前的沭水河道沒有詳細記載，但是《中國歷史地圖集》第四冊把沭水標在 1949 年開挖的新沂河上顯然錯誤。〔註74〕

沭河在清代分為前沭河、後沭河兩大支，徐士傳說其中必有一支是人工開挖的，舉出三個證據證明前沭河是人工河：

1. 《水經注》說沭河注入游水，說明沭河注入臨洪口（今連雲港市北）。

2. 宿遷的侍嶺延伸到沭陽縣城，降到 8 米，前沭河穿過該嶺。

3. 前沭河沿真高 7 米等高線到十字橋，兩側地面都要低，屬於灌溉渠布局，不是天然河道。

〔註72〕陳橋驛：《水經注研究》，天津古籍出版社，1985 年，第 490 頁。陳書所列佚文最後一句「東流入泗州漣水界」，應是《太平寰宇記》的正文。

〔註73〕《萬曆淮安府志》，《天一閣藏明代方志選刊續編》第 8 冊，上海書店出版社，1990 年。

〔註74〕譚其驤主編：《中國歷史地圖集》，中國地圖出版社，1982 年。下同。

　　這是錯誤的證明：首先，游水是北到今連雲港南通淮河的一條大河，不是連雲港境內的一條小河，前沭河、後沭河都通游水，後沭河入游水一支即上引《萬曆淮安府志》所說「一自高唐溝分流入桑墟湖」，前沭河入游水的一支即「一自張家溝分流入漣水」，詳見下文。其次，我所見兩種帶地形底圖的沭陽縣地圖上的侍嶺都沒有到達沭陽縣城，﹝註75﹞今天的沭陽縣城沒有山。第三，現代的蘇北平原因為受歷史上黃河長期決口泛濫的影響，地貌早已巨變，不能用今天或清代的地貌來證明中古以前的情況。前沭河所在的「徐淮黃泛平原」很多河流都被黃河泥沙淤廢了。黃河及受其影響的黃淮海平原很多河流都是河床高於兩側陸地，難道黃河也是人工河？其實前沭河不僅不是人工開挖的，而且應該是沭河正流，因為沭陽縣城在前沭河北面、後沭河南面，如果後沭河是正流，沭陽縣當初就應該叫「沭陰縣」。

　　認為前、後沭河中有一支是人工河流的觀點沒有歷史依據，歷史上沭河在出了丘陵後，分散為好幾支水東入游水。這些分散河道的前身可能是沭河改道東流之前的一些獨立河流，但是之前情況無文獻可考。

　　附記：本文是在 2007 年發表，呂朋在 2012 年的《歷史地理》第二十六輯發表《沭水北魏正光改道新考》，呂文誤以為蕭寶夤立了兩個堰，一個堰在今新沂縣城之北，使沭水西南流過駱馬湖，流入泗水，一個堰在今新沂縣城南部的司吾山之北，使沭水西南流過駱馬湖，流入泗水。呂文所附的地圖上，南部的一個堰卻是在司吾山之南，北部一個堰經過新渠流入沭水枯瀆。今按呂文所考完全錯誤，不僅多出一個堰和一條渠道，而且其地圖上南部的一條渠道無名，事實上呂文多出的南部一條渠道根本不存在。呂文的新渠位置也不正確，新渠是向西注入沭水故道，而非西南。枯瀆是新渠口之北的沭水故道，而非新渠口之南的沭水故道，新渠注入了故道，新渠口之南的故道有水，不可能是枯瀆。因為呂文不引用《太平御覽》卷六三的《水經注》佚文，不知蕭梁先開鑿新道，使原來西南流入泗水的沭水東南流，所以不能理解沭水的故道和新道，誤以為沭水故道就是東南流。駱馬湖是明清時期形成，所以南北朝沭水不可能經過駱馬湖。因為呂文不知蕭梁開鑿新道，所以不理解蕭寶夤在北魏境內立堰使沭水回到故道的由來。呂文受到譚其驤主編《中國歷史地圖集》的誤導，其實從現代地形圖可以看出，沭水的故道不可能是從今

﹝註75﹞江蘇省地圖集編輯組：《江蘇省地圖集》，1978 年，內部發行。史照良主編：《江蘇省地圖集》，中國地圖出版社，2004 年。

新沂市的東南部，再向西南注入泗水。因為新沂市南部是山地，地勢較高，沭水故道經過這片山地的西部，蕭梁境內人開鑿的新道從這片山地的東部向東南流，也不是先東南、再西南。新沂河是 1949 年到 1952 年開挖的河道，首次鑿開了嶂山 6 千米的山嶺，才使今天的駱馬湖水從嶂山閘東出，進入新沂河。嶂山的東南部也是高地，一直向東延伸到今沭陽縣境內。所以蕭梁境內人開鑿的沭水新道是一直東南流，而不是先東南、再西南。所以呂文畫出的南部一條改道根本不可能存在，否則要切開山地，其實《水經注》原文不僅不提蕭寶夤開鑿的河道要切開山地，《水經注》原文也不提有這條河道。

魏晉南北朝淮、沭下游水道與地名圖

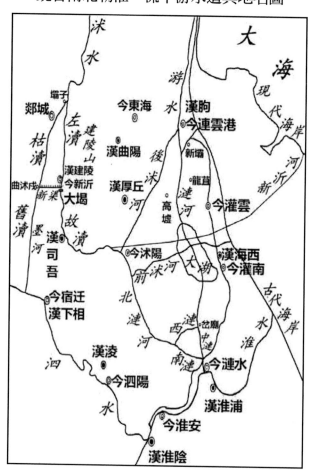

第二章　戰爭與環境

第一節　赤壁之戰在今湖北赤壁市

　　赤壁之戰發生在漢獻帝建安十三年（公元 208 年），這是中國歷史上的重要戰役，但是其具體位置還有不少爭議。王仲犖、何茲全、林劍鳴等諸多著名漢魏史學者的著作和郭沫若主編的《中國史稿地圖集》都認為赤壁之戰的赤壁在蒲圻縣，〔註1〕這也是學界的主流意見，所以蒲圻縣在 1998 年得以改名為赤壁市。

　　但是譚其驤主編的《中國歷史地圖集》竟然認可武昌縣赤壁（在今武漢江夏區）說，〔註2〕使得武昌赤壁說仍有一定影響，其繪製理由見吳應壽、張修桂 1980 年在《復旦學報》發表的《赤壁考》，〔註3〕張修桂在 2004 年又在同一刊物《復旦學報》發表文章論證武昌赤壁說，〔註4〕但是他在這篇文章絕口不提 1980 年吳應壽為第一作者的文章，他的新文理由和舊文基本一致，不

〔註1〕王仲犖：《魏晉南北朝史》，上海人民出版社，1979 年，第 56 頁。何茲全主編：《中國通史》第 5 卷《中國時代・三國魏晉南北朝時期（上冊）》，上海人民出版社，1995 年，第 137 頁。郭沫若主編：《中國史稿地圖集》，中國地圖出版社，1996 年，第 47 頁。林劍鳴：《秦漢史》，上海人民出版社，2003 年，第 962 頁。

〔註2〕譚其驤主編：《中國歷史地圖集》第三冊，第 28 頁。

〔註3〕吳應壽、張修桂：《赤壁說》，《復旦學報（社會科學版）》增刊《歷史地理專輯》，1980 年，第 135～137 頁。

〔註4〕張修桂：《赤壁古戰場歷史地理研究》，《復旦學報（社會科學版）》2004 年第 3 期。收入張修桂：《中國歷史地貌與古地圖研究》，社會科學文獻出版社，2006 年，第 193～211 頁。

應不提舊文。張修桂的文章違背考據學的最基本原則，不看任何考古資料，把在今洪湖市烏林鎮的州陵縣城胡亂比附在今洪湖市東北部。又違背基本的軍事常識，認為曹操的幾十萬大軍一天之間就從武昌撤退到兩百里外的烏林。也違背古文常識，看到《荊州記》明確記載赤壁在蒲圻縣的南岸，而竟仍然咬定赤壁在武昌的誤說。凡此種種錯誤，令人必須要辨明。

因為赤壁是通名，凡是有紅色岩壁的地方都可以叫赤壁，所以很多地方都會出現赤壁地名，現在還有其他赤壁地名。而且赤壁之戰的時間比較久遠，留下的一手史料太少，又有傳抄之誤，使今人難以得出正確的結論。今人考證赤壁之戰地點，往往不認真研讀古籍字句，或違反戰爭常識，忽視赤壁之戰後的赤壁周邊政區興衰形勢，不結合文物考古資料，所以不能得到正確的結論。

赤壁對岸就是曹操退守的烏林，在今洪湖市烏林鎮，1951 年從沔陽縣（1986 年改名仙桃市）分出洪湖縣。洪湖縣是一片澤國，唯獨烏林鎮有一片小丘，是汪洋之中的孤島，所以上古就有州國，州就是島。秦漢設州陵縣，州陵就是島山。所以曹操在此屯兵，進攻南岸的赤壁。赤壁之戰後，孫吳裁撤州陵縣，直到一千多年前重設洪湖縣，但洪湖縣城已經不在州陵縣城所在的烏林鎮。因為很多人使用的簡單地圖不畫出地形，所以他們不明地形，自然不知曹操在烏林、赤壁作戰的原因。

一、赤壁異說由來

南朝人的《荊州記》明確記載：「蒲圻縣沿江一百里，南岸名赤壁。」赤壁顯然在蒲圻縣，但是北朝的酈道元認為赤壁之戰發生在武昌赤壁，也即今武漢市江夏區西的赤磯山。《水經注》卷三十五《江水二》：「江水左逕百人山南，右逕赤壁山北，昔周瑜與黃蓋詐魏武大軍所起也。江水東逕大軍山南，山東有山屯，夏浦江水左迆也。」酈道元未到過南方，他的資料來自南方人的地志，但是他不提來源。張修桂強調酈道元《水經注》的可信性，但是認真研究過《水經注》的人都知道《水經注》的錯誤很多，未必可信。我們自然應該信從南朝人的記載，而不應首選北朝人的記載。

唐宋時期有赤壁在蒲圻、漢川、漢陽、黃州等說，唐代人多信蒲圻說。北宋樂史《太平寰宇記》（以下《寰宇記》）卷一百一十三岳州巴陵縣（今岳陽）曹由洲，引已佚的唐代李泰主編《括地志》云：「今鄂州蒲圻縣有赤壁山，

即曹公敗處。」〔註5〕晚唐李吉甫《元和郡縣圖志》（以下《元和志》）卷二十七鄂州蒲圻縣：「赤壁山，在縣西一百二十里。北臨大江，其北岸即烏林，與赤壁相對，即周瑜用黃蓋策，焚曹公舟船處，故諸葛亮論曹公危於烏林是也。」〔註6〕此處的蒲圻縣西，據《寰宇記》應為縣西北。《元和志》同卷沔州漢川縣（今漢川）：「赤壁草市，在縣西八十里。古今地書，多言此是曹公敗處，今按《三國志》……據此而言，則赤壁不在漢川也。何則？曹公既從江陵，水軍至巴丘，赤壁又在巴丘下。軍敗引還南郡，周瑜水軍退，並是大江中，與漢川殊為乖謬。蓋是側近居人，見崖岸赤色，因呼為赤壁，非曹公敗處也。」李吉甫所辯確是，曹操是從長江退軍，而不是從漢水退軍，則漢川赤壁不是赤壁之戰所在。

　　樂史《太平寰宇記》卷一百一十二鄂州蒲圻縣：「赤壁，在縣西北一百五十里，江岸北即曹操為周瑜所敗處也。」〔註7〕赤壁在長江南岸，但是曹操被打敗的地方在長江北岸。

　　卷一百一十三岳州曹由洲：「按《通典》、《括地志》云：『巴湖中有曹由洲，即曹公為吳所敗燒舡處，在今縣南四十里。』又云：『今鄂州蒲圻縣有赤壁山，即曹公敗處。』……而《漢陽郡圖經》云：『赤壁城，一名烏林，在郡西北二百二十里，在漢川縣西八十里，跨漢南北。』此大誤也，曹公既從江陵水軍沿流已至巴丘，則今巴陵郡赤壁只在巴丘郡之下，軍敗引還南郡，劉備、周瑜水軍追躡，並是大江之中，與漢川殊為乖角。今據《括地志》為是，當在巴丘、江夏二郡界，其《漢陽郡圖經》及俗說，悉皆乖謬，所以錄國志，以為證據爾。」樂史認為赤壁之戰不在漢川，也不在巴陵，非常正確。下文將論證所謂巴丘燒船是《三國志·郭嘉傳》的誤記，曹由洲的故事是晚出的編造。

　　卷一百三十一漢陽軍漢陽縣：「赤壁。按《荊州記》：『臨嶂山南峰，謂之烏林峰，亦謂之赤壁。』《江右圖》云：『烏林為赤壁，即《吳志》所謂『操臨荊州……遇於赤壁。』即此地也。」

　　據前人考證，東晉范汪、庾仲雍、劉宋劉澄之、郭仲產、盛弘之都有《荊

〔註5〕〔唐〕李泰等著、賀次君輯校：《括地志輯校》，北京：中華書局，1980年，第231頁。

〔註6〕〔唐〕李吉甫撰、賀次君點校：《元和郡縣圖志》，北京：中華書局，1983年，第646頁。

〔註7〕〔宋〕樂史撰、王文楚點校：《太平寰宇記》，北京：中華書局，2007年。

州記》，〔註8〕此處所引不知是哪一種《荊州記》。但是漢陽臨嶂山南的烏林、赤壁說產生也很早，臨嶂城在今武漢市蔡甸區東的五星村城頭山，〔註9〕臨嶂山應在附近，距離長江邊的江夏區赤磯山很遠，如果曹操在江邊大敗，不應往這裡逃亡，所以這個說法肯定不對。至於臨嶂赤壁說和江夏赤壁說的關係，現在不能清楚，可能是也有紅色岩壁。

南宋王象之《輿地紀勝》卷七十九漢陽軍「景物上」赤壁條：

> 《荊州記》：「臨嶂山南峰，謂之烏林峰，亦謂之赤壁，周瑜破曹操處。」《元和郡縣志》云：「在漢川縣西八十里。古今地里書，多言是曹公敗處。」

> 象之按《三國志》，則赤壁不在漢川也。何則？曹公既從江陵水軍至巴邱，赤壁又在巴邱下。軍敗，引還南郡，周瑜水軍退，並是大江中，與漢川殊為乖謬。蓋是側近居人見崖岸赤色，因呼為赤壁，非曹公敗處也。《舊經》引《荊州記》云：「臨嶂山南有烏林峰，亦名赤壁。」《新經》云：「今江漢間言赤壁者有五：黃州、嘉魚、江夏、漢陽、漢川。」

> 其說各有所據，惟江夏之說近古而合於史。漢陽之說，蓋出於《荊州記》。漢川之說，蓋以赤壁草市為赤壁，今其近處，亦有烏林。而唐《漢陽圖經》云：「赤壁城，又名烏林，在漢川縣西八十里，跨漢南北。」據此二說，相去不遠。然曹操初敗赤壁，再敗烏林，乃二地。今以往一地二名，既已失之。況曹操舟師自江陵順流而下，周瑜自柴桑泝流而上，兩軍相遇於赤壁，則赤壁當臨大江。今臨嶂及漢川，各非臨江處。《通典》及《元和郡縣志》皆嘗辯漢川謬，則臨嶂之謬亦可知。

> 黃州之說，蓋出於《齊安拾遺》，以赤鼻山為赤壁，以三江口為夏口，以武昌縣華容鎮為曹操敗走華容道，其說尤謬。蓋周瑜自柴桑至樊口，而後遇於赤壁，則赤壁當在樊口之上。今赤鼻山止在樊口對岸，何待進軍而後遇之乎？又赤壁初戰，操軍不利，引次江北，而後有烏林之敗，則赤壁當在江之南岸。今赤鼻山乃在江北，

〔註8〕劉瑋毅：《漢唐方志輯佚》，北京圖書館出版社，1997 年，第 225 頁。
〔註9〕湖北省文物事業管理局：《中國文物地圖集·湖北分冊》，中國地圖出版社，2002 年，上冊第 120 頁，下冊第 18 頁。

亦非也。又曹操既敗，自華容道走，退保南郡。漢南郡，今江陵。華容，今監利也。武昌華容鎮豈亦南郡路乎？東坡《赤壁賦》中皆疑似語。

嘉魚之說，蓋出於唐人章懷太子注。《東漢·劉表傳》云：「赤壁，山名也，在今鄂州蒲圻縣。」《通典》引《括地志》，亦與此同。《元和郡縣志》則云：「赤壁山，在蒲圻縣。」《水經》述江水源流，至今巴陵縣之下云：「江水左逕，止烏林南。」酈道元注云：「右逕赤壁山北，昔周瑜與黃蓋詐魏武，大軍所起處。」據此則赤壁、烏林相去二百餘里，然疑烏林、赤壁二戰相繼，烏林之捷，又自赤壁始。及觀《江表傳》，赤壁敗後，黃蓋與操詐降書給操……如此，則二戰不同日。《後漢紀》總書為烏林、赤壁，觀者不審，故指為烏林、赤壁為一地。要之道元乃後魏人，去三國尚近，考驗必得其真。〔註10〕

對比《元和志》和《紀勝》，可知王象之否定漢川赤壁的前一段話是抄襲李吉甫。對比趙彥衛的《雲麓漫鈔》，可知王象之的後段多抄襲趙彥衛。趙彥衛認為唐《漢陽圖經》的赤壁又名烏林顯然不對，而且漢川赤壁、漢陽赤壁都遠離長江。趙彥衛否定黃州赤壁的觀點正確，因為黃州赤壁在孫吳軍隊的東南部，顯然不可能是曹操屯兵之處。

嘉魚縣是晚唐天祐三年（906年）從蒲圻縣析出，赤壁仍然留在蒲圻，嘉魚赤壁應是蒲圻赤壁，但是趙彥衛認為蒲圻赤壁劃到了嘉魚，他否定嘉魚赤壁的理由是：「唐蒲圻臨江，今析為嘉魚，故說者據之而指今石頭口為地。然石頭口初未嘗以赤壁名，而《嘉魚縣圖經》亦云此地無赤壁。」其實嘉魚縣無赤壁不能證明蒲圻縣無赤壁，否定嘉魚縣石頭口為赤壁也不能證明。趙彥衛否定蒲圻赤壁的另一個理由是，烏林、赤壁之戰不同日，則烏林距離赤壁很遠，應該是酈道元所指的江夏赤壁。趙彥衛說：「如此則二戰不同日，方是時，操師八十萬，首尾相接二百里，不足訝。」〔註11〕其實劉備在猇亭之戰聯營六百里，曹丕認為他違背兵法，即使曹操也聯營二百里，但是曹操本人

〔註10〕〔宋〕王象之原著、李勇先校點：《輿地紀勝》，四川大學出版社，2005年，第2571～2572頁。

〔註11〕〔宋〕趙彥衛撰、傅根清點校：《雲麓漫鈔》，北京：中華書局，1996年，第110～111頁。

所在的赤壁主力至少也有十萬人，不可能在一天之間撤退二百里。趙彥衛的觀點違背軍事常識，但是被今天的張修桂等人繼承。

唐宋時期已有五種赤壁觀點，其實是四種。我們需要考察三國時期的一手史料，再作考證。

二、從《三國志》考證赤壁之戰

陳壽的《三國志》是赤壁之戰的最可靠材料，現在有個別學者在考證赤壁之戰時居然不從該書入手，違反歷史考證的基本原則。《三國志》記載赤壁之戰的材料並不多，張大可先生在考訂赤壁之戰時列出該書所有赤壁之戰材料，但是仍未正確考證出赤壁之戰的地點，[註12]本文列出說明問題的材料如下，重複無用的材料不列。

卷一《武帝紀》：

> 十二月，孫權為備，攻合肥。公自江陵征備，至巴丘，遣張憙，救合肥。權聞憙至，乃走。公至赤壁，與備戰，不利。於是大疫，吏士多死者，乃引軍還。

裴注引《山陽公載記》曰：

> 公船艦為備所燒，引軍從華容道步歸，遇泥濘……備尋亦放火，而無所及。

卷十《賈詡傳》：

> 臣松之以為……至於赤壁之敗，蓋有運數。實由疾疫大興，以損凌厲之鋒，凱風自南，用成焚如之勢，天實為之，豈人事哉？

卷十四《郭嘉傳》：

> 後太祖征荊州，還，於巴丘遇疾疫，燒船，歎曰：「郭奉孝在，不使孤至此。」

卷三十二《先主傳》：

> 先主斜趨漢津，適與羽船會，得濟沔，遇表長子江夏太守琦眾萬餘人，與俱到夏口。先主遣諸葛亮，自結於孫權。權遣周瑜、程普等水軍數萬，與先主並力，與曹公戰於赤壁，大破之，焚其舟船。
>
> 先主與吳軍水陸並進，追到南郡，時又疾疫，北軍多死，曹公引歸。

卷三十五《諸葛亮傳》：

〔註12〕張大可：《赤壁之戰考辨》，《三國史研究》，華文出版社，2003年。

先主至於夏口，亮曰：「事急矣，請奉命求救於孫將軍。」時權擁軍在柴桑，觀望成敗，……亮曰：「豫州軍雖敗於長阪，今戰士還者及關羽水軍精甲萬人，劉琦合江夏戰士亦不下萬人……」權大悅，即遣周瑜、程普、魯肅等水軍三萬，隨亮詣先主，並力拒曹公……曹公敗於赤壁，引軍歸鄴。

卷三十六《關羽傳》：

曹公追至當陽長阪，先主斜趣漢津，適與羽船相值，共至夏口。

卷四十七《吳主傳》：

十三年春，權復征黃祖……祖挺身亡走，騎士馮則追梟其首，虜其男女數萬口……備進住夏口，使諸葛亮詣權，權遣周瑜、程普等行。是時曹公新得表眾，形勢甚盛，諸議者皆望風畏懼，多勸權迎之。惟瑜、肅執拒之議，意與權同。瑜、普為左右督，各領萬人，與備俱進，遇於赤壁，大破曹公軍。公燒其餘船引退，士卒饑疫，死者大半。備、瑜等復追至南郡。

卷五十四《周瑜傳》：

時劉備為曹公所破，欲引南渡江，與魯肅遇於當陽，遂共圖計，因進住夏口，遣諸葛亮詣權，權遂遣瑜及程普等與備并力逆曹公，遇於赤壁。時曹公軍眾已有疾病，初一交戰，公軍敗退，引次江北。瑜等在南岸，瑜部將黃蓋曰：「今寇眾我寡，難與持久。然觀操軍船艦首尾相接，可燒而走也。」乃取蒙衝鬥艦數十艘，實以薪草，膏油灌其中，裹以帷幕，上建牙旗，先書報曹公，欺以欲降。又豫備走舸，各繫大船後，因引次俱前。曹公軍吏士皆延頸觀望，指言蓋降。蓋放諸船，同時發火。時風盛猛，悉延燒岸上營落。頃之，煙炎張天，人馬燒溺死者甚眾，軍遂敗退，還保南郡。備與瑜等復共追。曹公留曹仁等守江陵城，逕自北歸。

裴注引《江表傳》說：

至戰日，蓋先取輕利艦十舫，載燥荻枯柴積其中，灌以魚膏，赤幔覆之，建旌旗龍幡於艦上。時東南風急，因以十艦最著前，中江舉帆，蓋舉火白諸校，使眾兵齊聲大叫曰：「降焉！」操軍人皆出營立觀。去北軍二里餘，同時發火，火烈風猛，往船如箭，飛埃絕爛，燒盡北船，延及岸邊營柴。瑜等率輕銳尋繼其後，雷鼓大進，北軍大壞，曹公退走。

曹、劉、孫三人的傳記都很簡單:「公至赤壁,與備戰,不利。於是大疫,吏士多死者,乃引軍還」、「與曹公戰於赤壁,大破之,焚其舟船」、「遇於赤壁,大破曹公軍,公燒其餘船引退」。周瑜的傳記最詳細,說曹操在赤壁交戰一失利,就緊急退回江北,然後被孫劉聯軍火燒敗走。從《三國志》的記載不難發現,火燒曹軍的地方就在赤壁的北岸,赤壁之戰在赤壁附近就結束了。王象之認為赤壁之戰和烏林之戰不在同一天,所以必然相距兩百多里,我以為不確,不在一天不能證明相距兩百多里。

古代長江遠比今日寬闊,曹軍很多是北方人,不適應在寬闊的江面坐船打仗,所以從南岸的赤壁撤退到北岸的烏林,本身就已經是一件難事了。今天的人,如果從今天的長江寬度,從南方人的立場,從今天的行船條件去考慮這些問題,自然誤以為赤壁和烏林不應該如此靠近。

我們注意到,以上這些人的本傳裏都不提烏林,烏林只是赤壁江北曹軍駐地附近的一個小地名。孫劉聯軍的渡江追擊後,不可能在曹軍原駐地作戰,因為那裡一片火海,也無需再戰。這時的戰場烏林就在曹軍駐地附近不遠處,也即曹軍逃跑的方向。

記載烏林之戰的史料如下:《三國志》卷五十四《呂蒙傳》:「又與周瑜、程普等,西破曹公於烏林。」《周瑜傳》最後附錄赤烏二年(239 年)諸葛瑾、步騭連名上疏說:「故將軍周瑜子胤……視死如歸,故能摧曹操於烏林,走曹仁於郢都。」卷五十五《程普傳》:「與周瑜為左右督,破曹公於烏林。」《甘寧傳》:「後隨周瑜,拒破曹公於烏林。」《凌統傳》:「與周瑜等拒破曹公於烏林。」《關羽傳》裴注引《吳書》:「羽曰:『烏林之役,左將軍身在行間,寢不脫介,戮力破魏,豈得徒勞,無一塊壤,而足下來欲收地邪?』」曹軍和孫劉聯軍最後展開白刃戰的地方是烏林,所以在三個武將的傳記中都提到烏林,後人誇讚周瑜視死如歸時也提到烏林,關羽強調赴湯蹈火時也提到烏林。

巴丘在今岳陽市,當時尚未分設臨湘縣,所以巴丘縣東北境靠近赤壁、烏林。據《郭嘉傳》和孫權傳,曹操在巴丘自己燒船,不讓瘟疫在船上的狹小空間蔓延,不使士兵再暈船,巴丘顯然不是赤壁之戰之地。據劉備傳和孫權傳,曹軍是在烏林撤退才開始流行瘟疫,這很可能是實際情況。但是裴松之認為曹操失敗的真正原因是瘟疫,裴松之的觀點未必成立,即使曹軍不染上瘟疫,也未必能取勝,因為曹軍不擅長水戰。

　　方詩銘指出有一則前人不太注意的史料，告訴我們曹軍缺船，多數人乘的是竹潯（排）。《太平御覽》卷八六八引王粲《英雄記》：「周瑜鎮江夏，曹操欲從赤壁渡江南。無船乘潯，沿漢水下至浦口，未即渡。瑜夜密使輕船走舸百餘艘，艘有五十人施棹，人持炬火，持火者數千人，立於船上，以萃於排。至乃放火，火燃即回船走去。須臾，燒數千潯火起，火光照天，操乃夜去。」〔註13〕我認為此處有兩個錯誤，赤壁本來在江南，曹軍也不是從漢水到長江。但是這條記載的價值確實在竹潯，告訴我們曹軍失敗的根本原因是不習水戰。

　　張修桂認為赤壁在今武昌區赤磯山，烏林在今洪湖市烏林鎮，赤壁之戰和烏林之戰是兩場戰鬥，他說：「赤壁初戰，曹軍敗退，連艦於烏林上下的長江北岸，聯軍則陳兵於赤壁左右的南岸沿江，雙方形成對峙狀態。因兵力懸殊，聯軍無力應對持久戰，周瑜遂採用黃蓋詐降、火燒連營、精銳隨後猛攻之計，迅速從赤壁前沿陣地，溯江西進，中流發火，其時東風盛猛，延燒岸上營落，頃刻之間，煙炎張天，曹軍沿程潰敗，遭受重創，人馬燒溺死者甚眾，聯軍乘風破浪，終於直搗曹操大本營烏林。」他的說法不僅違背歷史記載，而且不合情理，有三個無法解釋的大漏洞：

　　1. 曹軍人多，又抱定統一江東的決心，既然曹軍在赤壁只是小敗，為何要退往二百里以上的烏林呢？事實上，大軍除非在大敗的情況下，不然不可能迅速撤退，這是軍事常識。如果大軍不戰自退，不僅自亂陣腳，導致對方追擊，而且喪失軍心。如果曹軍在江夏區赤磯山大敗，孫劉聯軍怎麼允許他從容地退往二百里外的烏林，再來一場烏林之戰呢？

　　2. 所謂曹操撤退烏林、孫劉聯軍沿江西進，都找不到任何歷史依據，《三國志》只說曹軍退往赤壁的北岸。

　　3. 如果曹軍大本營在烏林，前軍在武昌區赤磯山，那麼孫劉聯軍在那裡發火呢？《賈詡傳》裴松之說「凱風自南」，凱風是南風，顯然不是東北風，而是東南風或者南風。武昌赤壁在烏林的東北部，如果是在武昌向烏林的途中發火，就不是東南風，而是東北風了。

　　鄭學檬從氣象學的角度研究了赤壁之戰時的東南風來源，他的思路和考證很有價值，但是他誤以為烏林在赤壁下游十多里的對岸，誤以為烏林在赤

〔註13〕方詩銘：《方詩銘論三國人物》，上海古籍出版社，2006年，第150～151頁。

壁的東北部，〔註14〕其實烏林就在赤壁對岸，既然他也承認是東南風，烏林就不可能在赤壁的東北部。

所以，赤壁之戰和烏林之戰相距兩百多里的觀點顯然不能成立，烏林不可能遠離赤壁的對岸。

三、《水經注》赤壁上下地名考

我們必須考證赤壁上下的諸多地點，《水經·江水注》在白螺山（今洪湖市西南螺山）之後說：

> 江水左逕上烏林南，村居地名也。又東逕烏黎口，江浦也，即中烏林矣。又東逕下烏林南，吳黃蓋敗魏武於烏林，即是處也。江水又東，左得子練口，北通練浦，又東合練口，江浦也。南直練洲，練名所以生也。

> 江之右岸得蒲磯口，即陸口也。水出下雋縣西三山溪，其水東逕陸城北，又東逕下雋縣南，故長沙舊縣，王莽之閏雋也。宋元嘉十六年，割隸巴陵郡。陸水又屈而西北流，逕其縣北，北對金城，吳將陸渙所屯也。陸水又入蒲圻縣北，逕呂蒙城西。昔孫權征長沙、零、桂所鎮也。陸水又逕蒲磯山，北入大江，謂之刀環口。又東逕蒲磯山北，北對蒲圻洲，亦曰擊洲，又曰南洲。洲頭，即蒲圻縣治也，晉太康元年置。

> 洲上有白面洲，洲南又有漂口，水出豫章艾縣，東入蒲圻縣，至沙陽西南魚嶽山入江。山在大江中，楊子洲南，孤峙中洲。江水左得中陽水口，又東得白沙口，一名沙屯，即麻屯口也。本名蒐默口，江浦矣。南直蒲圻洲，水北入百餘里，吳所屯也。又逕魚嶽山北，下得金梁洲。洲東北對淵洲，一名淵步洲。江濱從洲頭以上，悉壁立無岸，歷蒲圻至白沙，方有浦，上甚難。江中有沙陽洲，沙陽縣治也，縣本江夏之沙羨矣。晉太康中改曰沙陽縣。宋元嘉十六年，割隸巴陵郡。

> 江之左岸有雍口，亦謂之港口，東北流為長洋港。又東北逕石

〔註14〕鄭學檬：《「諸葛亮借東風」真有其事嗎？──「赤壁之戰」真相蠡測》，《點濤齋史論集：以唐五代經濟史為中心》，廈門大學出版社，2016年，第493～495頁。

子岡，岡上有故城，即州陵縣之故城也，莊辛所言左州侯國矣。又
東逕州陵新治南，王莽之江夏也。港水東南流注於江，謂之洋口。
南對龍穴洲，沙陽洲之下尾也……故有龍穴之名焉。江水又東，右
得轟口，江浦也。左對轟洲。

> 江水左逕百人山南。右逕赤壁山北，昔周瑜與黃蓋詐魏武大軍
> 所起也。江水東逕大軍山南。山東有山屯，夏浦江水左迤也。江中
> 有石浮出，謂之節度石。右則塗水注之……江水又東逕小軍山南，
> 臨側江津，東有小軍浦。

白螺山在今洪湖市西南的螺山鎮，烏林即今洪湖市東北的烏林鎮。但是
《水經注》所說的上烏林、中烏林不在今烏林鎮，而在螺山鎮和烏林鎮之間，
因為烏黎口（中烏林）是江浦，必是江灘平地，而今烏林鎮所在為丘陵，所
以是下烏林。練浦在烏林之下，即今老灣回族鄉和龍口鎮一帶，《水經注》在
沙陽州以下才談到州陵縣，其實錯誤，州陵縣就在今烏林鎮北。

譚其驤主編的《中國歷史地圖集》標州陵縣城在今洪湖市西北新灘鎮與
嘉魚縣對岸地方，大誤。今烏林鎮西北的洪湖市境內，只有一個大興嶺遺址
是新石器時代遺址，還有兩個宋代遺址和一個宋代墓群，其他都是明清以後
遺址，說明洪湖市大多數地方開發很晚。

而今烏林鎮附近有新石器時代遺址 2 處、東周—六朝墓群 1 處、東周城
址 1 處、東周—明代墓群 1 處、漢代墓群 3 處、漢代城址 1 處、漢—六朝墓
群 9 處、漢—宋代墓群 11 處、漢—明代墓群 1 處、六朝墓群 7 處、六朝—
宋代墓群 1 處。在 10 平方千米範圍內集中有如此多的早期遺址，說明這裡
是早期洪湖市的中心地域。烏林鎮北的小城濠東周城址，早已被學者定為州
國故城，其旁的大城濠西漢城址面積 14 萬平方米，夯土城牆殘高 5 米，已
經被學者定為州陵縣故城。大小城濠遺址所在的黃蓬山地區，由 30 多座海
拔 25～42 米的小丘陵組成，[註15] 在低窪的長江沿岸是不可多得的佳地，
所以古人選擇在此居住。因為這片小丘陵在長江中間的沙洲上，所以得名州、
州陵縣。

酈道元說州陵縣城在烏林的東北，但是不記載明確的距離，使人誤以為
州陵縣城離烏林很遠，其實距離很近。

〔註15〕洪湖市博物館：《湖北省洪湖市大城濠、小城濠、萬鋪塌遺址調查》，《江漢考
　　　古》1992 年第 4 期。

　　酈道元《水經注》明確提到，陸水流經蒲磯山山北入江，北面是蒲磯洲，這個蒲磯山無疑在今嘉魚縣西南的陸溪鎮的南面。今陸溪鎮原名陸溪口，即陸水注入長江的水口，東面有蒲磯洲村，說明今陸溪鎮中心即蒲磯洲。〔註16〕《三國志》卷六十《呂岱傳》說呂岱曾經做過交州刺史，「嘉禾三年，權令岱領潘璋士眾，屯陸口，後徙蒲圻。」今陸溪鎮東南的龍潭腦村張家山，發現墓磚兩塊，上面分別有「交州牧」、「馬上大將軍番禺呂」，說明呂岱墓就在陸溪鎮。1984 年發現孫吳寶鼎二年（267 年）的銅鏡，現在收藏在嘉魚縣博物館。

　　今崇陽縣西南的肖領鄉五塘村有五塘坳城址，面積約 15 萬平方千米，現存三面夯土城牆，被初步判斷為東周遺址，〔註17〕但從其位置來看，無疑即《水經注》所說的下雋縣城。陸水的上游雋水從東南來，流經城址西北，其實南面距離雋水還有 6 千米。因為酈道元手中的地圖比例尺太小，而地名字體較大，所以雋水在酈道元筆下繞城三面。

赤壁鎮、陸溪鎮、烏林鎮地圖

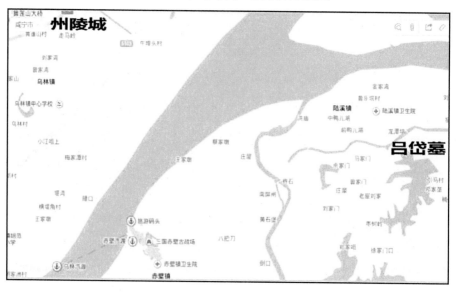

　　酈道元《水經注》說陸口旁邊還有一個濜水，從豫章郡艾縣（今江西修水縣西）發源，流經蒲圻縣，到魚嶽山入江。楊守敬《水經注圖》當真畫了

〔註16〕湖北省嘉魚縣地名領導小組：《湖北省嘉魚縣地名錄》，1982 年，第 115 頁。
〔註17〕湖北省文物事業管理局：《中國文物地圖集‧湖北分冊》，第 506 頁。

這樣一條河流，〔註18〕熊會貞已經指出這條河流不存在。〔註19〕我認為這條溳水就是陸水，今陸水上游叫雋水，有下雋縣城，雋水就是溳水的異讀。因為孫吳陸渙在駐紮此，才改名為陸水。

魚嶽山（37.5 米）在今嘉魚縣城的西北，〔註20〕沙陽州就在今日嘉魚縣城東北部，城東的北門村、東街巷（舊嘉魚縣城所在）就有六朝墓群，〔註21〕今嘉魚縣城應即沙陽縣城所在，這也符合嘉魚縣地方文獻。〔註22〕此處不見漢代遺址，因為沙陽縣不是如《水經注》所說僅是沙羨縣改名，《宋書·州郡志》郢州江夏郡說：「汝南侯相，本沙羨土，晉末汝南郡民流寓夏口，因立為汝南縣。沙羨令，漢舊縣，吳省。晉武太康元年復立，治夏口。孝武太元三年，省併沙陽，後以其地為汝南實土……沙陽男相，二漢舊縣，本名沙羨，屬武昌，晉武帝太康元年更名。又立沙羨，而沙陽徙今所治。」孫吳裁撤沙羨縣，西晉在夏口（今武昌）設沙羨縣，又設沙陽縣，沙陽縣城可能不在原沙羨縣城，故名徙治。

酈道元認為赤壁之戰在今武漢市江夏區西的赤磯山，今人有人認為赤磯山是古戰場遺址，為較開闊的丘崗地帶。〔註23〕對岸的漢南區紗帽山，應即《水經注》百人山。大、小軍山，即今蔡甸區軍山鎮大、小軍山。

前人考證赤壁之戰時，對州陵縣、陸水、溳水、蒲磯洲、蒲磯山、魚嶽山、沙陽州的位置都沒有考證清楚。現在看來，酈道元的敘述不僅存在州陵縣的錯簡，還有沙陽縣的訛誤，其實錢大昕早就舉例證明：「《水經注》難盡信。」〔註24〕那麼我們就不必迷信《水經注》的記載，赤壁之戰不一定就是

〔註18〕楊守敬：《水經注圖》，謝承仁主編《楊守敬集》第五冊，湖北人民出版社、湖北教育出版社，1997 年。

〔註19〕〔北魏〕酈道元注、楊守敬、熊會貞疏、段熙仲點校、陳橋驛復校：《水經注疏》卷三十，第 2866 頁。

〔註20〕湖北省嘉魚縣地名領導小組：《湖北省嘉魚縣地名錄》古蹟「魚嶽山」，第 317 頁。

〔註21〕湖北省文物事業管理局：《中國文物地圖集·湖北分冊》，上冊第 234 頁，下冊第 514 頁。

〔註22〕湖北省嘉魚縣地名領導小組：《湖北省嘉魚縣地名錄》古蹟「沙陽古城」，第 323 頁。

〔註23〕湖北省文物事業管理局：《中國文物地圖集·湖北分冊》，上冊第 122 頁，下冊第 23 頁。

〔註24〕錢大昕：《十駕齋養新錄》卷十一《水經注難盡信》，上海書店出版社，1983 年，第 248 頁。

酈道元所說的武昌（今江夏區）赤磯山。

酈道元的觀點，可能來自劉宋盛弘之的《荊州記》，但是我們今天看到的《文選》卷三十應瑒《汝穎之士流離世故頗有飄薄之歎》注引《荊州記》竟然明確地記載：

> 蒲圻縣沿江一百里，南岸名赤壁。周瑜、黃蓋〔在〕此乘大艦上，破魏武兵於烏林。烏林、赤壁，其東西一百六十里。

因為《荊州記》今佚，因此我們不能確知原文。但是赤壁顯然在蒲圻，蒲圻縣沿江一百里這句話，可能指蒲圻縣境內的長江綿延一百里，更有可能是指赤壁在蒲圻縣城之外的一百里長江南岸。從蒲圻縣城到赤壁，是沿陸水曲折而行。古代地志的計算座標都是縣城，而不是縣界。江夏赤壁在蒲圻縣界之外不遠，遠遠不到一百里。

烏林、赤壁其東西一百六十里這句話，似乎是赤壁在江夏的鐵證。但是我認為也不能成立，如果這句話是指赤壁在江夏，而西晉屬沙羨縣，東晉屬沙陽縣，又歸入僑置的汝南縣，開頭不應提蒲圻縣而不提沙羨、沙陽或汝南縣。此處可能是誤以為上烏林是烏林之戰的下烏林，上烏林在赤壁之西 160 里。酈道元誤以為赤壁在下烏林之外 160 里，因此誤認江夏赤壁是赤壁之戰地點。

四、蒲圻赤壁比江夏赤壁合理

江夏赤磯山有很多疑點，而蒲圻赤壁更合理，理由如下：

1. 江夏赤磯山在長江的東岸，對岸紗帽山的西北面還有很多小山丘，所以該段長江應該穩定在江夏赤磯山和紗帽山之間。但是該段長江為南北流向，也即赤壁在江東岸，而非《三國志》記載的南岸。

今天赤壁、烏林鎮之間的長江是西南—東北流向，但是古代的長江比今天寬很多，而且烏林之西就是洪湖，古代是長江的汊道，所以古代的這段江面更接近東西向，符合《三國志》曹軍在江北岸、孫劉聯軍在江南岸的記載。

2. 江夏赤壁對岸的紗帽山北面有大軍山、小軍山，《輿地紀勝》卷七十九漢陽軍「景物下」云：「大軍山、小軍山在漢陽縣，昔吳、魏相持，陳兵於大小兩山，故有大軍、小軍之號。」從地名上看大軍山、小軍山似乎可能是曹操駐軍的地方，但是二山已經在赤磯山下游，大軍山距赤磯山 5 千米，小軍山更遠，孫劉聯軍既然在赤壁相遇，怎麼可能允許曹軍越到長江下游去

呢？所以大、小軍山不可能是曹軍駐地。

　　3. 赤磯山距離夏口（今武昌區）僅 25 千米，《三國志》卷五十四《周瑜傳》說：「權遂遣瑜及程普等，與備並力逆曹公，遇於赤壁。」逆就是迎擊的意思，孫劉聯軍自夏口奮力向上游進發迎擊曹軍，怎麼可能僅僅推進了五十里呢？孫、劉的水軍實力都不在曹軍之下，孫吳水軍不僅適應內河，而且有海上作戰記載，《三國志》卷四十六《孫破虜討逆傳》裴注引《江表傳》：「策以融所屯地勢險固，乃捨去，攻破繇別將於海陵。」同書說：「陳瑀屯海西……策覺之，遣呂範、徐逸攻瑀於海西，大破瑀，獲其吏士妻子四千人。」孫吳的水軍攻打海陵縣（治今泰州）和海西縣（治今灌南縣新安鎮龍溝村），無疑都是通過海路。呂範就參加了赤壁之戰，劉備的水軍是荆州原來的南方人組成，而赤磯山距離江陵城的江路幾百里，孫劉聯軍怎麼可能讓曹軍沿江推進幾百里，而自己只推進五十里呢？張修桂在其文中說：「曹操數十萬大軍已浩浩蕩蕩沿江席捲東下，在兵力對比懸殊之下，聯軍以逸待勞，採取守勢，在重兵保衛大本營夏口的前提下，只能派出適量人馬至夏口的前哨、數十里之內的大、小軍山一帶遊弋設防，再遠之處就屬兵力分散，也是聯軍實力所不及的，更不用說遠在數百里之外的蒲圻赤壁山了。」今按這是張文的臆測，沒有任何歷史依據。

　　赤壁市的赤壁在夏口以上二百里，符合《三國志》周瑜、程普等與劉備一起奮力迎擊曹操，在赤壁相遇的記載。

　　4. 張修桂說：「今赤磯山附近，山巒重疊，遺憾的是臨江部分，在 20 世紀 30 年代以來，因開山取石已夷為平地，昔日濱江險峻形勢，已經一掃而光。但當地村民至今仍能在附近山上、田內、江邊，撿到和赤壁市赤壁博物館展示的相同的箭鏃等戰爭遺物，同樣可以證明赤壁初戰的赤壁即為今之赤磯山。」這個說法沒有注明來源，今江夏區赤磯山沒有出土鐵鏃的考古材料，而今赤壁市的赤壁之戰遺址歷年出土銅弩機和大量鐵鏃、銅錢，可以證明赤壁之戰就在今赤壁市的赤壁山。〔註25〕

五、赤壁不在今嘉魚縣

　　嘉魚縣是晚唐天祐三年（906 年）從蒲圻縣析出，胡三省註《資治通鑑》：卷六五：「赤壁山在今嘉魚縣，對江北之烏林。」他不知赤壁仍在蒲圻縣。張

〔註25〕湖北省文物事業管理局：《中國文物地圖集・湖北分冊》，上冊第 285 頁，下冊第 516 頁。

靖龍的書提出赤壁不在今赤壁市，而在今嘉魚縣，理由是《荊州記》：「蒲圻縣沿江一百里，南岸名赤壁。」進而認為古代蒲圻縣南岸的一百里都是赤壁，赤壁不是今天蒲圻縣的赤壁小山，今蒲圻縣江岸僅有一些小山，多是地勢低窪的江灘。嘉魚縣從鐵山嘴到蜀山的一百里小山，才是赤壁。〔註26〕

我認為赤壁不在嘉魚，這個缺乏史料依據的觀點是因為錯誤理解了《荊州記》的那句話，我在上文已經解釋，《荊州記》是指赤壁在蒲圻縣城一百里外的長江南岸，不是指一百里都叫赤壁。

赤壁不可能綿延一百里，因為這一百里的很多小山都有專名，這些小山的專名也被張靖龍列出。而且這個觀點也違背地名的命名原則，蒲圻縣的赤壁正是一座小山，才可能稱為赤壁，因為周圍找不到赤壁，地名是表達出特有性才有意義。比如現在西北沙漠中的地名多以水、泉、井命名，這是因為周圍缺水，不表示這些地方普遍多水。

這個觀點也不符合自然地理和軍事常識，曹丕就指出劉備猇亭之戰失敗的原因就是聯營七百里，曹操不可能攻打長達一百里的陣地。嘉魚對岸的洪湖市江岸是一片澤國，直到南宋還荒無人煙，稱為百里荒，僅有盜賊出沒，〔註27〕陸游《入蜀記》稱巡邏的通濟巡檢士兵，徹夜不睡。可見今洪湖市的東北部顯然不是駐軍的佳地，曹操不可能分散兵力。

嘉魚縣曾經是蒲圻縣的東北鄉，嘉魚縣很晚才設立，因為蒲圻縣的要地不在今嘉魚縣境內。

六、孫權廢州陵、設蒲圻證明赤壁地點

沈約《宋書·州郡志》郢州巴陵郡：「州陵侯相，漢舊縣，屬南郡，晉武帝太康元年復立，疑是吳所省也。孝武孝建元年度。」這句話很值得推敲，州陵縣作為秦漢時期巴丘縣（今岳陽）和沙羨縣（治今武漢西南）之間幾百里江面上的唯一縣治，照理說在三國爭戰時不應被省併。但是根據這條記載，州陵縣很可能在孫吳時被裁撤。

我認為州陵縣裁撤的原因，很可能正是因為赤壁之戰。戰前曹軍駐地正在州陵縣城旁邊，戰爭期間可能遭到嚴重摧毀。即便州陵縣未被摧毀，孫吳

〔註26〕張靖龍：《赤壁之戰研究》，中州古籍出版社，2004 年，第 218～223 頁。
〔註27〕〔宋〕范成大撰、孔凡禮點校：《吳船錄》，《范成大筆記六種》，北京：中華書局，2002 年，第 225 頁。

為了堅壁清野，更有效防守江面，也必須裁撤州陵縣。

　　而戰時作為孫劉聯軍駐地的赤壁附近地區，卻在戰後成為孫吳的重要軍事據點，孫權就在赤壁附近設立蒲圻縣。《三國志》卷五四《魯肅傳》：「即拜肅奮武校尉，代瑜領兵。瑜士眾四千餘人，奉邑四縣，皆屬焉。令程普領南郡太守。肅初住江陵，後下屯陸口，威恩大行，眾增萬餘人。」同卷《呂蒙傳》：「權時住陸口，使魯肅將萬人屯益陽，拒羽……魯肅卒，蒙西屯陸口，肅軍人馬萬餘，盡以屬蒙。又拜漢昌太守，食下雋、劉陽、漢昌、州陵。」卷六十《呂岱傳》：「嘉禾三年，權令岱領潘璋士眾，屯陸口，後徙蒲圻……及陸遜卒，諸葛恪代遜，權乃分武昌為兩部，岱督右部，自武昌上至蒲圻。遷上大將軍，拜子凱副軍校尉，監兵蒲圻。」

　　赤壁之戰使孫權水軍增強了信心，也確定了固守長江南岸的原則。孫權設立蒲圻縣，蒲圻縣的名字源自蒲磯山，赤壁和蒲磯山之間就是陸水口，魯肅、呂蒙、呂岱都長期屯軍在陸水口，其實就是守衛赤壁。按照魏晉南北朝時期的戰爭慣例，孫權自然要摧毀長江北岸的縣城，遷移江北州陵縣的人到江南的蒲圻縣，堅蒲圻之壁，清州陵之野，防止曹軍日後南下再有糧草獲得後方基地。

　　孫權甚至裁撤江夏赤壁所在的沙羨縣，可見他認為蒲圻縣比沙羨縣更加重要。因為蒲圻縣西面可以防守南郡、長沙郡來的敵軍，如果在沙羨縣，則鞭長莫及。夏口的東南，有孫吳時的武昌縣（今鄂州），所以夏口就不重要了。直到西晉才在夏口重新設立沙羨縣，因為西晉從北方南征，所以在漢水注入長江之處設縣。但是沙羨縣顯然很不繁榮，所以竟然被併入東晉的僑縣汝南縣，劉宋時江夏郡治才從安陸縣南遷到夏口。

　　蒲圻縣今天在湖北、湖南、江西三省交界處，位置非常重要，東漢末年也是在江夏郡、南郡、長沙郡、豫章郡交界處。《宋書‧州郡志三》江夏郡：「蒲圻男相，晉武帝太康元年立。本屬長沙，文帝元嘉十六年度巴陵，孝武孝建元年度江夏。」蒲圻縣是孫吳設立，但是竟然歸長沙郡管，劉宋才改屬江夏郡。蒲圻縣是孫吳進軍到荊州西部的前哨，所以改歸長沙郡。

　　蒲圻縣周郎嘴鎮，1988 年已經改名為赤壁鎮。其西南不遠就是的湖南臨湘市黃蓋鎮，再西南的岳陽市北部又有陸城鎮。我們再看所謂的武昌赤壁，周圍找不到相關的地名體系。

　　表面上看，孫劉聯軍似乎是進軍到蒲圻赤壁，恰好遇到曹軍。現在看來

未必如此，很可能因為蒲圻本來是四郡交界處，所以孫劉聯軍早已確定就在此地防守，大軍既到了南郡的東界，又不會遠離孫權的後方。赤壁東南的陸水流域通往江西，孫吳軍隊的糧道不會被切斷。

七、結　論

據上文考證，赤壁之戰的赤壁是在蒲圻縣的赤壁，也即今天赤壁市的赤壁。黃州赤壁、漢陽赤壁、漢川赤壁位置偏東，顯然是晚出的附會之地。江夏赤壁雖然是酈道元提出，但是不符合《三國志》、《荊州記》的記載，也不符合孫權裁撤州陵縣、沙羡縣而設立蒲圻縣的形勢，應該是酈道元的誤解。

今人或誤解赤壁在今武漢西南，但今天的武漢在西晉才設縣，劉宋時才成為江夏郡治。漢代的江夏郡治在西陵縣（今新洲），孫吳的江夏郡和西晉武昌郡治在武昌縣（今鄂州），曹魏和西晉、東晉的江夏郡治在安陸縣（今雲夢）。今天武漢在劉宋之前的地位，遠遠不及周圍的各個縣。正是因為在魏晉南北朝時期的這一地域變化太快，蒲圻縣的軍事地位被武漢取代，所以赤壁之戰的地點才出現了諸多糾紛。

有人或許要問，赤壁之戰在今赤壁還是湖北其他地方很重要嗎？即便是在其他地方，也不影響全局。我們知道曹操失敗，天下從此三分就可以了。我認為這個觀點有誤，赤壁之戰的最重要意義是江東首次在楚地打敗了中原勢力。雖然吳王闔閭也曾攻入楚國都城郢（今荊州），但是楚國的實力還是在吳越之上，所以楚國最終囊括吳越，司馬遷《史記・貨殖列傳》甚至稱吳越為東楚。項羽分封十八諸侯有臨江王，都城在江陵（今荊州），其實就是楚王，而不在吳越封王。劉秀從南陽起家，建立東漢，此時楚地還超過吳地。孫吳來自江東，攻下荊州。六朝都城穩定在建康（今南京），荊州的勢力一直不能和揚州抗衡。所以赤壁之戰造成的三分局面不過是短期效果，長遠看來是奠定了吳地超越楚地而成為南方中心的地位。

赤壁所在的蒲圻縣在陸水流域，這是湖北、江西、湖南三省交界之地。孫吳在赤壁取勝，就裁撤赤壁對岸的州陵縣，而在長江南岸新設蒲圻縣，主要是為了防衛曹魏侵犯，但也是為了在荊州的中心之地建立新的水軍基地，方便進軍湖南，同時兼顧江西。所以我們看赤壁之戰不能僅僅看到一個點，而應看到一個面。小的面是陸水流域，大的面是荊州，再大的面是荊州和揚州的關係。

赤壁之戰地名圖〔註28〕

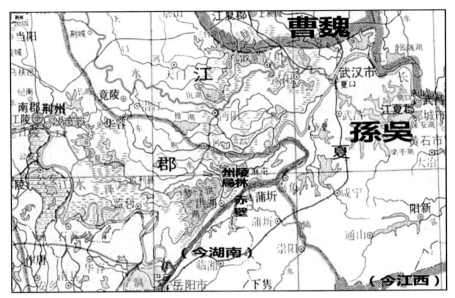

第二節　猇亭之戰在今湖北宜都市

蜀漢劉備章武二年、孫吳孫權黃武元年（222年）六月，劉備在夷道縣的猇亭之戰被吳軍打敗，逃回魚復縣（今奉節縣），次年四月病死。猇亭之戰是歷史上的一場重要戰爭，最終奠定了三國的穩定邊界。可是猇亭的具體位置，前人的看法竟有很大差異，至今尚未定論。

譚其驤主編的《中國歷史地圖集》把猇亭畫在今湖北宜昌東南的猇亭區，不過這個觀點出自清代的《一統志》。〔註29〕酈道元及唐宋地志都不提猇亭，而1982年古老背鎮才首次改名為猇亭鎮，1995年改為猇亭區。王仲犖1979年出版的著作也認為猇亭在宜都縣北、長江北岸的古老背，〔註30〕因為《三國志》明確記載劉備的軍隊在長江南岸，而1982年才出現的猇亭區在長江東北岸，所以顯然不可能是猇亭之戰的地點。

郭沫若主編的《中國史稿地圖集》就把猇亭畫在今長陽縣東北部和宜都交界處，〔註31〕這個位置確實在長江的西南岸，但是位置太偏西，而且深入到清

〔註28〕底圖來自譚其驤主編：《中國歷史地圖集》第三冊第28頁，黑體字是本書添加。
〔註29〕譚其驤主編：《中國歷史地圖集》第三冊，第28頁。
〔註30〕王仲犖：《魏晉南北朝史》，第86頁。
〔註31〕郭沫若主編：《中國史稿地圖集》上冊，第48頁。

江的河谷，我認為也不正確，又把吳軍的位置畫在宜昌東南的長江北岸，顯然不確，吳軍不可能渡江和劉備的主力作戰。這個觀點可能受到顧祖禹《讀史方輿紀要》卷七八猇亭在夷陵縣西說的影響，不過這個說法太晚，未必可信。宋傑引此書認為猇亭在今宜都市西，但是附圖卻仍把猇亭畫在江北。〔註32〕

何茲全認為猇亭在今宜昌之北，他認為從巫縣（今巫山縣）到猇亭僅有三百里，不足《三國志》聯營七百里的記載。〔註33〕猇亭的具體位置，我認為應在今宜都市的北部。如果從朐忍縣（今雲陽）、魚復縣算到今宜都市的北部，又增加一百里。再算上山路的曲折、古今里制差異，則接近七百里。

因為以上各種著作的影響都很大，影響了今天的猇亭區地名的錯誤更改，所以我們必須考證清楚猇亭的位置，以糾正錯誤。

一、陳壽《三國志》的記載

陳壽《三國志》中的猇亭之戰相關重要記載如下：

1. 卷三十二《蜀書·先主傳》：「二年春正月，先主軍還秭歸，將軍吳班、陳式水軍屯夷陵，夾江東西岸。二月，先主自秭歸，率諸將進軍，緣山截嶺，於夷道猇亭駐營，自佷山通武陵，遣侍中馬良，安慰五谿蠻夷，咸相率響應。鎮北將軍黃權督江北諸軍，與吳軍相拒於夷陵道。夏六月，黃氣見自秭歸十餘里中，廣數十丈。後十餘日，陸議大破先主軍於猇亭，將軍馮習、張南等皆沒。先主自猇亭還秭歸，收合離散兵，遂棄船舫，由步道還魚復，改魚復縣曰永安。吳遣將軍李異、劉阿等躡躇先主軍，屯駐南山。秋八月，收兵還巫。司徒許靖卒。」

2. 卷四十三《黃權傳》：「將東伐吳，權諫曰：『吳人悍戰，又水軍順流，進易退難，臣請為先驅以嘗寇，陛下宜為後鎮。』先主不從，以權為鎮北將軍，督江北軍以防魏師；先主自在江南。及吳將軍陸議，乘流斷圍，南軍敗績，先主引退。而道隔絕，權不得還，故率將所領降於魏。」

3. 卷五十八《吳書·陸遜傳》：「黃武元年，劉備率大眾來向西界，權命遜為大都督、假節，督朱然、潘璋、宋謙、韓當、徐盛、鮮于丹、孫桓等五萬人拒之。備從巫峽、建平連圍至夷陵界，立數十屯，以金錦爵賞，誘動諸

〔註32〕宋傑：《三國兵爭要地與攻守戰略研究》，北京：中華書局，2019 年，第 1495、1521～1523 頁。

〔註33〕何茲全：《中國通史》第 5 卷《中國時代·三國魏晉南北朝時期（上冊）》，第 147 頁。

夷，使將軍馮習為大督，張南為前部，輔匡、趙融、廖淳、傅肜等各為別督，先遣吳班，將數千人，於平地立營，欲以挑戰。諸將皆欲擊之，遜曰：『此必有譎，且觀之。』備知其計不可，乃引伏兵八千，從谷中出。遜曰：『所以不聽諸君擊班者，揣之必有巧故也。』遜上疏曰：『夷陵要害，國之關限，雖為易得，亦復易失。失之非徒損一郡之地，荊州可憂。今日爭之，當令必諧。備干天常，不守窟穴，而敢自送。臣雖不材，憑奉威靈，以順討逆，破壞在近。尋備前後行軍，多敗少成，推此論之，不足為戚。臣初嫌之水陸俱進，今反捨船就步，處處結營，察其布置，必無他變。伏願至尊高枕，不以為念也。』諸將並曰：『攻備當在初，今乃令入五六百里，相銜持經七八月，其諸要害皆以固守，擊之必無利矣。』遜曰：『備是猾虜，更嘗事多，其軍始集，思慮精專，未可幹也。今住已久，不得我便，兵疲意沮，計不復生，犄角此寇，正在今日。』乃先攻一營，不利。諸將皆曰：『空殺兵耳。』遜曰：『吾已曉破之之術。』乃敕各持一把茅，以火攻拔之。一爾勢成，通率諸軍同時俱攻，斬張南、馮習及胡王沙摩柯等首，破其四十餘營。備將杜路、劉寧等，窮逼請降。備升馬鞍山，陳兵自繞。遜督促諸軍，四面蹙之，土崩瓦解，死者萬數。備因夜遁，驛人自擔，燒鐃鎧斷後，僅得入白帝城。其舟船器械，水步軍資，一時略盡，屍骸漂流，塞江而下……初，孫桓別討備前鋒於夷道，為備所圍，求救於遜……遜曰：『安東得士眾心，城牢糧足，無可憂也。待吾計展，欲不救安東，安東自解。』及方略大施，備果奔潰。」

4. 卷五十五《吳書·韓當傳》：「宜都之役，與陸遜、朱然等，共攻蜀軍於涿鄉，大破之，徙威烈將軍，封都亭侯。」

5. 卷二《魏書·文帝紀》：「閏月，孫權破劉備於夷陵。初，帝聞備兵東下，與權交戰，樹柵連營七百餘里，謂群臣曰：『備不曉兵，豈有七百里營可以拒敵者乎？苞原隰險阻而為軍者，為敵所禽，此兵忌也。孫權上事，今至矣。』後七日，破備書到。」

另外，《吳書》卷五十一《孫桓傳》、卷五十五《潘璋傳》也有相關記載，對猇亭之戰沒有重要線索，今不列。

二、夷陵、夷道、宜都的遷移

劉備讓黃權在江北防守曹魏，黃權駐在江北的夷陵縣，劉備駐在江南夷道縣的猇亭。劉備失敗，黃權被迫逃往曹魏，證明猇亭不可能在江北。

　　漢代夷陵縣在今宜昌市，孫吳黃武元年改名西陵縣。漢代夷道縣在今宜都市，曹操在夷道縣設臨江郡，劉備改名宜都郡。《先主傳》稱黃權在夷陵道，道字是誤衍，應是夷陵。《清一統志》卷二八六：「猇亭在宜都縣北三十里大江北岸，一名興善坊，今名虎腦背市。」此處即今宜昌市東南的猇亭區，但是清代屬宜都縣，1982年才改屬枝江縣，1992年才改屬宜昌市。如果今天的這個錯誤的地名猇亭區古代不屬宜都縣，古人不太可能誤以為猇亭在此處。《三國志·韓當傳》稱為宜都之戰，宜都縣的前身是夷道縣，不是夷陵縣，這場戰爭在宜都縣而不是夷陵縣境內，所以夷陵之戰的名字不確，我們不應稱為夷陵之戰。

　　劉備的前鋒軍隊圍攻孫桓，孫桓向前線的陸遜求教，陸遜認為孫桓防守的城很牢固，這個城很可能就是夷道縣城，陸遜的軍隊在夷道縣城之北，劉備的軍隊在更北部。則猇亭距離夷道縣城有一段距離，所以《韓當傳》稱戰爭的地方在涿鄉，總之不在夷道縣城。

　　曹魏桑欽《水經》：「又東南，過夷道縣北，夷水從從佷山縣南，東北注之。」酈道元《水經注》卷三十四《江水二》：「夷道縣，漢武帝伐西南夷，路由此出，故曰夷道矣。王莽更名江南。桓溫父名彝，改曰西道。魏武分南郡，置臨江郡，劉備改曰宜都。郡治，在縣東四百步。故城，吳丞相陸遜所築也，為二江之會也。北有湖里淵，淵上橘柚蔽野，桑麻闇日，西望佷山諸嶺，重峰疊秀，青翠相臨，時有丹霞白雲，遊曳其上。城東北有望堂，地特峻，下臨清江，遊矚之名處也。縣北有女觀山，厥處高顯，回眺極目。」

　　依照酈道元的話，則漢代的夷道縣城就在清江注入長江處，也即今天的宜都城。但是酈道元的話也可能有錯誤，漢武帝伐西南夷就不經過此處，夷道縣的名字不是源自西南夷。曹操設臨江郡，劉備改為宜都郡。夷道縣的位置非常重要，則此前的夷道縣不應無城，但是城是陸遜所築，或者是整修，或者是陸遜遷移到了新的地方。

　　北宋樂史《太平寰宇記》卷一百四十七峽州：「《宜都記》：『郡城即陸抗攻步闡，拒晉於此壘。』梁武帝天監中，於此置宜州，以舊宜都為州之名。後魏改宜州為拓州，蓋取開拓之義。周武帝以州扼三峽之口，復改為峽州……唐武德四年，平蕭銑，置峽州，領夷陵、夷道、遠安三縣。貞觀八年，廢東松州，以宜都、長陽、巴山三縣來屬，其年省夷道入宜都。九年，自下牢鎮，移治陸抗故壘。」宜都縣：「本漢夷道縣，屬南郡，故城在今縣西。

後周天和三年，江南為陳所併，陳文帝天嘉元年於漢夷道縣城置宜都縣。唐武德四年，置江州。貞觀八年州廢，來屬……故夷道縣城，在縣東五十里，唐貞觀八年廢入宜都縣。」

　　唐高祖李淵武德四年（620 年）的江州應包括宜都、長陽、巴山三縣，都在江南。這個宜都縣是陳文帝設，縣城在漢代的夷道縣城。峽州有夷陵、夷道、遠安三縣，這個夷道縣城不在漢代的夷道縣城，很可能是北周僑置在江北的夷道縣，地域很小。唐太宗李世民貞觀八年（634 年），江北的夷道縣併入江南的宜都縣，成為宜都縣在江北一小塊地域，很可能就在今天的猇亭區，直到 1982 年才從宜都縣劃出。

　　東晉的宜都郡城遷到了陸抗城，酈道元記載了陸抗城的位置，《水經注》卷三十四《江水二》：

> 江水出峽，東南流，逕故城洲。洲附北岸，洲頭曰郭洲，長二里，廣一里。上有步闡故城，方圓稱洲，周回略滿。故城洲上，城周一里，吳西陵督步騭所築也。孫皓鳳凰元年，陟息闡復為西陵督，據此城降晉，晉遣太傅羊祜接援，未至為陸抗所陷也。江水又東逕故城北，所謂陸抗城也。城即山為墉，四面天險。江南岸有山孤秀，從江中仰望，壁立峻絕。袁山松為郡，嘗登之矚望焉。故其《記》云：今自山南上至其嶺，嶺容十許人，四面望諸山，略盡其勢，俯臨大江，如縈帶焉，視舟如鳧雁矣。北對夷陵縣之故城。城南臨大江，秦令白起伐楚，三戰而燒夷陵者也。應劭曰：夷山在西北，蓋因山以名縣也。

　　夷陵縣城在今宜昌市中心，陸抗城在今宜昌市西南的長江西南岸，東晉宜都郡太守袁山松留下記載。唐代貞觀九年，峽州城又從下牢鎮遷到了陸抗城。如果從宜都郡城所在的陸抗城向東南 50 里，正是今天的宜都城，所以《太平寰宇記》稱漢代夷道縣城在宜都縣東 50 里，很可能是從陸抗城計算，如果是從今天的宜都城計算，則在今天的宜都市東南邊界，不太符合常理。清江是一條很大的河，夷道縣城應在清江注入長江處，而不太可能在今宜都市的東南邊界。

　　即使此前的夷道縣城在今宜都市的東南邊界，猇亭之戰的主戰場很可能還是在今宜都的北部，所以陸遜才在戰後在今宜都城築城，遷宜都縣城到此地，至今稱為陸城。

三、猇亭在今宜都北部

如果我們確定夷陵縣城在今宜都城，則劉備的軍隊前鋒到夷道縣城，而大軍未到夷道縣城，也即在今宜都的北部。劉備的前鋒和主力不可能距離，更不可能隔江分布，所以劉備的主力必然在江南。

吳班、陳式的水軍在夷陵縣城附近，也即在今宜昌。劉備本人所在的陸軍主力從夷陵縣城向南推進，應該不會太遠，陸遜的上書指出劉備捨船就步，就是指劉備的陸軍向南推進。黃權的軍隊似乎應在今宜昌東南，所以他才能在戰後順利逃往曹魏。

劉備先在平地引誘吳軍，附近又有山谷，伏軍在山谷內。這符合今天宜都北部的地形，其西部就是靠近長陽縣的山地。但是劉備的軍隊不可能開進長陽縣，否則進入清江河谷，兩邊都是山地。劉備伐吳，不可能向西進入清江，所以猇亭不可能在今長陽縣境內。劉備派馬良通過在今長陽縣的佷山縣，去聯合五溪蠻。劉備的軍隊到了今天的宜都北部，就可以做到。

有人既指出今天的秭歸縣、宜昌市、長陽縣都有馬鞍山，長陽縣的漁峽口鎮、磨市鎮還各有一個馬鞍山，又認為劉備退守的馬鞍山是今天長陽縣磨市鎮的馬鞍山，進而認為猇亭在今長陽縣境內。〔註34〕但是這個馬鞍山在今磨市鎮西部，遠離長江，不可能是劉備逃亡的路線。馬鞍山是一個各地常見的地名通名，因為馬鞍山太多，所以不能根據今天的馬鞍山地名來考證猇亭。

劉備軍隊在宜都的北部，陸遜的軍隊很可能防守在清江的南岸，陸遜的軍隊可能是通過清江，或其西部的其他河流，乘流斷圍，利用南風縱火，取得勝利。劉備的軍隊向北退走，到了涿鄉的馬鞍山。涿鄉的名字可能源自地勢低窪，在今宜都北部的江邊。

如果猇亭在今宜都的東南，則蜀軍在西，吳軍在東，陸遜不必等到六月南風起來才火攻。宜都的東南也找不到大河，不符合乘流斷圍的記載，所以猇亭不會遠到宜都的東南。

今宜都北部高壩洲鎮有大戰坡村，傳說源自猇亭之戰。大戰坡在清江之北 10 里、長江之西 10 里，地處一片崗地，而且在宜都北部的中心，適合屯兵。這處戰場不應是孫吳鳳凰元年陸抗攻克西陵（今宜昌）之戰的戰船，因為西陵戰場在今宜昌。這處戰場也不是梁元帝蕭繹承聖二年（553

〔註34〕王前程：《關於吳蜀夷陵之戰主戰場方位的考辨》，《湖北大學學報（哲學社會科學版）》2011 年第 1 期。

年）蕭紀和蕭繹西陵之戰的戰場，《梁書》卷五十五《蕭紀傳》記載戰場在西陵峽口。

隋代楊素東征的戰場在江邊，《隋書》卷四八《楊素傳》：「陳南康內史呂仲肅屯岐亭，正據江峽，於北岸鑿岩，綴鐵鎖三條，橫截上流，以遏戰船。素與仁恩登陸俱發，先攻其柵。仲肅軍夜潰，素徐去其鎖。仲肅復據荊門之延洲，素遣巴蜒卒千人，乘五牙四艘，以柏檣碎賊十餘艦，遂大破之，俘甲士二千餘人，仲肅僅以身免。陳主遣其信州刺史顧覺鎮安蜀城，荊州刺史陳紀鎮公安，皆懾而退走。」荊門不是今天荊門市，今天的荊門市是源自南平高季興建的荊門軍。荊門是虎牙山對岸的荊門山，在今宜都市最北部的紅花套鎮，今有地名兵洞灣，其南 20 里才是大戰坡。《水經注》卷三十四《江水二》：「江水東歷荊門、虎牙之間。荊門在南，上合下開，闇徹山南，有門象，虎牙在北，石壁色紅，間有白文類牙形，並以物象受名此二山，楚之西塞也。水勢急峻，故郭景純《江賦》曰：虎牙桀豎以屹崒，荊門闕竦而磐礴，圓淵九迴以懸騰，溢流雷呴而電激者也。」延洲是荊門山東南江邊的沙洲，紅花套的套就是長江的汊道。而大戰坡在崗地，不是楊素和呂仲肅的主戰場。

蕭銑和唐軍的主戰場在宜昌的西陵峽口和宜都最北部的荊門峽口，《舊唐書》卷五十九《許紹傳》：「時蕭銑遣其將楊道生圍硤州，紹縱兵擊破之。銑又遣其將陳普環，乘大艦泝江入硤，與開州賊蕭闍提，規取巴蜀。紹遣智仁及錄事參軍李弘節、子婿張玄靜，追至西陵硤，大破之，生擒普環，收其船艦。江南岸有安蜀城，與硤州相對，次東有荊門城，皆險峻，銑並以兵鎮守。紹遣智仁及李弘節，攻荊門鎮，破之。」陸游《入蜀記》：「過荊門十二碚，皆高崖絕壁，嶄岩突兀，則峽中之險可知矣。」

猇亭之戰地名圖

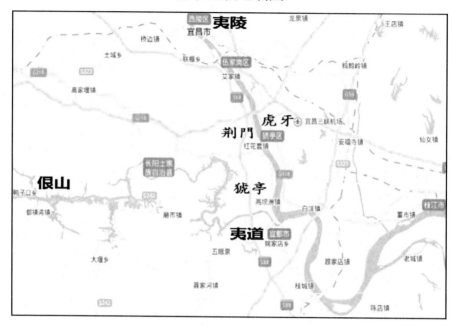

猇亭戰場附近地形圖

四、劉備失敗的原因

劉備失敗的原因是未聽黃權的建議，不順江而下，直搗荊江平原。劉備在正月就出兵，此時是北風，吳軍不能使用火攻。劉備在宜都逗留不前，到了六月，盛行南風，才使吳軍有了火攻的機會。

劉備進攻之前，潘璋是固陵郡太守，固陵郡有秭歸、巫縣，潘璋撤退到宜都郡，軍隊和陸遜會合，又有東部來援的軍隊，形成堅固的防線。如果劉備直搗荊江平原，則吳軍的多支部隊難以會合，未必產生優勢。

從宜都到荊州，如果順江而下，僅需一天，劉備竟然耽誤半年，不敢前進，可見他有畏戰的心理。因為赤壁之戰的主力是吳軍，關羽也被吳軍打敗，所以他對吳軍比較畏懼。他的軍隊布置太分散，又害怕曹魏的軍隊偷襲，把黃權的軍隊放在江北，根本不能發揮任何作用，還使黃權投魏，損失了很多人馬。其實曹魏的軍隊不擅長水戰，未必敢到江邊，所以劉備本來不必分散軍力。陸遜批評劉備此前經常戰敗，很有道理。

不過我們也要看到，劉備的所謂聯營七百里，其實是受到地形限制，這一段是三峽地帶，江流湍急，兩岸都是高山，當時還不存在現在的沿江公路。古人修建了一些棧道，現在還有遺址。峽江兩岸的縣城和市鎮，多在數量有限的江灘，地域狹小，其間通過水路聯結。所以劉備的所謂聯營七百里，其實是一條接續的運輸鏈。劉備之所以畏懼不前，是怕魏、吳長途奔襲，切斷他的補給線路，劉備在四川立足不久，人心不穩。而且當時峽江兩岸還有很多夷人，地廣人稀，所以魏、吳也可能偷襲。所以劉備畏懼不前，也不能全怪劉備。

東漢初年，岑彭、吳漢就在今天的宜都荊門山和宜昌虎牙山之間，火攻戰勝公孫述，《後漢書》卷十七《岑彭傳》：「九年，公孫述遣其將任滿、田戎、程泛，將數萬人乘枋箄下江關，擊破馮駿及田鴻、李玄等。遂拔夷道、夷陵，據荊門、虎牙，橫江水起浮橋、鬥樓，立攢柱，絕水道，結營山上，以拒漢兵。彭數攻之，不利，於是裝直進樓船、冒突露橈數千艘。十一年春，彭與吳漢及誅虜將軍劉隆、輔威將軍臧宮、驍騎將軍劉歆，發南陽、武陵、南郡兵，又發桂陽、零陵、長沙委輸棹卒，凡六萬餘人，騎五千匹，皆會荊門……彭乃令軍中募攻浮橋，先登者上賞。於是偏將軍魯奇，應募而前。時天風狂急，奇船逆流而上，直衝浮橋，而攢柱鉤不得去，奇等乘勢殊死戰，因飛炬焚之，風怒火盛，橋樓崩燒。彭復悉軍順風並進，所向無前。蜀兵大亂，溺死者數千人。斬任滿，生獲程泛，而田戎亡保江州。」這場戰爭在宜都北部

的長江峽口，岑彭軍隊燒了長江上的浮橋，據卷一下《光武帝紀下》在閏三月，可能已有南風。這場戰爭的位置緊鄰猇亭，陸遜可能受到啟發，而劉備不吸取教訓。

劉備靠自己的皇族身份才使蜀漢有了北伐中原的號召力，劉備的慘敗使得他的威信大為損失，半年後死在白帝城。孫權享年七十一，曹操享年六十六，劉備享年六十三，如果不是這場戰爭，劉備的壽命可能更長。

這場戰爭消耗了蜀漢的實力，使蜀漢不敢再東征荊州。也使蜀漢的後方不穩，漢嘉郡太守黃元在十二月趁劉備病重時起兵，次年三月才敗亡。據《三國志》卷四十三《李恢傳》、《呂凱傳》，正是在劉備死後，高定元在越巂郡起兵，雍闓在建寧郡起兵，朱褒在牂牁郡起兵，聯結孫吳。劉備本來是外來的軍閥，荊州、益州很多豪強不滿他的統治，此時自然要趁機起兵。卷三十五《諸葛亮傳》記載劉禪建興元年（223 年）：「南中諸郡，並皆叛亂，亮以新遭大喪，故未便加兵，且遣使聘吳，因結和親，遂為與國。」諸葛亮到劉禪建興三年秋才平定南中，六年才北伐，又消耗了很多精力。

劉備在猇亭之戰失敗的根本原因是自身的能力太差，他所依靠的荊州和益州實力也不及揚州。因此劉備必然在猇亭之戰失敗，猇亭之敗使劉備復興漢朝的夢想落空，更加證明早已腐朽不堪的漢朝確實應該滅亡，漢朝不可能復興。即便是諸葛亮參加猇亭之戰，也未必能取勝。即便劉備和諸葛亮在猇亭之戰獲勝，也不可能對抗曹魏，復興漢朝。不僅因為曹魏擁有最大的土地和最強的實力，而且因為曹魏替代腐朽的漢朝是順應民心。曹操雖然是從收編黃巾軍起家，但是他執行了黃巾軍終結漢朝的任務。世人都拋棄了漢朝，劉備的蜀漢只能在西南苟延殘喘一時，暫做黃粱美夢而已。

第三節　街亭之戰在今甘肅莊浪縣

蜀漢後主劉禪建興六年、魏明帝曹叡太和二年（228 年），諸葛亮北伐曹魏，馬謖在街亭戰敗，諸葛亮被迫退回漢中，揮淚斬馬謖，這是家喻戶曉的故事。但是街亭的位置，今人竟然有很多爭論！街亭的地點有陝西漢中、甘肅天水、秦安、張家川、莊浪等很多種觀點，我認為街亭之戰在今莊浪縣。

考證街亭的位置必須要確定隴城、略陽、安戎等縣城的位置，而這些縣牽涉到秦人的興起及上古到南北朝西北諸多民族的內遷，所以考證街亭對研究西北歷史有重要作用。

一、街亭在隴城、略陽東北

諸葛亮北出祁山（今禮縣東北），到天水郡上邽縣（今天水），南安、天水、安定三郡投降，曹魏驚恐，魏明帝出征長安（今西安），不料馬謖在街亭戰敗，諸葛亮被迫從西縣（今禮縣東北）回漢中。《三國志》卷三十五《諸葛亮傳》記載：「揚聲由斜谷道取郿，使趙雲、鄧芝為疑軍，據箕谷，魏大將軍曹真舉眾拒之。亮身率諸軍，攻祁山，戎陳整齊，賞罰肅而號令明，南安、天水、安定三郡叛魏應亮，關中響震。魏明帝西鎮長安，命張郃拒亮，亮使馬謖督諸軍在前，與郃戰於街亭。謖違亮節度，舉動失宜，大為郃所破。亮拔西縣千餘家，還於漢中，戮謖以謝眾。」

卷十七《張郃傳》：「諸葛亮出祁山。加郃位特進，遣督諸軍，拒亮將馬謖於街亭。謖依阻南山，不下據城。郃絕其汲道，擊，大破之。南安、天水、安定郡反應亮，郃皆破平之。」

卷三十九《馬謖傳》：「建興六年，亮出軍向祁山，時有宿將魏延、吳壹等，論者皆言以為宜令為先鋒，而亮違眾拔謖，統大眾在前，與魏將張郃戰於街亭，為郃所破，士卒離散。亮進無所據，退軍還漢中。謖下獄物故，亮為之流涕。」馬謖是先鋒，則應在諸葛亮軍隊的前方，而不在漢中，漢中的趙雲、鄧芝假攻郿縣（今陝西郿縣）。所以最先應否定的是街亭在漢中之說，諸葛亮退回漢中斬馬謖，漢中的地方志先是記錄斬馬謖的故事，逐漸訛傳為街亭在漢中的錯誤，《隋書》卷二十九《地理志上》漢川郡南鄭縣（治今漢中）：「有定軍山、百牢山、街亭山、嶓冢山。」《太平寰宇記》卷一百三十三興元府南鄭縣：「街亭，《三國志》云，魏將張郃與蜀將馬謖戰於街亭，謖違諸葛亮節制，軍大敗。」雖然有些古書誤抄這個謬論，今人已經基本不信。

陳可畏根據明清天水地方志，認為街亭在今天水東南，引《鞏昌府志》：「今秦州東南七十里，地名街子口，即古街亭。」認為諸葛亮應火速東進，不可能派馬謖去隴山。批判唐宋人人認為街亭在漢代街泉縣的看法，是牽強附會。〔註35〕我認為明清地方志觀點才是很晚出現的附會，毫無早期史料依據，叫街口的地方太多，簡直不計其數，如此庸俗的附會在各地的地方志還有很多。陳可畏竟然盲從這樣簡單的晚出附會，還妄批唐宋人的街泉縣之說，唐宋人去三國的時間較近，不可能全都出錯。陳可畏認為諸葛亮應該東進的看法，還不如魏延從秦嶺直出關中的建議，不知諸葛亮要防止魏軍從北

〔註35〕陳可畏：《街亭考》，《地名知識》1981年第4、5合期。

方隴山包抄後路。

陳可畏認為天水郡的上邽、冀縣為曹魏堅守，進而認為馬謖不可能去遙遠的隴山之下街泉。我認為不確，因為《三國志》卷四十四《姜維傳》稱：「太守聞蜀軍垂至，而諸縣響應，疑維等皆有異心，於是夜亡保上邽。維等覺太守去，追遲，至城門，城門已閉，不納。維等相率還冀，冀亦不入維。維等乃俱詣諸葛亮。會馬謖敗於街亭，亮拔將西縣千餘家及維等還，故維遂與母相失。」可見天水郡的各縣都已經投降蜀漢，裴松之注引《魏略》：「遂於郡吏上官子脩等還冀，冀中吏民見維等大喜，便推令見亮。二人不獲已，乃共詣亮。亮見，大悅。未及遣迎冀中人，會亮前鋒為張郃、費繇等所破，遂將維等卻縮。維不得還，遂入蜀。諸軍攻冀，皆得維母妻子，亦以維本無去意，故不沒其家，但係保官以延之。」可見姜維的老家冀縣不僅投靠蜀漢，擁護姜維去接應蜀軍，在諸葛亮撤退之後還抵抗魏軍。既然天水郡除了上邽城外都已投蜀，馬謖不可能遠去街泉的觀點自然不能成立。

街亭在今天水東南的謬論，在一些通史書和歷史地圖冊中流傳，〔註36〕還影響到地名更改，天水東南的街子鄉竟被改名為街亭。

唐宋人明確記載街亭在隴城縣（治今秦安縣隴城縣）東北，唐代杜佑《通典》卷一百七十四隴城縣：「有街泉亭，蜀將馬謖為魏將張郃所敗處。」李吉甫《元和郡縣圖志》卷三十九秦州隴城縣：「又有街泉亭，蜀將馬謖為魏將張郃所敗。」《太平寰宇記》卷一百五十秦州隴城縣：「街泉亭，俗名漢街城，在縣東北六十里。漢立街泉縣，以屬天水郡，即三國時蜀將馬謖為張郃所敗之處。」樂史是從南唐入北宋，他的《太平寰宇記》主要來自宋代之前的史料，街亭的這條史料也是宋代之前的史料，所以此處的隴城縣城是唐代的隴城縣城。

西漢的天水郡街泉縣，東漢廢入略陽縣為街泉亭，《漢書·地理志》和《續漢書·郡國志》有清楚記載。

敦煌懸泉置出土的漢代簡牘有一枚明確記載：「略陽至街泉五十五里。」〔註37〕五十五里和六十里的差別很小，現在有人誤以為街亭就是唐代的隴城縣城，誤以為唐代的隴城縣城就是今秦安縣隴城鎮，誤以為漢代的略陽縣城

〔註36〕何茲全：《中國通史》第5卷《中國時代·三國魏晉南北朝時期（上冊）》，第165頁。郭沫若主編：《中國史稿地圖集》，第46頁。
〔註37〕甘肅省文物考古研究所：《甘肅敦煌懸泉置遺址發掘簡報》，《文物》2000年第5期。

就是今天的秦安縣隴城鎮，〔註38〕犯了三個最大錯誤，隴城縣城、略陽縣城和街亭之間的五六十里絕不能忽略，而且漢代的略陽縣城、唐代的隴城縣城都不在今天的秦安縣隴城鎮，下文詳考。

王仲犖稱街亭在今秦安縣東北，〔註39〕大概是不知隴城鎮東北六十里已在今莊浪縣境內。還有人從隴城鎮東北六十里，而認為在今張家川縣之北。〔註40〕有人提出街亭在今張家川縣的恭門鎮，〔註41〕我認為方向錯誤，恭門鎮在唐代隴城縣的東南。譚其驤主編《中國歷史地圖集》的街亭畫在今張家川北部，大概是從今秦安縣隴城鎮或張家川縣城向東北算六十里，〔註42〕不過從地形圖來看，張家川北部山谷狹窄，不像是街泉縣城的位置。

二、漢略陽縣城在今龍山鎮

其實我們不能從今天的秦安縣隴城鎮東北六十里來定位街亭，因為今天的隴城鎮不是唐代的隴城縣城，《魏書》卷一百六下秦州略陽郡隴城縣：「前漢屬天水，後漢屬漢陽，晉罷，後復屬，有隴城、略陽城。」北朝的隴城縣有略陽城，即廢入隴城縣的原略陽縣城，《隋書》卷二十九《地理志上》天水郡：「隴城，舊曰略陽，置略陽郡。開皇二年郡廢，縣改曰河陽，六年改曰隴城。」略陽郡廢為縣，改為河陽縣，又改隴城縣。其實略陽郡改為河陽、隴城，都不是改名，而是移治。河陽縣應是《魏書》略陽郡的阿陽縣，阿陽、隴城都是漢代設的縣，北魏都屬略陽郡。所以隋代廢略陽郡，先設河陽（阿陽）縣，又改為隴城縣，在漢代的阿陽縣城、隴縣城。

《太平寰宇記》秦州：

> 隴城縣，東北一百二十六里……本漢隴縣，即略陽道，屬天水郡，後漢改天水曰漢陽。《續漢書‧郡國志》略陽道屬漢陽郡，有街泉亭是也。按《十三州志》：「略陽道在郡東六十里，即故冀城也。」魏黃初中改為隴城，唐武德二年置文州，以縣隸之，八年廢文州，縣來屬。唐貞觀三年，省長川縣併入。唐末廢，後唐長興三年於歸化鎮復置……漢略陽道廢城，在今縣西北。阿陽縣故城，漢置縣，

〔註38〕徐日輝：《街亭叢考》，甘肅人民出版社，2000年。
〔註39〕王仲犖：《魏晉南北朝史》，第92頁。
〔註40〕劉滿：《由秦隴通道和祁山之戰的形勢探討街亭的地理位置》，《蘭州大學學報》1983年第3期。
〔註41〕薛方昱：《街亭故址考辨》，《西北師大學報（社會科學版）》1993年第6期。
〔註42〕譚其驤主編：《中國歷史地圖集》第三冊，第16頁。

亦在河之西北，故曰阿陽。街泉亭，俗名漢街城，在縣東北六十里，漢立街泉縣，以屬天水郡，即三國時蜀將馬謖為張郃所敗之處。大陽山在縣東北五十里，有銀冶務。

此處解釋阿陽為在河之陽，證明《隋書‧地理志》的天水郡河陽縣就在原來的阿陽縣。

唐末廢隴城縣，後唐長興三年（932 年）才在歸化鎮重設隴城縣，今天的隴城縣不是唐代的隴城縣，而是原歸化鎮。隴城縣在秦州（今天水）東北 126 里，清水縣在秦州東北 125 里，則此時的隴城縣已經不在張家川縣，很可能就在今秦安縣隴城鎮。

《五代會要》卷二十：「秦州天水縣、隴城縣：後唐長興三年二月，秦州奏，見管長道、成紀、清水三縣外，有十一鎮徵科，並繫鎮將。今請以歸化、怨水、五龍、黃土四鎮，就歸化鎮，復置舊隴城縣。」

北宋曾公亮《武經總要》前集卷十八德順軍：「水洛城，慶曆中，蕃部鐸廝那等獻水洛、結公二城池……儀州、制勝關、德勝、靜邊、章川寨，遂為內地。又於隴城川修一城，南至床穰寨。龍城寨今屬秦州，東制勝關百里，西熟戶王家族，西南至床穰寨五十里，東南至弓門寨七十里，又四十里至秦州，東北至德順軍百一十里，北至靜邊寨九十五里。」秦州：「隴城寨，唐縣也，至德後陷於吐蕃。宋慶曆中建寨，與德順軍水洛城、結公城二城相援。東弓門寨六十里……東北水洛城五十里，西床穰寨六十里。」弓門寨在今張家川縣的恭門鎮，隴城寨東到弓門載 60 里，東北到水洛城（今莊浪縣水洛鎮）50 里，則隴城寨在今隴城鎮，是北宋在隴城川新建的隴城寨，不是唐代的隴城縣。

樂史《太平寰宇記》的隴城縣資料應該是來自唐代的史料，因為樂史寫書時到重設隴城縣僅有幾十年，隴城縣不太可能新寫地志。而且我們還可以通過隴城縣、略陽縣、安戎縣等縣城的位置來證明，唐代的隴城縣就是漢代的隴縣，前人一致認為在今張家川縣，《水經注》卷三十七《渭水》的降隴縣故城，降隴縣應是漢隴縣的訛誤。

略陽縣古城在唐代隴城縣（今張家川縣城）西北，應在今張家川縣的龍山鎮，不是隴城鎮。《太平寰宇記》稱略陽、阿陽都在河北岸，故名陽，今隴城鎮在河的南岸。龍山鎮是張家川縣西北部最大的鎮，形勢符合。

龍山鎮東南不遠的木河鄉坪王村，出土了北魏休屠匈奴人王真保的墓誌，

墓誌稱：「君諱真保，秦州略陽人……歷代名位，左右賢王。暨漢世大統，諸國內屬，因朝入士……受晉茅土，遂家略陽。高祖擢，晉龍驤將軍、寧夷校尉、趙顯美侯石虎之子。」王真保的高祖王擢，投降石生，作為石虎的養子，《晉書》卷一百五《石勒載記下》：「秦州休屠王羌叛於勒，刺史臨深遣司馬管光帥州軍討之，為羌所敗，隴右大擾，氐羌悉叛。勒遣石生進據隴城。王羌兄子擢與羌有仇，生乃賂擢，與掎擊之。羌敗，奔涼州，徙秦州夷豪五千餘戶於雍州。」王擢被東遷到雍州，但又被石虎允許遷回老家，卷一百六《石季龍載記》：「鎮遠王擢，表雍、秦二州望族，自東徙已來，遂在戍役之例，既衣冠華胄，宜蒙優免，從之。自是皇甫、胡、梁、韋、杜、牛、辛等十有七姓，蠲其兵貫，一同舊族，隨才銓敘，思欲分還桑梓者聽之。」王真保的家在略陽，證明龍山鎮就是漢代的略陽縣城。石生的軍隊到隴城，證明隴城在今張家川縣城。

東漢光武帝劉秀建武八年（32年），隗囂和劉秀的軍隊在略陽縣城大戰，《後漢書》卷一下《光武帝紀下》：「八年春正月，中郎將來歙襲略陽，殺隗囂守將而據其城。夏四月……隗囂攻來歙，不能下。閏月，帝自征囂，河西大將軍竇融率五郡太守與車駕會高平。隴右潰，隗囂奔西城，遣大司馬吳漢、征南大將軍岑彭圍之。進幸上邽，不降，命虎牙大將軍蓋延、建威大將軍耿弇攻之。」

卷十三《隗囂傳》：「八年春，來歙從山道襲得略陽城。囂出不意，懼更有大兵，乃使王元拒隴坻，行巡守番須口，王孟塞雞頭道，牛邯軍瓦亭，囂自悉其大眾圍來歙。公孫述亦遣其將李育、田弇助囂攻略陽，連月不下。」李賢注：「番須口與回中相近，並在汧。」番須即唐代的潘口，在汧水上游。〔註43〕

卷十五《李賢傳》：「八年春，歙與征虜將軍祭遵襲略陽，遵道病還，分遣精兵隨歙，合二千餘人，伐山開道，從番須、回中徑至略陽，斬囂守將金梁，因保其城。囂大驚曰，何其神也！乃悉兵數萬人圍略陽，斬山築堤，激水灌城。歙與將士固死堅守，矢盡，乃發屋斷木以為兵。囂盡銳攻之，自春至秋，其士卒疲弊。帝乃大發關東兵，自將上隴，囂眾潰走，圍解。」

酈道元《水經注》卷十七《渭水》：

（略陽）川水又西，逕略陽道故城北。泥渠水出南山，北逕泥

〔註43〕嚴耕望：《唐代交通圖考》，上海古籍出版社，2007年，第369頁。

峽北，入城。建武八年，中郎將來歙與祭遵所部護軍王忠、右輔將軍朱寵，將二千人，皆持鹵刀斧，自安民縣之楊城（元始二年，平帝罷安定滹沱苑，以為安民縣，起官寺市里），從番須、回中，伐樹木，開山道，至略陽。夜襲擊囂拒守將金梁等，皆殺之，因保其城。隗囂聞略陽陷，悉眾以攻歙，激水灌城。光武親將救之，囂走西城，世祖與來歙會於此。其水自城北注川，一水二川，蓋囂所堨以灌略陽也。川水西得白楊泉，又西得蒲谷水，又西得蒲谷西川，又西得龍尾溪水，與蒲谷水合，俱出南山，飛清北入川水。川水又西南，得水洛口。

隗囂建壩阻斷略陽川南部的河流，迫使其回流，灌入略陽縣城。我認為泥渠是隗囂開鑿的渠水，就在略陽城西，因為後世的水淺，故名泥渠。一水二川，可能是指一條渠聯結兩條川，今天唯獨龍山鎮符合，因為龍山鎮恰好夾在南北兩條河之間，北是清水河，南是大陽河。據傳龍山鎮的城牆在文化大革命時被毀，在其北城牆外，曾有一條 50 米寬的深溝，折向西北。我認為這條深溝很可能是泥渠衝擊略陽縣城的北部才形成，因為大陽河從東南流來，所以隗囂在略陽縣城的南部建壩，使大陽河向西北流，衝擊略陽縣城。有人在現在隴城鎮發現帶有蜀字的弩機，我以為是馬謖的武器，其實蜀漢的國號是漢。這個帶蜀字的弩機是公孫述援救隗囂的軍對帶來，公孫述自稱蜀王。

來歙從安民縣到略陽縣，安民縣原來是安定郡的滹沱苑，應該在今安定郡的西南部，則必定在今華亭縣，再南的汧縣（今隴縣）不屬安定郡。我認為華亭的讀音接近滹沱，《元和郡縣圖志》卷二記載隋代大業元年設華亭縣，源自華亭川，我認為華亭川正是滹沱河，滹沱源自印歐人的水神 aruna，秦代的詛楚文祭祀水神亞駝，也即《禮記·禮器》記載晉人的水神惡池。[註44]華亭縣之西，先到今莊浪縣，再到張家川縣、秦安縣。

從隴山之東，向西翻山到略陽縣，還可以先經過街泉縣（街亭），再到略陽縣，《後漢書》卷十八《蓋延傳》：「九年，隗囂死，延西擊街泉、略陽、清水諸屯聚，皆定。」蓋延仍然是從隴山西攻，先下街泉縣，再到略陽縣，南到清水縣，這就證明街泉縣（街亭）確實在今莊浪縣的東南部。

蓋延的路線大體上和來歙相同，但是來歙未經街亭，來歙為了偷襲，先

[註44] 周運中：《九州考源》，花木蘭文化事業有限公司，2019 年，第 206 頁。

從華亭縣出發，但是不走街亭的方便道路，而是經過街亭縣東南的山林，繞過街亭。張郃的道路，就是蓋延的道路。

今天莊浪縣東南部還有通往華亭縣的國道，其南北都看不到國道，正是因為莊浪縣東南部是穿過隴山的方便道路。從地形圖可以看出，隴山在此變窄，所以最方便通過。所以才會出現街泉縣，諸葛亮因此派馬謖防守街亭，防止曹魏軍隊翻過隴山。

酈道元記載略陽縣城再往西，蒲谷水、蒲谷西川、龍尾溪水會合，向北流入略陽川，蒲谷水應即今天的大陽河。再往西，找不到三條河會合北流的支流，所以略陽縣城必定在今龍山鎮。

龍山鎮東南不遠的木河鄉桃園村馬家塬遺址，被評選為 2006 年中國十大考古發現，經過 14 年考古發掘，出土文物上萬件，其中很多是西域風格的物品，包括設計複雜、裝飾精美的馬車，還有琉璃杯、鎏金青銅繭型壺、金項圈、銀盃，還有鑲嵌的瑪瑙、綠松石、肉紅石髓、陶珠的金耳環，還有很多鹿、虎、鷹、馬、狼、牛、豬、羊形金箔。《太平寰宇記》記載隴城縣的東北有銀冶務，今天張家川縣東部有金銀礦，所以上古成為戎狄的重要城市。

再往東南不遠就是張家川縣城，其東部是秦人最初的封地秦亭，秦人正是因為融合了戎狄文化才崛起。

有人根據《三國志》的記載（詳下），認為夏侯淵到略陽縣，靠近長離川，因而認為略陽縣城在今隴城縣西北。〔註45〕我認為不確，因為夏侯淵是到了略陽縣境內，略陽縣境很大，不代表略陽縣城靠近長離川。

而且我認為長離川附近原來是西漢的戎邑道，東漢裁撤戎邑道，這也證明漢代略陽縣城不在今隴城鎮西北。長離川是瓦亭水（葫蘆河）在今靜寧縣東南的河段，《水經注》卷十七：「瓦亭水又南，逕成紀縣東，歷長離川，謂之長離水，右與成紀水合。」成紀縣城在今靜寧縣的李店鎮，成紀和長離的讀音接近，我曾經指出伏羲所居的成紀和《山海經·海內經》的巴人祖先乘釐是同源字，都是源自雲南傣族地名車里，意思是大城，〔註46〕《水經注》的長離川證明了我的觀點。《隋書·地理志上》隴西郡長川縣：「後魏置安陽郡，領安陽、烏水二縣。西魏改曰北秦州，後又改曰交州。開皇三年郡廢，十八年改州曰紀州，安陽曰長川。大業初州廢，又廢烏水入焉。」長川縣源

〔註45〕吳潔生《漢代甘肅略陽城考》，《甘肅社會科學》1984 年第 6 期。
〔註46〕周運中：《伏羲、女媧源自布依、佤族》，《貴陽文史》2019 年第 6 期。

自長離川，紀州源自成紀，交州源自瓦亭水、長離水和水洛水、略陽水多條河流交會。《魏書·地理志下》不提安陽，我認為長川縣的前身安陽縣可能源自安戎縣，《太平寰宇記》引北涼闞駰《十三州志》稱漢代略陽縣城在郡治之東六十里，《魏書》的略陽郡首縣是安戎縣，安戎縣在西漢是戎邑，可能在今秦安縣蓮花鎮的蓮花城，蓮花鎮在清水河、水洛河匯合處，其西注入葫蘆河，位置重要，應該設縣。譚其驤主編《中國歷史地圖集》的戎邑畫在今張家川縣和清水縣之間，似乎不確。因為長川縣靠近隴城縣，所以唐代併入隴城縣。

既然我們確定了漢代的略陽縣城在今龍山鎮，漢代的街泉（街亭）在其東北五十五里，又在唐代隴城縣城（今張家川縣城）東北六十里，則是今天的莊浪縣韓店鎮。

張家川縣龍山鎮（略陽城）、木河鄉地名圖

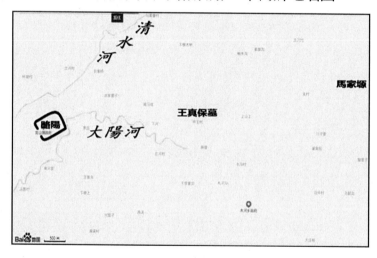

三、從泉水和南山看街亭的可能位置

街亭源自街泉，附近有重要的泉水，今莊浪縣東北部多泉水，東南的韓店鎮有大泉灣，韓店鎮有𡶀城古城。莊浪縣東北的通化鄉通邊村有通邊古城，東南也有泉水。但是通邊城的東西是山，似乎不太可能是街亭城。韓店鎮的南北是山，但南山更高，符合馬謖依阻南山的記載。

這兩處古城都扼守隴山的山口，所以北宋真宗趙禎慶曆三年（1043年）設德順軍，轄水洛城、通邊寨。〔註47〕據《金史》卷二十六《地理志下》，金

〔註47〕〔宋〕王存撰、王文楚、魏嵩山點校：《元豐九域志》，北京：中華書局，1984年，第137～138頁。

熙宗完顏亶皇統二年（1142 年）升為德順州，升水洛城為水洛縣（今莊浪縣城），升通邊寨為通邊縣（今通邊城）。元代改設莊浪州（治今莊浪縣南湖鎮），明清為莊浪縣。莊浪縣的東北通往隴山東部的涇源縣、隆德縣，莊浪縣東南通往華亭縣，在隴山交通中的位置比張家川縣重要。

　　曹魏設略陽郡，可見略陽縣的位置非常重要，正是因為街亭之戰使略陽成為戰略要地，不過蜀漢再也不能北徵略陽，所以略陽郡治又南遷到臨渭縣（今天水之東），改名廣魏郡，西晉又改名略陽郡。

　　因為莊浪縣東部的隴山更方便通行，所以歷代都是重要的通道。而張家川縣東部的隴山不及莊浪縣的通道方便，自從北宋廢隴城縣為寨，直到 1953年才重新設立張家川回族自治區，1955 年改為張家川回族自治縣。因為隴城鎮長期裁撤，所以很多人忘記唐代的隴城縣城在今張家川縣城。

漢代縣城位置與來歙、蓋延（張部）道路〔註48〕

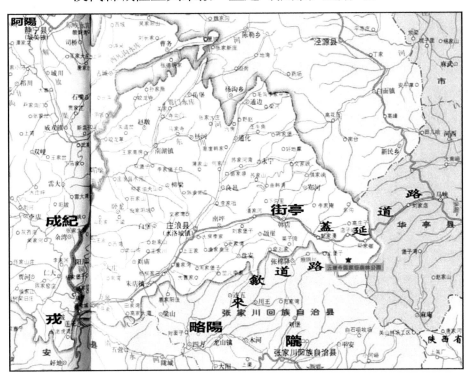

〔註48〕底圖引自中國地圖出版社編製：《甘肅省地圖冊》，中國地圖出版社，2002 年，
　　　　第 51～52 頁。

四、馬謖守街亭的原因

劉備在夷道縣（今宜都）的猇亭被陸遜從下游用火攻打敗，非常類似東漢初年岑彭在非常靠近的荊門山用火攻打敗公孫述順江而下的軍隊。馬謖在街亭被張郃翻過隴山的軍隊打敗，也非常類似東漢初年隗囂被來歙翻過隴山的軍隊打敗，公孫述的軍隊還曾經北上救援略陽。看來不僅是劉備未曾吸取東漢初年的教訓，馬謖也未曾吸取東漢初年的教訓。

李賢注《後漢書》引《東觀漢記》：「上聞得略陽，甚悅。左右怪上數破大敵，今得小城，何足以喜？然上以略陽，囂所依阻，心腹已壞，則制其支體易也。」劉秀認為略陽雖小，但是略陽之戰因為深入到隗囂的腹地，所以很重要。同樣的道理，我們可以理解街亭之勝對曹魏非常重要，所以諸葛亮必須要斬馬謖，因為他認為馬謖違背他的命令，街亭戰敗破壞了他的計劃。

諸葛亮要從天水向東，長驅直入關中平原，必須防止魏人從安定郡翻過隴山，包抄他的後路。所以他派馬謖北上街亭，防守隴山。一旦馬謖守住隴山，諸葛亮到達關中平原，馬謖就可以翻過隴山，到達安定郡，順涇水而下，趙雲等人出秦嶺，三路合力才能勝利。馬謖失守街亭，諸葛亮就不敢東出關中。諸葛亮不從故道、斜谷、子午谷等近路直出關中，而繞道祁山，就是怕曹魏從天水向南，包抄他的後路。不料雖然出了祁山，仍然未能出天水。

馬謖失敗的原因，最主要的一條是不明西北地理，馬謖是南方的襄陽郡宜城縣（今湖北宜城）人，不知西北缺水，水源最重要。馬謖不應該放棄河谷多水的城市，而退守山頂。

上古略陽附近都是戎狄，我將在另書論證略陽源自《史記·秦本紀》記載的大駱族，也即丁零。東漢末年的略陽附近又遷來很多氐、羌等族，《三國志》卷九《夏侯淵傳》：「韓遂在顯親，淵欲襲取之，遂走。淵收遂軍糧，追至略陽城，去遂二十餘里，諸將欲攻之，或言當攻興國氐。淵以為遂兵精，興國城固，攻不可卒拔，不如擊長離諸羌。長離諸羌多在遂軍，必歸救其家。若捨羌獨守則孤，救長離則官兵得與野戰，可必虜也。淵乃留督將守輜重，輕兵步騎到長離，攻燒羌屯，斬獲甚眾。諸羌在遂軍者，各還種落。遂果救長離，與淵軍對陳……乃鼓之，大破遂軍，得其旌麾，還略陽，進軍圍興國。氐王千萬逃奔馬超，餘眾降。轉擊高平屠各，皆散走，收其糧穀牛馬。」

長離羌在今靜寧縣，興國氐在今秦安縣，高平屠各匈奴在今固原。馬謖的軍隊在諸多民族之間，西北民族的騎兵精銳，但是馬謖的軍隊來自西南，

都是南方人，自然要懼怕三分。馬謖又看到東漢已經裁撤的街泉縣城（街亭）不大，害怕不能長期堅守，所以才出城守山。

裴松之注《三國志・諸葛亮傳》引袁子曰：「又問諸葛亮始出隴右，南安、天水、安定三郡人反應之，若亮速進，則三郡非中國之有也。而亮徐行不進，既而官兵上隴，三郡復，亮無尺寸之功，失此機，何也？袁子曰：蜀兵輕銳，良將少，亮始出，未知中國強弱，是以疑而嘗之，且大會者不求近功，所以不進也。曰：何以知其疑也？袁子曰：初出遲重，屯營重複，後轉降未進兵欲戰，亮勇而能鬥，三郡反而不速應，此其疑徵也。曰：何以知其勇而能鬥也？袁子曰：亮之在街亭也，前軍大破，亮屯去數里，不救。」

諸葛亮從未在西北用兵，手下缺乏西北人馬，所以非常謹慎，既不敢直出關中，也不敢救援很近的街亭。所以諸葛亮失敗的根本原因，既不在諸葛亮，也不在馬謖，而是蜀漢的地理和西北差別太大，蜀漢以南方的資源很難在西北取勝，自然不可能再進軍中原。

五、諸葛亮的戰略失誤和價值失衡

諸葛亮北伐總是選擇冬季，這很不利，因為蜀漢士兵都是南方人，從溫暖的四川到寒冷的西北高原，很難獲勝。這是諸葛亮的冒險行為，因為諸葛亮總是想聯合西北的胡人進攻曹魏，而胡人都是在冬季才有優勢。即便諸葛亮是在夏季出兵，即便胡人都投靠他，也未必能夠獲勝。

諸葛亮單獨從西北出兵，違背了他早年的計劃。諸葛亮的隆中對，原來設想是：「若跨有荊、益，保其岩阻，西和諸戎，南撫夷越，外結好孫權，內脩政理。天下有變，則命一上將，將荊州之軍以向宛、洛。將軍身率益州之眾，出於秦川。」荊州和益州之間是三峽天險，原本難以溝通，這是致命的缺陷。荊州失守，益州不能救援。此時蜀漢還有上庸，緊鄰宛（今南陽）、洛（今洛陽），可惜孟達又叛變。諸葛亮被迫單獨出兵西北，來到自己從未到過的地方，自然很難獲勝。諸葛亮也不去收復上庸，不直搗中原，甚至不直搗關中，總是希望從邊緣出兵，也是他的問題。

劉備早年卑微，以販草鞋、織草席為生。因為參加官軍，征討黃巾軍，任安喜縣（治今河北省安國縣西）尉。跟隨大將軍何進的都尉毋丘毅到丹陽郡募兵，在下邳縣（治今江蘇省睢寧縣古邳鎮）有戰功，任下密縣（治今山東省昌邑市東）丞、高唐縣（治今山東省禹城市西）令，又被黃巾軍攻破。

投奔公孫瓚，任別部司馬。因為與青州刺史田楷，共拒袁紹，任平原（治今山東平原縣南）相。帶領部眾千餘人和烏丸雜胡騎兵，去救徐州陶謙。被呂布趕走，投奔曹操，任豫州牧。因為受衣帶詔，逃回徐州，又被曹操打敗，投奔袁紹。袁紹派劉備去聯合汝南黃巾軍，牽制曹操。劉備投奔荊州劉表，又聯合孫權在赤壁獲勝，轉而投奔益州劉璋，奪取益州。劉備的一生，輾轉幽、冀、揚、青、徐、豫、荊、益八州，投奔過十多位主人，也可以稱為奇蹟。他的一生頗為坎坷，出身比曹操低很多，也遠不及孫權倖運。

劉備的部眾其實是各地反曹殘部的大集合，劉備的蜀漢是依託山險，才在曹操鞭長莫及的西南得以建立。劉備本人看不出有很強的能力，軍力本來極弱，多次潰散，全靠東奔西跑，左右逢源，鳩占鵲巢。赤壁之戰的勝利，主要功勞在孫吳而不是劉備。從猇亭之戰可以看出，劉備連基本兵法都不懂。

劉備唯一的招牌是漢朝皇族身份，其實已經極其疏遠，真假也不可知。諸葛亮看上劉備，全為實現自己重建漢朝的理想。劉備和諸葛亮兩人都是為一己私利，而不顧天下蒼生。但是腐朽的漢朝早已被世人拋棄，所以劉備和諸葛亮的迷夢注定不可能實現。劉備和諸葛亮逆歷史潮流而動，知其不可而為之，幻想以偏僻的巴蜀一隅去抵抗擁有廣闊中原的曹操。歷代王朝都會滅亡，為何漢朝就不能滅亡呢？漢朝實質上已經滅亡，劉備和諸葛亮為何不順應潮流呢？如果說劉備為了復興漢朝還有血統的原因，諸葛亮復興漢朝無非就是為出將入相。如果沒有諸葛亮，劉備在猇亭之戰之後，蜀漢就應該滅亡了。

東漢中興的光武帝劉秀就是諸葛亮生活的南陽郡人，這或許讓諸葛亮以為他能模仿劉秀，再啟中興。可是劉秀其實是在河北才真正崛起，諸葛亮自然不可能取得中原。諸葛亮為了早該滅亡的漢朝，勞師動眾，連年北伐，苦了天下百姓。可見諸葛亮的價值觀早已失衡，他執拗的性格，制定出不切實際的計劃，注定要步步失算。繆鉞就認為諸葛亮的私人道德比曹操好，但是諸葛亮對民眾利益和經濟文化發展的貢獻不及曹操。〔註49〕我認為繆鉞的看法非常合理，但是公德比私德更重要，諸葛亮的公共危害比曹操更大。

從歷史的客觀事實來看，劉備、諸葛亮的蜀漢是漢朝殘留的一個尾巴，遲早要被曹魏割掉。但是這樣逆歷史潮流而又把戰火從中原引向西南的人物，竟然被小說家寫成了聖人和神人，真是咄咄怪事。這是因為宋代的商業社會，

〔註49〕繆鉞：《關於曹操的幾個問題》，《讀史存稿》，北京：三聯書店，1963年，第1～8頁。

瓦舍勾欄裏的說書人之間，總是存在生意競爭，不僅要添枝加葉，故意神化，還要顛倒事實，才能滿足聽眾的獵奇心理。說書人美化失敗的劉備，醜化成功的曹操，為了滿足人們的心理平衡，博取愚民的同情和淚水。無能的劉備就被偽造為仁慈的聖人，失敗的諸葛竟被改編成妙算的神仙。

前人指出，唐宋時已有說書人講三國，孟元老《東京夢華錄》記載北宋都城開封的說話有說三分，蘇軾《志林》：「塗巷中小兒薄劣，其家所厭苦，輒與錢，令聚坐聽說古話。至說三國事，聞劉玄德敗，頻蹙眉，有出涕者。聞曹操敗，即喜唱快。」宋代《三國演義》的基調已經形成，元代有很多三國話本，明代才形成今天的《三國演義》，雖然經過文人修飾，但是在宋元話本基礎上形成的《三國演義》文學性仍然較差。〔註50〕

所以《三國演義》最大的問題，還不是教人權謀，而是顛倒了是非黑白，傳播了錯誤的價值觀，認為王朝和君主再腐朽也要為之忠誠奮鬥。《三國演義》使人誤以為劉備才是受害者，而忘記了千千萬萬為推翻漢朝而犧牲的黃巾軍和慘死在戰亂之中的民眾才是受害者。《三國演義》使這種病態的皇帝崇拜侵入普通民眾的頭腦，心甘情願為皇帝做牛做馬。劉備這種早已變成貧民的破落皇族，也要被諸葛亮捧上天，這是一種病入膏肓的皇帝崇拜心理。這種評價人的標準，不看實質，只問虛名，在歷史上造成很多災難。魏晉南北朝時期的九品中正制，被門閥大族控制，造就了很多酒囊飯袋，使蒼生受苦。劉禪這樣的蠢貨雖然被自私、愚昧、歹毒的諸葛亮等人擁戴，做了四十年沐猴而冠的偽皇帝，終究不可能擺脫被俘虜、被取笑的下場。今天如果還有人要去崇拜所謂偉人的弱智子孫，難道真的以為他們可以擺脫劉禪的命運嗎？崇拜劉備這樣的破落皇族已經非常荒唐，擁戴劉禪這樣的弱智皇帝則更加荒唐。古今多少事，都付笑談中，我們今天看這些荒唐的歷史，是應該同情古人，還是應該憐憫自己呢？歷史上的教訓如此慘烈，今天的人難道不應該吸取嗎？

第四節　孫恩、盧循海戰地名考

據《晉書》的《孫恩傳》、《盧循傳》、《劉牢之傳》與《宋書‧武帝紀》，琅邪人孫恩，世奉五斗米道，遷居江南。叔父孫泰師從錢唐（今杭州）人杜

〔註50〕胡適：《〈三國志演義〉序》，《中國章回小說考證》，安徽教育出版社，1999年，第283～290頁。

子恭，在江南勢力很大。司馬道子誅殺孫泰，孫恩逃入舟山群島。晉安帝隆安三年（399年），孫恩從海島起兵，進攻會稽郡上虞縣與山陰縣（治今紹興），有眾數萬。會稽、吳郡（治今蘇州）、吳興（治今湖州）、義興（治今宜興）、臨海（治今台州章安鎮）、永嘉（治今溫州）、東陽（治今金華）、新安（治今淳安西北）八郡響應，浙東死者十有七八。劉牢之俘虜其部二十餘萬人，孫恩逃入海島。四年（400年），孫恩再入餘姚、上虞，又退回海島。五年（401年），劉裕堅守句章縣城（今寧波慈城鎮王家壩），又在海鹽縣打敗孫恩。孫恩北走，破吳淞江口的滬瀆壘（在今上海），吳郡內史袁山松戰死。又進攻建康，敗後從廣陵（今揚州）入海，北走鬱洲島（今連雲港雲台山）。劉裕追擊，孫恩退回舟山群島。元興元年（402年），孫恩攻打臨海郡敗亡，餘部在妹夫盧循率領南下，攻佔廣州。義熙六年（410年），盧循從贛江、長江而下，進攻建康，次年敗歸，克合浦（今廣西合浦），到交州龍編（在今越南）敗亡。

　　孫恩起兵非常重要，劉裕正是因為平定孫恩起家，取代東晉，建立劉宋。孫恩摧毀了繁榮的吳越之地，打擊了東晉朝廷和世家大族，給劉裕等寒門崛起提供了絕大的機會。

一、滬瀆壘的位置

　　滬瀆壘（扈瀆壘）在今上海，當時還在海邊，《晉書》卷七十六《虞潭傳》說：「潭為吳國內史，成帝咸和中，軍荒之後，百姓飢饉，潭乃表出倉米賑濟之。又修滬瀆壘，以防海抄，百轉賴之。」則滬瀆壘修築在晉成帝咸和年間（326～334）之前，既非始自袁山松，也非始自虞潭。所以說虞潭修滬瀆壘，而非建滬瀆壘。同書卷八十三《袁山松傳》說：「山松歷顯位，為吳郡太守。孫恩作亂，山松守滬瀆，城陷被害。」同書卷一百《孫恩傳》說：「隆安四年，恩復入餘姚，破上虞，進至刑浦。琰遣參軍劉宣之，距破之，恩退縮。少日，復寇刑浦，害謝琰。朝廷大震，遣冠軍將軍桓不才、輔國將軍孫無終、寧朔將軍高雅之擊之，恩復還於海。於是復遣牢之，東屯會稽。吳國內史袁山松，築扈瀆壘，緣海備恩。明年，恩復入浹口，雅之敗績。牢之進擊，恩復還於海。轉寇扈瀆，害袁山松，仍浮海向京口。」《宋書》卷一《武帝紀》：「五月，孫恩破滬瀆，殺吳國內史袁山松，死者四千人。」隆安五年五月，孫恩破吳郡太守袁山松於滬瀆壘，殺死四千人。

　　滬瀆壘的具體位置，後世有所爭議，南宋華亭縣的地方志紹熙《雲間志》

卷上古蹟：「滬瀆舊有東、西二城。東城廣萬餘步，有四門，今徙於江中，餘西南一角。西城極小，在東城之西北，以其兩旁有東、西蘆浦，俗呼為蘆子城。」〔註51〕西城靠近蘆浦，西城很可能是增修的小城。東城的西北部被江水摧毀，應是吳淞江。西城在東城的西北部，東西兩城之間就是吳淞江。

　　胡道靜認為西蘆浦在曹家渡之南入江，東蘆浦在小沙渡之東入江，蘆子城在東西蘆浦之間，蘆子西城在今靜安寺東北，東蘆浦在黃浦灘。〔註52〕

　　譚其驤認為很多人誤把蘆子城與滬瀆壘混淆，《雲間志》的蘆子城在上海縣城西北十里的吳淞江濱，不是滬瀆壘。滬瀆壘在古青龍鎮之西，他的證據是北宋樂史《太平寰宇記》引前代的《吳郡志》：「松江東瀉海，曰滬海，亦曰滬瀆。」唐代皮日休詩云：「全吳臨巨溟，百里到滬瀆。」滬瀆在蘇州城之東百里的吳淞江邊，北宋朱長文《吳郡圖經續記》：「今青龍鎮旁有滬瀆村。」又云：「滬瀆，今旁有青龍鎮。」明代顧祖禹《讀史方輿紀要》引舊志：「今青浦縣青龍鎮西有滬瀆村。」所以滬瀆村就是滬瀆壘所在，在青龍鎮之西，在今青浦區。《太平寰宇記》卷九十一蘇州吳縣：「袁山松城，在縣東北百里。」而蘆子城距離蘇州有一百五六十里，所以不是真正的滬瀆壘。〔註53〕

　　我認為滬瀆壘確實不是蘆子城，但是滬瀆壘在青龍鎮之說也不對，因為滬瀆、滬瀆村的名字可能源自滬瀆，這個名字未必證明是滬瀆壘所在。滬瀆是河道，滬瀆村是滬瀆岸邊的村落，滬瀆壘是滬瀆岸邊的城堡。滬瀆兩岸的村落都可以叫滬瀆村。如果青龍鎮附近的滬瀆村有古城，古人不應該忽略不記。而且按照譚其驤本人的考證，上海的古海岸線是所謂的岡身地帶，這是遠古自然形成的貝殼堤，從常熟的北部延伸到金山的西部，在吳淞江的北部有五條貝殼堤，吳淞江的南部有三條貝殼堤，吳淞江穿過岡身地帶之處就是古代的海口，在今嘉定江橋鎮和閔行華漕鎮之間。〔註54〕

　　我認為這裡既然是海口，晉軍自然應該在此修築滬瀆壘，防衛孫恩的海軍，不可能把城堡建在內陸的青龍鎮。孫恩最優勢的是海軍，如果晉軍不扼

〔註51〕中華書局編輯部：《宋元方志叢刊》，北京：中華書局，1990年，第1冊第19頁。

〔註52〕胡道靜：《築城王袁山松傳》，《上海歷史研究》，上海人民出版社，2011年，第694～703頁。

〔註53〕譚其驤：《關於上海地區的成陸年代》，《長水集》下冊，第154～156頁。

〔註54〕譚其驤：《上海市大陸部分的海陸變遷和開發過程》，《長水集》下冊，第173、181頁。

守高岡，放孫恩的海軍進入岡身之西的河湖，則孫恩豈不是直搗吳郡？岡身地帶地勢較高，戰爭時期必須守衛。青龍鎮地勢低窪，顯然不利守衛。岡身地帶，淡水較多，而青龍鎮原本水質較鹹，顯然岡身地帶更方便屯兵。譚其驤說滬瀆壘不應該在岡身之東，這是當然，但是他沒有回答滬瀆壘為何不在岡身的口門，而遠到岡身之西的青龍鎮附近。

所謂滬瀆壘在吳縣東北百里之說，確實值得重視，滬瀆壘不可能遠到今上海市區，應在上海之西，但是不會遠到青龍鎮。因為《太平寰宇記》是抄錄各地圖志編成，有時會有省訛。如果按照古代里制，從吳縣城（今蘇州）到青浦西境已有百里。所以百里二字不可信，原文應有省略。

其實北宋朱長文《吳郡圖經續記》卷下還有一段更重要的話：

> 袁山松城，在滬瀆江側，為波濤衝激，半毀江中。袁山松城東三十里，夾江又有二城相對，闔閭所築以控越處。古人於海道，固為之防矣。〔註55〕

袁山松城之東三十里，有兩城夾江相對，這兩個城很可能就是蘆子城。蘆子城有兩個城，夾江相對，中間原來是吳淞江，後來吳淞江改道東城之東，把東城的東部全部沖毀，只留下西南角。那麼袁山松城，也即滬瀆壘應該在蘆子城之西三十里，譚其驤認為蘆子城在今蘆浦口渡口附近，褚紹唐認為西城在太陽廟一帶，東城在上海火車站以東。我認為，考慮到吳淞江改道，蘆子城應該在今上海火車站附近。從蘆子城向西三十里，正是在今江橋鎮，也即古代的岡身地帶，這裡就是古代的吳淞江海口，南北有沙岡，所以晉軍應該在此駐守。滬瀆壘在此處，正好守衛岡身，佔據高地。

我認為前人考證的古代上海的海岸線偏西，現在我們可以根據虹口區廣中路出土的南北朝青釉瓷罐，判定廣中路在南北朝時早已成陸，則東晉時應該已經是灘塗。廣中路在上海火車站的北部，證明今天的上海火車站在東晉時已經成陸，因為在海邊的灘塗葦蕩，所以在此建蘆子城。

弘治《上海志》卷六《城壘》說：「闔閭城在二十七保，夾江二城相對。」同卷又說上海縣北十里的滬瀆壘即蘆子城，其實這是抄錄前志，不明蘆子城就是闔閭城，不是滬瀆壘，所以不足為信。〔註56〕卷二《水類》說：「西蘆浦，

〔註55〕〔宋〕朱長文撰、金菊林校點：《吳郡圖經續記》，江蘇古籍出版社，1999年，第58頁。

〔註56〕弘治《上海志》，《天一閣藏明代方志選刊續編》第5冊，上海書店出版社，1990年，第220頁。

在二十七保，大蘆浦，在二十七保。」〔註57〕闔閭城也在二十七保，顯然，蘆浦旁的蘆子城就是闔閭城。蘆子城是滬瀆壘的外圍據點，在海灘上的蘆葦蕩中，既有蘆浦之名，故名蘆子城。但是蘆子城僅是滬瀆壘的外圍據點，不如滬瀆壘重要，所以《晉書》等正史不記蘆子城，而地方志有記載。

闔閭城不可能是春秋時期的吳王闔閭所築，因為在闔閭時代，闔閭城一帶還是大海。在《越絕書》等書中沒有看到這個闔閭城，所以闔閭城是後人附會。因為蘆、閭古代同音，所以蘆子城被人附會為闔閭城了。

上海歷史博物館藏松江湯廟出土西晉青瓷罐和廣中路出土南北朝青瓷罐

滬瀆壘、築耶城、蘆子城位置圖〔註58〕

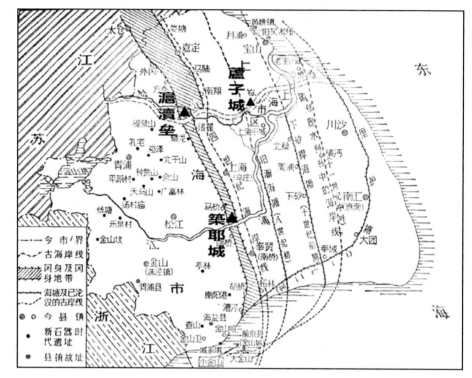

二、築耶城的位置

南宋紹熙《雲間志》卷上《古蹟》又記載：「築耶城，在縣東三十五里，高七尺，周回三百五步。《舊經》曰晉左將軍袁崧所築，今遺址尚存。」〔註59〕袁崧是袁山松之誤，弘治《上海志》卷六《城壘》說：「築耶城在十六保，高七尺，周三十五步，晉左將軍袁崧所築，今圮。」〔註60〕此城不可能只有三十五步，這是訛誤，或留下的殘牆長度。

築耶城也是袁山松為防禦孫恩所築，我認為原來也應該在海口的岡身上，弘治《上海志》卷二《水類》說：「竹岡涇，在十六保。沙岡涇，在十六保。」〔註61〕卷四《廟貌》說：「築耶將軍祠，在長人鄉沙岡。正統間重修，其地舊有築耶城，乃崧所築，世傳祀袁崧云。按崧以忠節死境內，祀之

〔註58〕底圖來自譚其驤：《上海市大陸部分的海陸變遷和開發過程》，《長水集》下冊，第 181 頁。滬瀆壘、築耶城、蘆子城三個地名和三角形是本書添加。
〔註59〕中華書局編輯部：《宋元方志叢刊》，第 1 冊第 19 頁。
〔註60〕弘治《上海志》，《天一閣藏明代方志選刊續編》第 5 冊，第 220 頁。
〔註61〕弘治《上海志》，《天一閣藏明代方志選刊續編》第 5 冊，第 64 頁。

宜也。」〔註62〕袁崧即袁山松，築耶城也在十六保，就在竹岡、沙岡附近，
這是岡身地帶的兩條沙堤，根據前引譚其驤《關於上海地區的成陸年代》、
《上海市大陸部分的海陸變遷和開發過程》的研究，紹熙《雲間志》說吳淞
江以南的岡身份為三條，沒說名字。正德《松江府志》說西面是沙岡，通過
沙岡庵、馬橋鎮直抵漕涇鎮海邊，中間是紫岡，在沙岡之東三里，東邊一條
竹岡，還在紫岡之東六里，經過莘莊、顓橋、北橋、閔行、南橋等地，直抵
柘林城西的海邊。譚其驤前一文把竹岡、紫岡位置顛倒，後一文改正。根據
馬橋遺址的年代可知，沙岡、紫岡的形成年代在五六千年前。根據現代科學
測定，沙岡的形成年代在 6800～6000 年前，竹岡的形成年代在 4200～4000
年前。〔註63〕沙岡涇、竹岡涇就是沙岡、竹岡下面的河流，即夾在紫岡兩
側的河流，因為三條沙岡之間地勢低窪，所以形成河流。沙岡涇、竹岡涇今
名沙港、竹港，黃浦江北為北沙港、北竹港，黃浦江南為南沙港、南竹港。

　　沙岡地帶是古人聚居地，所以有很多古代遺址，築耶城附近就有董家村
遺址，再往北有著名的馬橋遺址，是馬橋文化命名之地。上海境內的新石器
時代遺址，都在沙岡地帶之西。

　　我認為築耶或許源自竹涯，即竹岡下的水邊之意。築、竹同音，耶、涯
音近。說明築耶城在竹岡之旁。具體來說是黃浦江穿過竹岡的水口，在今閔
行區上海電機廠和汽輪機廠一帶，今無遺跡。弘治《上海志》卷五《堰閘》
說：「將軍堰，晉左將軍袁崧所築，因名。竹岡堰，沙岡堰，俱在十六保。」
〔註64〕將軍堰似乎也在築耶城附近，是否為袁山松所築，今不可考。

　　袁山松廟即築耶將軍祠，1951 年改為倉庫，1969 年徹底拆除。據說閔聯
公司建造大樓時，挖出的城磚上有築耶兩個字。〔註65〕有學者提出在其西 2
千米處的金星村沙岡東西側發現兩個大黃泥墩，即築耶城，墩有古墓。還有
人提出沙岡之東也有兩個黃泥墩，這兩處黃泥墩是古代海岸的烽火臺，〔註66〕
但是此說未必可信，因為墩中有墓，也有可能是後世的烽火臺。

　　我以為築耶將軍祠可能在築耶城內，弘治《上海志》說祠在城中，所以

〔註62〕弘治《上海志》，《天一閣藏明代方志選刊續編》第 5 冊，第 136 頁。
〔註63〕劉蒼字等：《長江三角洲南部古沙堤（岡身）的沉積特徵、成因及年代》，《海
　　　　洋科學》1985 年第 1 期。
〔註64〕弘治《上海志》，《天一閣藏明代方志選刊續編》第 5 冊，第 187 頁。
〔註65〕駱貢祺：《「築耶將軍祠」與「築耶城」》，《閔行日報》2015 年 4 月 10 日。
〔註66〕顧福根：《築耶城及滬瀆壘新考》，《上海地方志》2011 年第 3 期。

這兩個黃泥墩未必是築耶城。既然墩中有古墓，很可能是城外的陵墓。築耶城如果是源自竹岡之涯，則應在沙岡之東的竹岡附近，而不在沙岡。或許築耶城最初在竹岡旁，或在竹岡和沙岡之間，有可能在不同時代存在移動，具體位置需要通過考古發掘確定。總之築耶城是在黃浦江穿過沙岡地帶的口門處，印證我在上文提出的滬瀆壘也在吳淞江穿過沙岡地帶的口門處。

築耶城附近地名圖

今日北竹港向南注入黃浦江處

　　黃浦江成為吳淞江的主流，雖然是明代才被夏元吉改造而成，但是黃浦的名字很早就有了。上海奉賢區黃浦江南岸李家閣村在南竹港注入黃浦江之處，在李家閣附近出土的洪武二十五年（1392 年）的《故中憲大夫福建汀州府知府陸公壙誌》記載墓主陸徵：「先考始徙上海黃浦橋之南居焉。」則元代已有黃浦，位置吻合。原來的黃浦江雖然不是一條大江，但也是一條穿過沙岡、注入大海的重要河流。這是一處重要的沙岡口門，所以東晉必須在此築城。

　　南宋時期的海岸線，雖然已經向東推進到了今黃浦江以東地區，但是閔行區東南部的水質仍然苦鹹，所以要挖井取水。現在閔行區古藤園里保存一塊來自黃浦江大轉彎處的古井欄，上面銘文說：「弟子項妙明，發誠心捨財，命工□□□□，開鑿義井一口，以□為□功德，專用報薦亡妻陸□□弟子，超昇佛界。紹定五年五月十三日題。」宋理宗紹興五年（1232 年）在南宋晚期，義井可能指公共用井，或許在佛寺附近。

南宋項妙明義井與題刻

三、東晉華亭海岸的北方移民

　　東晉干寶《搜神記》卷二十《華亭大蛇》：

　　　　吳郡海鹽縣北鄉亭里，有士人陳甲，本下邳人。晉元帝時寓居華亭，獵於東野大藪，欸見大蛇，長六七丈，形如百斛船，玄黃五色，臥岡下。陳即射殺之，不敢說。三年，與鄉人共獵，至故見蛇

處，語同行曰：「昔在此殺大蛇。」其夜夢見一人，烏衣，黑幘，來
至其家，問曰：「我昔昏醉，汝無狀殺我。我昔醉，不識汝面，故三
年不相知，今日來就死。」其人即驚覺。明日，腹痛而卒。〔註67〕

　　這則史料雖然出自《搜神記》，但是非常寶貴，反映了東晉初年北方移民
進入上海的歷史。陳甲是下邳人，古代下邳縣城在今江蘇省睢寧縣北的古邳
鎮，西晉有下邳國，轄今泗陽縣、泗縣到邳州市一帶，所以此處的下邳也有
可能是下邳國。下邳地處中原四戰之地，東晉初年晉元帝司馬睿原來就在下
邳，所以東晉初年，自然有很多下邳人南渡到江南。陳甲與鄉人出獵，說明
來到華亭的下邳人很多，是同鄉集體移民。

　　早期華亭史料極少，正史不可能詳細記載東晉初年的華亭移民。此條記
載說明北方移民來到華亭，住在東野大藪，也即東部沿海的荒野大澤。這樣
避免侵佔原來華亭居民土地，引發矛盾。陳甲見岡下有大蛇，其實就是上海
的岡身地帶，也即古海岸的沙岡。

　　六朝時期東南各地出現很多殺死蟒蛇的記載，最著名是就是《搜神記》
卷十九的李寄斬蛇故事，前人早已指出這種殺蛇的故事是指東南越人的傳統
信仰被摧毀。〔註68〕李寄是將樂縣令之女，將樂縣是孫吳在閩西北新設六縣
之一，因為漢末大量北方移民來到福建，所以孫吳設縣。李寄所斬的閩中大
蛇原來是巫師用童女祭祀，其實是越人的信仰。李氏代表漢人文化，自然要
斬蛇，李寄斬蛇的實質是北方移民的漢文化取代越人的傳統文化。

　　除了李寄斬蛇，還有很多類似故事。劉宋臨川王劉義慶所作《幽明錄》
說安息國（今伊朗）王子安世高出家，學佛於印度舍衛城，又到中國廣州：「隨
至會稽，過稽山廟，呼神共語，廟神蟒形，身長數丈，淚出，世高向之語，
蟒形便去，世高亦還船。有一少年上船，長跪前，受咒願，因遂不見。廣州
客曰：向少年即廟神，得離惡形矣。云廟神即是宿長者子，後廟祝聞有臭氣，
見大蟒死，廟從此神歇。前至會稽，入市門，值有相打者，誤中世高頭，即
卒。廣州客，遂事佛精進。」〔註69〕傳說安世高來到會稽稽山廟（在今紹興），
廟神是一條大蟒蛇，見到安世高，隨即流淚，而且隨他上船，不久大蟒死去，

〔註67〕王根林、黃益元、曹光甫校點：《漢魏六朝筆記小說大觀》，上海古籍出版社，
　　　　1999年，第434頁。
〔註68〕吳春明：《從蛇神的分類、演變看華南文化的發展》，《從百越土著到南島海洋
　　　　文化》，文物出版社，2012年，第373～402頁。
〔註69〕王根林、黃益元、曹光甫校點：《漢魏六朝筆記小說大觀》，第743頁。

此廟荒廢。崇拜蟒蛇是東南土著越人的傳統，這個故事顯然是指佛教降服東南沿海的土神，東南民眾改宗佛教。蟒神追隨安世高上船，說明蟒神廟在海邊，信眾是航海者，所以這個故事反映了六朝時期佛教在東方航海者中發展的歷史。《幽明錄》還有一則會稽郡人殺死蛇神的故事，〔註70〕說明這種故事在六朝時期的江南很流行。

陳甲殺死大蛇，既反映了早期移民開墾荒地的經濟變遷，又反映社會文化變遷，還與兩晉之際全球氣溫乾冷有關。大蛇長六七丈，無疑是蟒蛇，說明原來氣候較熱。西晉開始，中國氣候顯著趨向乾冷，《宋書》卷三十一《五行志二》記載晉武帝太康元年（280年）到太熙元年（290年），連續十一年大旱。晉惠帝時又有四年大旱，到晉懷帝永嘉三年（309年）：「河、洛、江、漢皆可涉。」黃河、洛河、長江、漢水旱到可以走過，這是中國歷史上罕見的大旱景象。晉元帝時也有兩年大旱，乾旱為南方濕地的開發提供了便利。魏晉時期，中國氣候還顯著變冷，《宋書》卷三十三《五行志四》說：「吳孫權赤烏四年（241年）正月，大雪，平地深三尺，鳥獸死者太半。」西晉時期又有多次大雪，到晉懷帝永嘉元年（307年）：「十二月冬，雪平地三尺。」建業（南京）、洛陽都有一米深的大雪，說明氣候嚴重變冷。

因為氣候乾冷，所以北方游牧民族必須南下，這就是所謂五胡亂華必然發生的根本原因。所以北方漢族也必須南遷，即使不出現五胡亂華，或許也有很多北方漢族南遷。陳甲是東晉初年人，到東晉末年又有很多移民來到華亭。所以東晉時期的上海沿海早已不是荒無人煙的海灘，而是移民聚集之地，到處都有墾荒建村的熱鬧場面。東晉時期的上海沿海移民，可能有人參加了孫恩起事，即使未參加的人也被東晉政權所防範，東晉政權也利用這些移民修築沿海的滬瀆壘、築耶城、蘆子城。

因此我們必須結合東晉時期的上海沿海大移民的社會背景，才能更好地理解滬瀆壘等城堡修築意義。因為有這些移民，才有在上海沿海築城設防的必要性與可能性。因為早期東南沿海的史料較少，所以我們看到的歷史地圖集等著作，在東南沿海往往是一片空白，這使得我們的腦海中往往形成這些地方空無人煙的錯覺。其實正史對東南沿海的早期記載往往是概述，必須結合筆記、小說、文集的細緻記載，才能豐富我們對歷史的認識，形成東南沿海早期歷史的具體歷史場景。早期東南沿海的歷史並非不可探究，研究早期

〔註70〕王根林、黃益元、曹光甫校點：《漢魏六朝筆記小說大觀》，第728頁。

東南沿海的歷史對於我們貫通地域歷史的認識有特別重要的意義。

四、石步是今象山縣石浦鎮

劉裕的重要戰將虞丘進是平定孫恩、盧循的重要人物，《宋書》卷四十九《虞丘進傳》：「虞丘進，字豫之，東海郯人也。少時隨謝玄討苻堅，有功，封關內侯。隆安中，從高祖征孫恩，戍句章城，被圍數十日，無日不戰，身被數創。至餘姚呵浦，破賊張驃，追至海鹽故治及婁縣。於蒲濤口與孫恩水戰，又被重創。追恩至鬱州，又至石鹿頭，還海鹽大柱，頻戰有功。元興元年，又從高祖東征臨海，於石步固與盧循相守二十餘日。二年，又從高祖至東陽，破徐道覆。其年，又至臨松穴破賊，追至永嘉千江，又至安固，累戰皆有功。」

蒲濤口在今江蘇如皋市白蒲鎮，《宋書·州郡志》孫恩被平定後，晉安帝設蒲濤縣。清代人的《白蒲鎮志》，記載白蒲鎮出土古磚上有蒲濤縣三字。〔註71〕《南齊書》卷十八《祥瑞志》記載蒲濤縣有亮野村，我認為亮野村源自琅邪，是琅邪移民建立。

譚其驤考證秦代海鹽縣城在今上海奉賢區張堰鎮南部的甸山、查山附近，沉沒為柘湖，西漢遷到今平湖市東南二十七里的故邑山，在今乍浦鎮。東晉咸康七年（341年）遷到今海鹽城東南，〔註72〕因為秦代故治已經成湖，所以孫恩和虞丘進打仗的海鹽故治很可能在今乍浦鎮。

海鹽大柱前人未曾考證，我想到萬曆《淮安府志》卷三鹽城縣：「鐵柱岡，治北二里海岸上，世傳秦王繫馬柱，蛟龍畏鐵，作此鎮之。」〔註73〕書中有很多宋元地志內容，南宋鹽城縣城還緊靠海岸，秦始皇確實經過鹽城海岸，《史記·秦始皇本紀》三十七年：「還過吳，從江乘渡。並海上，北至琅邪。」唐代封寅《封氏聞見記》：「海州南有溝水，上通淮、楚，公私漕運之路也。寶應中，堰破水涸，魚商絕行。州差東海令李知遠主役修復，堰將成輒壞。如此者數四，用費頗多，知遠甚以為憂。或說梁代築浮山堰，頻有缺壞，乃以鐵數萬斤，墳積其下，堰乃成。知遠聞之，即依其言而塞穴……蓋

〔註71〕〔清〕姚鵬春：《白蒲鎮志》卷一，上海圖書館藏抄本。

〔註72〕譚其驤：《海鹽縣的建置沿革、縣治遷移和轄境變遷》，《長水集》下冊，第293～296頁。

〔註73〕萬曆：《淮安府志》，《天一閣藏明代方志選刊續編》第八冊，上海書店，第271頁。

金鐵味辛，辛能害目，蛟龍護其目，避之而去，故堰可成。」〔註74〕海鹽縣
海岸的大柱很可能類似鹽城海岸的鐵柱，可能是為穩定海岸或其他原因。浙
北海岸和江淮海岸有非常類似的傳說，《水經注》卷二十九《沔水》引《神
異傳》記載秦始皇長水縣（今嘉興）淪陷為湖與《太平寰宇記》卷二十二海
州朐山縣（今連雲港）引《神異傳》記載秦始皇伊萊山之南六十里的縣城淪
陷為湖，基本相同，但不是從江南抄來，因為下文還提到北齊天統時乾旱露
出湖底的古城。〔註75〕

　　石步固在臨海郡或去臨海郡的途中，我認為就是今天象山縣的石浦鎮，
讀音接近。去過石浦鎮的人都知道，石浦鎮建在靠海的山坡上，找不到大的
河流，所以石浦的浦現在看來是石步的訛誤。步就是埠頭，石步是石頭造的
碼頭，這才能理解。石浦鎮是非常重要的漁港，地處象山半島的最南部，西
面是三門灣口，是台州向外航海的要衝，因此歷史上一直是台州文化區，今
天象山縣最南部的石浦鎮及附近的海島仍然都說台州話。

　　今人所編的《石浦鎮志》認為石浦鎮最早的記載在唐代，明代才從東關
改名石浦。〔註76〕這顯然不對，因為他們未發現這條史料。其實石浦鎮的地
位由其自然地理決定，上古秦漢一直都很重要。漢代就被全國地志記載，《漢
書·地理志上》會稽郡鄞縣：「有鎮亭，有鮚埼亭。東南有天門水入海，有越
天門山。」鄞縣東南的天門山即緊鄰今石浦鎮東部的海島東門山，南宋乾道
《四明圖經》卷六象山縣祚聖廟：

　　　　舊係東門廟，在縣南一百里。按圖經舊載，其神號天門都督，
　　　未詳事蹟。今按東門山在縣南海中，去州一千二百里，其山與台州
　　　寧海縣接境。山高二百丈，周回二十五里。兩峰對峙，其狀如門，
　　　闊一百五十餘步。下有橫石如闌，潮退之時，奔水沖湧，不可輕涉，
　　　惟波平風息，乃可以渡。其下有廟，號為東門。在寧海之東，故以
　　　名之。其廟神傳為天門都督，或云今置廟處正當古鄞縣東南，是承
　　　西北天門之勢，廟側之水亦自西北山而來，故有天門之稱，尊敬其

〔註74〕〔唐〕封寅撰、趙貞信校注：《封氏聞見記》，北京：中華書局，2005 年，第
　　　　80 頁。
〔註75〕如果這兩個故事都真實，則很可能是秦始皇時的大地震或大海嘯導致江南和
　　　　江北海岸同時受到衝擊，《淮南子·俶真訓》云：「歷陽之都，一夕反而為湖。」
　　　　歷陽在今和縣，當時也在海口，歷陽淪陷為湖，或許也是同時受災。
〔註76〕石浦鎮地方志編纂委員會編：《石浦鎮志》，寧波出版社，2017 年，第 11、59 頁。

神。方之連率都督,行旅往返,無不致祀,隨其誠怠,咸有感應。
唐貞觀中,有會稽人金林,數往台州買販,每經過廟下,祈禱牲醴
如法,獲利數倍……永徽中,又有越州工人蔡藏,往泉州造佛像,
獲數百縑,歸經此廟,祀禱少懈,舟發數里,遂遭覆溺,所得咸失,
而舟人僅免焉。

象山縣南一百里的東門廟在今東門山,廟神稱為天門都督,正是因為原
名漢代人記載的天門山,可惜南宋人已經忘記《漢書·地理志》的記載。天
門都督是晚出的神名,因為在越地的最東南角,所以稱為越天門山。這一帶
都是臨海的丘陵,找不到大河,所以《漢書·地理志》的天門水不是河,而
是石浦鎮和東門山之間的水道。石浦鎮、東門山是會稽人去台州貿易的必經
之地,也是浙江人去福建的必經之路。歷史上的石浦鎮一直有福州和閩南等
地移民,所以石浦鎮至今還有閩語。

臨海郡在今台州,孫恩、盧循去臨海郡,必然經過石浦鎮,所以在此固
守。石浦老城三面環山,東南是出口,很早就建城,稱為石步固,固是城堡。
石浦鎮西北依託山勢,南有南田島,東南有對面山,東面有東門島,東門島
的北面是一個彎曲的港灣,東門山北部的海峽稱銅瓦門,東門山南部的海峽
稱東門,所以石浦鎮易守難攻。

石浦古城入口和街道

石浦鎮附近地圖

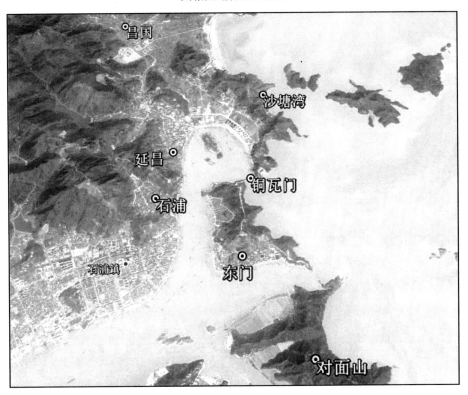

在石浦鎮北部的山上看東門山北部的銅瓦門

五、東衝應是東涌

盧循從建康退回廣州，劉裕派孫處航海去廣州，萬里偷襲，《宋書》卷四十九《孫處傳》：「孫處，字季高，會稽永興人也……少任氣，高祖東征孫恩，季高義樂隨……盧循之難，於石頭捍柵，戍越城、查浦，破賊於新亭。高祖……遣季高率眾三千，泛海襲番禺。初，賊不以海道為防，季高至東衝，去城十餘里，城內猶未知。循守戰士猶有數千人，城池甚固。季高先焚舟艦，悉力登岸，會天大霧，四面陵城，即日克拔。循父嘏、長史孫建之、司馬虞尫夫等，輕舟奔始興。即分遣振武將軍沈田子等，討平始興、南康、臨賀、始安嶺表諸郡。」

現在廣東珠江三角洲，還有很多地名稱為涌，讀作 chong，我認為這條記載中的番禺城外十里的東沖就是東涌，是史書最早記載的涌字地名。現在珠江三角洲還有很多東涌，但不是孫處作戰的這個東衝。

今天廣州市中心的東濠涌是明代的廣州的東城壕，六朝的廣州城壕在其稍西的德政路。從此開始計算，六朝廣州城東十里的東涌，很可能是今天的沙河涌。從白雲山南流，注入珠江。原來楊箕村的西部是沙河涌，東部是火甲涌。現在楊箕村東南的洗村東部，原來還有多條河涌，現在因為城市建設已經從地面消失。六朝的洗村很可能還是一片沙洲，也許尚未成陸。楊箕村的西北水均崗，原來是水軍的駐地。楊箕村的南部現在已經遠離珠江，但是古代南面就是珠江。楊箕村西南到東山，原來也是沙洲。楊箕村到洗村，六朝時是人煙稀少的沙洲，再往西的東山是番禺之東的屏障，所以孫處在沙河涌以東駐足觀察。

孫處在東涌停船的另外一個原因，可能是因為現在珠江南部的磨碟沙到琶洲，及其南部的赤沙、小洲等沙洲，當時都尚未形成。赤崗到鳳崗、花崗、牛眼崗、石榴崗等小山崗，突出在海口的沙洲之前，北山、崙頭和長洲上的一些小崗當時都是海島。當時的海口就在赤崗和楊箕村之間，海面到此處突然變窄，所以孫處的海軍到楊箕村的南部才進入內河，所以要在楊箕村的南部停留。

1953年廣州龍生崗出土東晉部曲將印、1955年華南工學院
出土南朝六面銅印

孫處廣州海戰地名圖〔註77〕

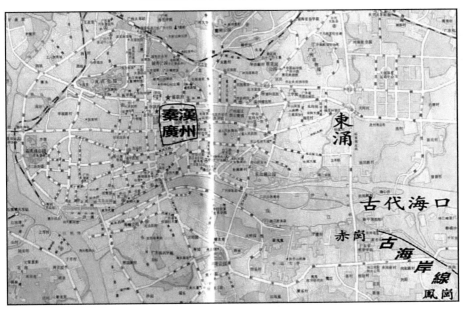

〔註77〕底圖來自廣東省地圖出版社、武漢測繪科技大學製圖系：《廣東省地圖集》，
　　　　廣東省地圖出版社，1989年，第6～7頁。

孫恩、盧循海戰江浙地名圖〔註78〕

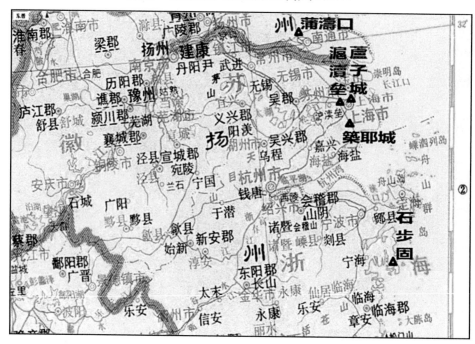

〔註78〕底圖來自譚其驤主編：《中國歷史地圖集》第四冊，第6頁。黑三角和黑體字
是本書添加。

第三章　郡縣與政治

第一節　再論東晉和前燕的初僑郡縣

僑州郡縣是魏晉南北朝史的一個引人注目的特殊現象，以往的研究雖然很多，但是側重在南方而忽視北方。一般認為東晉的第一個僑縣是晉元帝司馬睿太興三年（320年）七月在建康（今南京）所立的懷德縣，這個縣雖然是為僑人設置，卻不是用原有的地名，這和後來的僑置政區很不一樣，我認為這是第一個疑點。很多學者注意到此前的前燕慕容廆已經設立僑郡，因此令人自然要懷疑東晉設立僑縣是否傚仿慕容氏，這是第二個疑點。

胡阿祥先生又提出懷德縣不是第一個僑縣，此前已有琅邪郡和費縣僑置在江南，但琅邪郡和費縣如果真是第一個僑置郡縣，為何在晉代的正史《晉書》看不到正式設立琅邪郡和費縣的詔書？反而是設立懷德縣被認為是大事，我認為這是第三個疑點。除此以外，慕容氏設置的僑州郡縣還有很多疑點，本文將試圖解決這些有關東晉和前燕初立僑置郡縣的問題。

一、東晉置懷德縣的原因

前人一般認為東晉的第一個僑縣是設在都城建康的懷德縣，事見《晉書》卷六《元帝紀》：

> （太興）三年，秋七月丁亥，詔曰：「先公武王、先考恭王臨君琅邪四十餘年，惠澤加於百姓，遺愛結於人情。朕應天符，創基江表，兆庶宅心，繈負子來。琅邪國人在此者近有千戶，今立為懷德縣，統丹陽郡。昔漢高祖以沛為湯沐邑，光武亦復南頓，優復之

科一依漢氏故事。」

沈約《宋書‧州郡志》南徐州記載琅邪郡和費縣：

> 南琅邪太守（琅邪郡別見），晉亂，琅邪國人隨元帝過江千餘戶，太興三年，立懷德縣。丹楊雖有琅邪相，而無此地。成帝咸康元年，桓溫領郡，鎮江乘之蒲洲金城上，求割丹陽之江乘縣境立郡，又分江乘地立臨沂縣。《永初郡國》有陽都（前漢屬城陽，後漢、《晉太康地志》屬琅邪）、費、即丘（並別見）三縣，並割臨沂及建康為土。費縣，治宮城之北。元嘉八年，省即丘並陽都。十五年，省費並建康、臨沂。孝武大明五年，省陽都並臨沂。

雖然《晉書》為唐初所撰，但是太興三年立懷德縣的這份詔書應為原始材料，非常可信，所記之事也和《宋書》吻合。

但是我認為我們解讀這段史料，需要注意以下兩點：

第一，當時是以琅邪一郡的流人，設立一個懷德縣，在《宋書‧州郡志》描述中，我們看到後來沒有懷德縣的名字了。後來的這個琅邪僑郡及屬縣都用了原來在山東的地名，周振鶴先生認為設立懷德縣時沒有想到用山東的地名，〔註1〕胡阿祥先生認為《建康實錄》說懷德縣改名為費縣一說值得懷疑，〔註2〕也有一定道理。但是我們看到北宋樂史《太平寰宇記》卷九十昇州上元縣說：「故費縣城，在縣西北九里。《南徐州記》：在建康北二里，即懷德縣，寄建康北境。又置琅邪郡，割潮溝為界。陳亡，廢。」〔註3〕樂史在北宋初年還能看到一些古書，《南徐州記》這條記載說明《建康實錄》確有所本，懷德縣改名費縣。

第二，立懷德縣的詔書說到優免封地，仿傚兩漢，沒有提到前線形勢，也沒有提招納流民。

因為《宋書‧符瑞志中》說：「晉元帝太興三年四月，甘露降琅邪費。」前引胡阿祥先生的著作在同頁認為此時徐州琅邪國和其下的費縣，都已經不屬晉朝的土地，所以這個琅邪郡和費縣都是僑郡縣，早於懷德縣。但是我們看到《晉書‧元帝紀》記載立懷德縣兩年後的永昌元年（322年）八月：「琅

〔註1〕周振鶴：《中國地方行政制度史》，上海人民出版社，2005年，第265～266頁。

〔註2〕胡阿祥：《東晉南朝僑州郡縣與僑流人口研究》，江蘇教育出版社，2008年，第65頁。

〔註3〕〔宋〕樂史撰、王文楚點校：《太平寰宇記》，北京：中華書局，2007年，第1787頁。

邪太守孫默叛，降於石勒。」則此前的太興三年時，不僅琅邪郡還屬晉地，連琅邪郡北面的泰山郡和東莞郡都屬晉，同卷說：

> （太興）二年二月，太山太守徐龕斬周撫，傳首京師。夏四月……太山太守徐龕以郡叛，自號兗州刺史，寇濟岱……八月，徐龕寇東莞，遣太子左衛率羊鑒行征虜將軍，統徐州刺史蔡豹討之……（三年）石勒將徐龕帥眾來降……九月，徐龕又叛，降於石勒。冬十月丙辰，徐州刺史蔡豹以畏懦伏誅……四年春二月，徐龕又帥眾來降。……（永昌元年）秋七月，王敦自加兗州刺史郗鑒為安北將軍。石勒將石季龍攻陷太山，執守將徐龕。兗州刺史郗鑒自鄒山退守合肥。

卷八十一《蔡豹傳》：

> 是時太山太守徐龕與彭城內史劉遐同討反賊周撫於寒山，龕將於藥斬撫。及論功，而遐先之。龕怒，以太山叛，自號安北將軍、兗州刺史，攻破東莞太守侯史旄而據其塢。石季龍伐之，龕懼，求降，元帝許焉。既而復叛歸石勒，勒遣其將王伏都、張景等數百騎助龕。詔征虜將軍羊鑒、武威將軍侯禮、臨淮太守劉遐、鮮卑段文鴦等與豹共討之……豹進據卞城，欲以逼龕。時石季龍屯鉅平，將攻豹，豹夜遁。退守下邳。徐龕襲取豹輜重於檀丘，將軍留寵、陸黨力戰，死之。

從徐龕據東莞太守的塢壁來看，他是佔領了東莞郡。徐龕時降時叛，是表面現象，不管他投降石勒還是東晉，都是自己控制泰山、東莞二郡。在東晉設立懷德縣時，正是徐龕歸附東晉時，所以琅邪郡此時還屬晉地。到此年冬，徐龕再次叛晉，蔡豹征討徐龕，能夠直到卞縣城（治今泗水縣東），卞縣屬魯郡，在泰山郡的西南，說明東晉還有全部的東海郡。

兩年後，石勒正式清除徐龕，佔領泰山郡，東晉又恢復了東莞郡。《晉書》卷一百五《石勒載記》：

> 石季龍攻陷徐龕……晉兗州刺史劉遐懼，自鄒山退屯於下邳。琅邪內史孫默以琅邪叛降於勒。徐兗間壘壁多送任請降，皆就拜守宰……勒將兵都尉石瞻寇下邳，敗晉將軍劉長，遂寇蘭陵，又敗彭城內史劉續。東莞太守竺珍、東海太守蕭誕以郡叛降於勒。

泰山郡失陷後，郗鑒才率領流民從魯國鄒縣（今鄒城）的鄒山退往江淮。

次月，琅邪郡才為石勒佔領，而且是太守孫默投降。說明此前琅邪郡一直存在，東莞郡的投降還在琅邪郡之後，說明琅邪郡失守後，東晉又收復了東莞郡。

《宋書・州郡志》說南徐州南東海郡：「晉元帝初，割吳郡海虞縣之北境為東海郡，立郯、朐、利城三縣，而祝其、襄賁等縣寄治曲阿。」似乎南東海郡在司馬睿初年已立，但是南東海郡的失陷既然在永昌元年下半年，那麼南東海郡肯定還在此後，因為司馬睿當年閏十一月已死，所以南東海郡甚至可能是明帝司馬紹時（322～324年）設立，不可能早已懷德縣。

既然在為琅邪郡人設立懷德縣時，琅邪郡還沒有淪陷，那麼司馬睿為什麼要設立懷德縣呢？

我認為這是源自晉元帝和琅邪人王敦的政治鬥爭，《晉書・元帝紀》說立懷德縣的次月：「八月，以湘州刺史甘卓為安南將軍、梁州刺史。」十月：「王敦殺武陵內史向碩。」永昌元年：「正月乙卯，大赦，改元。戊辰，大將軍王敦舉兵於武昌，以誅劉隗為名，龍驤將軍沈充帥眾應之。」本紀裏沒有記載很多王敦叛亂前的大事，本紀的波瀾不驚在本王敦的傳裏卻是大風大浪，《晉書》卷九十八《王敦傳》說：

> 帝畏而惡之，遂引劉隗、刁協等，以為心膂。敦益不能平，於是嫌隙始構矣。每酒後，輒詠魏武帝《樂府歌》曰：「老驥伏櫪，志在千里。烈士暮年，壯心不已。」以如意打唾壺為節，壺邊盡缺。及湘州刺史甘卓遷梁州，敦欲以從事中郎陳頒代卓，帝不從，更以譙王承鎮湘州。敦復上表陳古今忠臣見疑於君，而蒼蠅之人交構其間，欲以感動天子。帝愈忌憚之。俄加敦羽葆鼓吹，增從事中郎、掾屬、舍人各二人。帝以劉隗為鎮北將軍，戴若思為征西將軍，悉發揚州奴為兵，外以討胡，實禦敦也。永昌元年，敦率眾內向，以誅隗為名。

湘州刺史甘卓遷梁州刺史，王敦薦舉陳頒未能獲批，他和司馬睿的矛盾開始激化。而此事就在立懷德縣的上月，司馬睿在這時早就開始用劉隗、刁協等人削弱王氏的大權。所以我認為，設立懷德縣是司馬睿的一個策略，因為在建康的王導始終沒有參與叛亂，所以司馬睿對王氏及琅邪郡人必須軟硬兼施。琅邪郡的人有千戶居住在建康，對於這些人，司馬睿能不盡力安撫嗎？所謂仿傚兩漢只是一個藉口，分化琅邪郡人才是背後的真意。

至此，我們終於明白這個新設的縣為何叫懷德縣，而不是琅邪郡，因為琅邪郡在此時還沒有失陷，還是東晉的土地。有學者認為懷德縣和慕容廆僑郡命名相似，加之東晉懷德縣設立在後，是仿傚前燕設立僑置政區。〔註4〕其實懷德縣的性質不是招攬流民，也和慕容廆的僑郡用西周初年的古地名命名明顯不同，所以這種說法不能成立。實際上，東晉再怎樣拉攏慕容燕，也不可能去迅速學習蠻夷的制度。東晉在設立懷德縣前後，沒有設置其他僑州郡縣，直到北方漸漸淪陷後，才有一些僑置郡縣陸續在江淮的水陸通衢設立，首都建康附近也不是僑置郡縣最集中的地方。

今天南京圖書館地下的六朝道路和水井遺址

二、慕容廆僑置郡縣的名實

要解決東晉僑置郡縣是否學習前燕，我們必須要考證前燕設立僑置郡縣的詳情，《晉書》卷一百八《慕容廆載記》記載：

> 時二京傾覆，幽、冀淪陷，廆刑政修明，虛懷引納，流亡士庶
> 多繈負歸之。廆乃立郡以統流人，冀州人為冀陽郡，豫州人為成周
> 郡，青州人為營丘郡，并州人為唐國郡。於是推舉賢才，委以庶政，

〔註4〕仇鹿鳴：《僑郡改置與前燕政權中的胡漢關係》，《中國歷史地理論叢》2007年
第4期。

以河東裴嶷、代郡魯昌、北平陽耽為謀主，北海逢羨、廣平游邃、北平西方虔、渤海封抽、西河宋奭、河東裴開為股肱，渤海封弈、平原宋該、安定皇甫岌、蘭陵繆愷以文章才俊任居樞要，會稽朱左車、太山胡毋翼、魯國孔纂以舊德清重引為賓友，平原劉贊儒學該通，引為東庠祭酒，其世子皝率國胄束脩受業焉。廆覽政之暇，親臨聽之，於是路有頌聲，禮讓興矣。

　　時平州刺史、東夷校尉崔毖自以為南州士望，意存懷集，而流亡者莫有赴之。毖意廆拘留，乃陰結高句麗及宇文、段國等，謀滅廆以分其地。太興初，三國伐廆，……（宇文）悉獨官僅以身免，盡俘其眾。於是營候獲皇帝玉璽三紐，遣長史裴嶷送於建鄴。……毖與數十騎棄家室奔於高句麗，廆悉降其眾，徙燾及高瞻等於棘城，待以賓禮。……裴嶷至自建鄴，帝遣使者拜廆監平州諸軍事、安北將軍、平州刺史，……命備官司，置平州守宰。

一般人注意到慕容廆設四郡以安處僑人，但是沒有深究這四郡的名實，實際上這四郡有很多疑點：

第一，成周郡一名來自先秦地名成周（今洛陽），這個名字在春秋以後就沒有了，而且成周和河東自從西漢以後就一直屬於司隸校尉，魏晉稱為司州，不屬於豫州。為什麼要為豫州流人僑置成周郡呢？

第二，當時的河東郡在今山西省的南部，唐代把整個山西省都稱為河東道，後世也把山西稱為河東，這已經是很晚的事情了。當時的今山西省境內很多流人到遼西，今山西省北部的流人肯定比山西南部的多，為什麼單單提河東，不提太原以北的流人呢？

第三，營丘是西周初封齊國的都城，春秋以後就改名為臨淄了，為什麼還用這麼古老的名字呢？唐國是西周初年封晉之前的地名，除了冀陽郡，三個郡名都是西周初年的古地名。

再看同卷所附《裴嶷傳》，開頭說：

　　裴嶷，字文冀，河東聞喜人也。父昶，司隸校尉。嶷清方有幹略，累遷至中書侍郎，轉給事黃門郎、滎陽太守。屬天下亂，嶷兄武先為玄菟太守，嶷遂求為昌黎太守。至郡，久之，武卒，嶷被徵，乃將武子開送喪俱南。既達遼西，道路梗塞，乃與開投廆。時諸流寓之士見廆草創，並懷去就。嶷首定名分，為群士啟行。廆甚悅，

以嶷為長史，委以軍國之謀。

裴嶷出身河東名門，在西晉滅亡時因為到昌黎郡任太守，無意中投奔了慕容廆。容廆能夠招納很多漢族，全賴裴嶷的幫助。在《晉書》列舉的慕容廆的謀士群中，裴嶷位列首席。所以唐國郡的設立，完全是針對河東裴氏及其部屬。而之所以用秦漢以前的上古九州劃分，用西周初年的三個地名，也是出於招撫各地流人，以迎合他們強烈的地域歷史文化記憶，凸顯夷狄政權對華夏正統的仰慕，這無疑就是裴氏為首的謀士們想出的辦法。

同卷的《高瞻傳》說：

> 高瞻字子前，渤海蓨人也……屬永嘉之亂，還鄉里，乃與父老議曰：「今皇綱不振，兵革雲擾，此郡沃壤，憑固河海，若兵荒歲儉，必為寇庭，非謂圖安之所。王彭祖先在幽、薊，據燕、代之資，兵強國富，可以託也。諸君以為何如？」眾咸善之。乃與叔父隱率數千家，北徙幽州。既而以王濬政令無恒，乃依崔毖，隨毖如遼東。毖之與三國謀伐廆也，瞻固諫以為不可，毖不從。及毖奔敗，瞻隨眾降於廆。廆署為將軍，瞻稱疾不起。廆敬其姿器，數臨候之……瞻仍辭疾篤，廆深不平之。瞻又與宋該有隙，該陰勸廆除之。瞻聞其言，彌不自安，遂以憂死。

勃海高氏早先主動投靠幽州刺史王濬，後來不得已被慕容廆收編，而且很不願意和慕容氏合作，所以在慕容氏的政權裏沒有地位。因為冀州的流民主要來自勃海郡、河間郡、廣平郡、平原郡、魏郡，而這二郡沒有著名的三代地名，所以不得不用冀陽郡一名。

慕容廆的謀士群排名為：河東裴嶷、代郡魯昌、北平陽耽、北海逄羨、廣平游邃、北平西方虔、渤海封抽、西河宋奭、河東裴開、渤海封弈、平原宋該、安定皇甫岌、蘭陵繆愷、會稽朱左車、太山胡毋翼、魯國孔纂、平原劉贊。由此看出，僑寓前燕的士人主要來自河東、代、北平、北海、廣平、渤海、西河、河東、平原、安定、蘭陵、會稽、太山、魯國十四個郡，西面遠到雍州安定郡（治今甘肅鎮原縣東南），南面遠到揚州會稽郡（治今紹興）。《晉書》卷一百九《慕容皝載記》說：「罷成周、冀陽、營丘等郡。以勃海人為興集縣，河間人為寧集縣，廣平、魏郡人為興平縣，東萊、北海人為育黎縣，吳人為吳縣，悉隸燕國。」從慕容皝的改置郡縣，我們才能看出，僑寓前燕的民眾實際來源為勃海、河間、廣平、魏、東萊、北海六郡。

吳人來燕應該不多，所以有學者認為此處的吳人泛指南方人。我認為前燕設立吳縣的最重要作用是聯合東晉，獲得東晉的封號，提高在北方民族之中的政治地位，《慕容廆載記》記載咸和五年（331 年）到六年，慕容廆出使東晉的使者遭風沒海。所以吳縣不需要太多吳人，但是政治價值重大。當然，前燕也從吳地獲得了經濟利益，《晉書》卷一百二十四《慕容寶載記》：「是，遼川無桑，及廆通於晉，求種江南，平州桑悉由吳來。」

興集、寧集、興平、育黎、吳縣五個名字中，唯獨吳縣用的是原有的地名。而另外四個地名，都含有明顯的招徠移民企圖。這些地名和懷德縣之名的性質相似，所以應該是前燕學習東晉，而不是東晉學習前燕。

西漢在今山東煙臺的西部設育黎縣，但是東漢已經裁撤。可能是因為有很多山東人來前燕，包括原來育犁縣的人。但是距離遼東最近的地方在今蓬萊縣，而不是煙臺。所以我認為也有可能因為育犁縣的名字含有撫育黎民的意思，所以才重新啟用這個消失很久的古縣之名。

三、僑人叛燕降趙的原因

東晉咸康四年（338 年），石虎北伐前燕，前燕三十六城叛慕容皝而投奔石虎，也有人仍然為前燕堅守，《資治通鑑》卷九十六：

> 虎遣使四出，招誘民夷，燕成周內史崔燾、居就令游泓、武原令常霸、東夷校尉封抽、護軍宋晃等皆應之，凡得三十六城。泓，邃之兄子也。冀陽流寓之士，共殺太守宋燭，以降於趙。燭，晃之從兄也。營丘內史鮮于屈，亦遣使降趙。武寧令廣平孫興，曉諭吏民共收屈，數其罪而殺之，閉城拒守。朝鮮令昌黎孫泳，帥眾拒趙。大姓王清等密謀應趙，泳收斬之。同謀數百人惶怖請罪，泳皆釋之，與同拒守。樂浪太守鞠彭，以境內皆叛，選鄉里壯士二百餘人，共還棘城。

前引仇鹿鳴文認為：成周郡內史為清河崔燾，冀陽郡太守為西河宋燭擔任，營丘郡內史為鮮于屈郡望不明，但據《後漢書》章懷太子注引應劭《風俗通》論及鮮于氏的起源：「武王封箕子於朝鮮，其子食采於朝鮮，因氏焉。」鮮于屈可能是出自於遼東、樂浪的土著，或者也可能是丁零的一支，總之鮮于屈與青州流民無關。出任營丘郡治下武寧令的孫興出自於廣平，廣平郡與青州無涉。樂浪郡本是慕容廆為安置遼東張統、樂浪王遵所率領的千餘家流民所置，但此時擔任樂浪太守的鞠彭卻是青州大族。因此，慕容氏有意地用

出自不同地域的士人，在面臨外敵侵入的情況下，流寓士人對於慕容政權積聚已久的不滿，藉此機會迅速爆發出來，隨即演化為一場聲勢浩大的叛亂，而慕容氏所任命的太守由於缺乏在僑郡中的鄉里基礎，根本無力阻止、鎮壓流民的叛亂。

前燕僑郡官員是否用本郡人擔任，這一問題確實為前人所忽略。但是我認為由此而引出的結論有不少問題：

第一，成周郡內史為清河崔燾，營丘郡內史為鮮于屈，那麼這兩個郡的太守是誰呢？前燕是不是以內史代替郡守？如果不是，怎麼能得出前燕僑郡由外人管理呢？

第二，鮮于屈的籍貫不明，其實鮮于氏除了朝鮮、丁零兩個郡望，還有漁陽這一重要的郡望，今天津武清縣《漢故雁門太守鮮于君碑》記載東漢鮮于璜祖孫八代情況，張傳璽研究中還指出漢代史籍中的鮮于氏籍貫有上谷、西河、漁陽等地，《三國志》記載漢末曹魏時鮮于氏有漁陽人鮮于輔、鮮于銀任幽州官吏，有鮮于嗣任樂浪太守。〔註5〕

第三，我在上文已經指出，僑寓前燕的士人主要來自河東、代、北平、北海、廣平、渤海、西河、河東、平原、安定、蘭陵、會稽、太山、魯國十四個郡，僑寓前燕的民眾主要來自為勃海、河間、廣平、魏、東萊、北海六郡，二者相合的只有三個郡，為什麼差別這麼大呢？我認為原因可能是，河東、代、北平、西河、河東、安定、蘭陵、會稽、太山、魯國這些地方離前燕很遠，不可能有多少民眾僑寓前燕，但是這些地方有一些士人因為裴嶷那樣因為任官等其他偶然原因來到前燕。既然這些士人的本郡沒有那麼多民眾來到前燕，那麼沒有他們本郡的僑置，可是他們還是要做官，只能到別的郡去。僑置的樂浪郡本來只有千餘家，其中不可能有多少士人，但是還是要設官管理，張統、王遵本來都是武人，所以必須要用其他郡的士人。

各地士人歸順前燕的不同情況，《資治通鑑》卷八十八有記載：

> 陽耽清直沈敏，為遼西太守。慕容翰破段氏於陽樂，獲之，虜禮而用之。游邃、逄羨、宋爽，皆嘗為昌黎太守，與黃泓俱避地於薊，後歸廆……宋該與平原杜群、劉翔先依王浚，又依段氏，皆以為不足託，帥諸流寓同歸於廆。東夷校尉崔毖，請皇甫岌為長史，

〔註5〕天津市文物管理處、武清縣文化館：《武清縣發現東漢鮮于璜墓碑》，《文物》1974 年第 8 期。張傳璽：《東漢雁門太守鮮于璜碑銘考釋》，《北京大學學報（哲學社會科學版）》1984 年第 2 期。

卑辭說諭，終莫能致。廆招之，炭與弟真即時俱至。遼東張統，據樂浪、帶方二郡，與高句麗王乙弗利相攻，連年不解。樂浪王遵，說統，帥其民千餘家歸廆，廆為之置樂浪郡，以統為太守，遵參軍事。

同書卷九十一：

初，鞠羨既死，苟晞復以羨子彭為東萊太守。會曹嶷徇青州，與彭相攻……（彭）與鄉里千餘家浮海歸崔毖。北海鄭林客於東萊，彭、嶷之相攻，林情無彼此。嶷賢之，不敢侵掠，彭與之俱去。比至遼東，毖已敗，乃歸慕容廆。廆以彭參龍驤軍事。遺鄭林車牛粟帛，皆不受，躬耕於野。

這幾段話告訴我們，僑寓前燕的士人之所以歸順前燕，實際上並不是因為慕容廆對他們有多好，而是分為三種情況：

第一種是被俘，比如遼西太守陽耽和崔燾，陽耽本來是被段氏俘虜，再被慕容廆俘虜，根本不是主動投奔。而崔毖的侄子崔燾和慕容廆實際上有身家之仇，不得已棲身於慕容廆之下。所以，崔燾後來叛燕降趙不是很正常嗎？如果崔燾不叛燕，恐怕才不正常。

第二種是偶然遇到戰亂，不能回鄉，不得已歸附前燕。游邃、逄羨、宋奭都是昌黎太守，與黃泓避地於薊。這幾個人因為任職原因暫住北方，在王濬被石勒殲滅後，不得已再次避難到塞外，也不是主動歸順慕容廆。他們之所以看中慕容廆，很重要的一點是慕容廆的軍力，所以他們的歸順也很功利。所以，叛燕的人中就有游氏。

第三種原因是在其他地方失敗，主動投奔慕容廆，比如張統、王遵、鞠彭，所以這些人是最忠誠的。鞠彭在樂浪郡全叛後，只帶了兩百人進入棘城。

石虎（石季龍）包圍慕容皝的都城棘城，左右勸降，但慕容皝堅持不降，最終擊退石虎，《晉書‧慕容皝載記》記載：

季龍進，入令支，怒皝之不會師也，進軍擊之，至於棘城，戎卒數十萬，四面進攻，郡縣諸部叛應季龍者三十六城。相持旬餘，左右勸皝降。皝曰：「孤方取天下，何乃降人乎！」

石虎大軍包圍時，連慕容皝的左右都勸他投降，前燕的郡縣叛亂也很正常。當時石趙已經統一中原，而僑寓前燕的士人家鄉，都已經在石趙統治之下。慕容皝是鮮卑，石勒是羯胡，都不是漢族，此時的前燕僑人也不會對石

趙有太多好感，但是在石趙包圍前燕都城時，眼看石趙要統一北方，此時投靠石趙，不僅可以在石趙政權中謀取到新的位置，也可以在北方統一後返回榮歸鄉里。這些第一代僑人如果不是迫不得已，不會來到寒冷的北方，他們都希望返回自己的故鄉，所以他們叛離前燕實在是人之常情。這和前燕的政策可能都不相關，哪怕前燕政權對他們再好，他們也可能識得時務，棄弱投強，何況前燕的慕容氏統治者也不可能和這些漢族士人肝膽相照。

避難遼東的冀州安平國觀津縣（今河北武邑縣東）人韓恒是一個非常典型的例子，《晉書》卷一百十《韓恒傳》：

> 韓恒，字景山，灌津人也……永嘉之亂，避地遼東。廆既逐崔毖，復徙昌黎，召見，嘉之，拜參軍事。咸和中，宋該等建議以廆立功一隅，勤誠王室，位卑任重，不足以鎮華夷，宜表請大將軍、燕王之號。廆納之，命群僚博議，咸以為宜如該議。恒駁曰：「自群胡乘間，人嬰荼毒，諸夏蕭條，無復綱紀……且要君以求寵爵者，非為臣之義也。」廆不平之，出為新昌令。皝為鎮軍，復參軍事。遷營丘太守，政化大行……僭僭位，將定五行次，眾論紛紜。恒時疾在龍城，僭召恒以決之。恒未至，而群臣議以燕宜承晉為水德。既而恒至，言於僭曰：「趙有中原，非唯人事，天所命也。天實與之，而人奪之，臣竊謂不可。且大燕王跡始自於震，於《易》，震為青龍。受命之初，有龍見於都邑城，龍為木德，幽契之符也。」僭初雖難改，後終從恒議。僭秘書監清河聶熊聞恒言，乃歎曰：「不有君子，國何以興，其韓令君之謂乎！」後與李產俱傅東宮，從太子曄入朝，僭顧謂左右曰：「此二傅一代偉人，未易繼也。」其見重如此。

到晉成帝司馬衍咸和年間（326～334 年），慕容廆早已佔有平州，而韓恒因為強烈的華夷意識，認為慕容廆必須尊東晉正朔，不能稱燕王。等到前燕佔有華北，韓恒認為必須認可石勒先前已經統一華北的正統地位。晉是金德，韓恒認為石趙承接晉的正統，為水德，前燕又承接石趙，應是木德。石趙是前燕的敵國，韓恒認同石趙的本質是堅持家鄉冀州才是中土。由韓恒認可石趙為正統，我們就可以理解為什麼僑寓前燕的中原士族要叛燕奔趙了。

此處雖然稱慕容僭採納了韓恒的意見，但是慕容僭未必真的採納韓恒，因為他把石虎的屍體從墓中挖出，稱為死胡。而且《晉書》卷一百十一《慕容暐傳》記載：「暐鍾律郎郭欽，奏議以暐承石季龍水為木德，暐從之。」似

乎到慕容暐才確定，本來前燕從海路直接通往東晉受封，本來不必繼承石趙的水德，但是前燕最終承認石趙的水德，可能是為了遷就漢族士人的意見。這些漢族明為認可石趙，其實是借機宣揚中土的地位。由此也可見，來自邊疆的北方民族雖然統治中原，但是仍然要承認漢人的文化力量。史載慕容儁雅好文籍，著述四十多篇，還在鄴城顯賢里設小學，教皇族子弟。正是漢人的文化力量，使這些來到中原的北方民族最終漢化。

遼寧北票市喇嘛洞出土慕容鮮卑鎏金鏤空銅鞍橋包片

第二節　北齊淮南政區補考

南北朝史的研究中，北朝後期的研究相對薄弱，專門討論北齊政區的論著很少。晚近有一部《補北齊疆域志》，作者不詳，應是晚清、民初人，只有二十一葉，只列名目，並無考釋。清徐文範的《東晉南北朝輿地表》和胡孔福的《南北朝僑置州郡考》涉及北齊政區，也有錯漏。王仲犖先生的《北周地理志》以宣政元年（578）、大象元年（579）為標準年代，雖然溯及北齊，但是並非北齊政區專著。《中國歷史地圖集》有東魏、西魏、北齊、北周四幅政區圖，因為篇幅限制，所以不太詳細。《山西省歷史地圖集》的政區圖組有北魏永安二年（529）、東魏武定四年（西魏大統十二年，546）、北

齊武平四年（北周建德二年，573）、北周大象元年（579）四幅政區圖，但是其中有不少錯誤。〔註6〕

中華書局 2008 年出版的施和金先生著《北齊地理志》（以下《施志》）是第一部北齊政區專著，《施志》的出版無疑具有重要學術價值，但是細讀《施志》，覺得還有一些地方可以補正，因此草作此文，各州排序按照《施志》。本文專論其第五卷淮南部分，淮南地區面積比河南、河北小得多，但有 29 州，占其全書 105 州近三分之一，因為南北朝後期淮南政區濫置，所以要考證清楚頗為不易。胡阿祥先生的《六朝疆域與政區研究》涉及本文所論淮南部分，本書是六朝疆域與政區研究中最翔實的一部，其下編所收六朝建置表中，直接與北齊銜接的是梁政區建置表，但是受篇幅限制，沒有展開說明。〔註7〕

七七、淮　州

淮陰郡懷恩縣

《魏書‧地形志中》（以下《地形志》）淮州治淮陰城，領盱眙郡、山陽郡、淮陰郡、陽平郡。淮陰郡懷恩縣治淮陰城，施和金先生著《北齊地理志》（以下簡稱《施志》）引楊守敬說，謂在清河縣東南五里，今淮安市東南。

按：淮陰郡另有富陵、魯二縣，《施志》引《讀史方輿紀要》富陵縣在盱眙縣東北六十里，此條實出自《括地志》。〔註8〕《施志》又引《讀史方輿紀要》魯縣城在盱眙縣東南三十里，此條實出自《太平寰宇記》卷十六泗州盱眙縣：「廢魯城，在縣南三十里。」〔註9〕《太平寰宇記》說縣南，《讀史方輿紀要》變成東南，可見後世傳抄之作不盡可信。懷恩縣治古淮陰城在今淮安

〔註6〕《補北齊疆域志》，《二十四史訂補》第七冊，書目文獻出版社，1996 年，第 1019～1029 頁。〔清〕徐文范：《東晉南北朝輿地表》，《二十五史補編》，北京：中華書局，1955 年。〔清〕胡孔福：《南北朝僑置州郡考》，《二十四史訂補》第七冊。王仲犖：《北周地理志》，北京：中華書局，1980 年。譚其驤主編：《中國歷史地圖集》，中國地圖出版社，1982 年，第 61～68 頁。山西省地圖集編纂委員會編製：《山西省歷史地圖集》，中國地圖出版社，2000 年，第 44～51 頁、第 171 頁。

〔註7〕胡阿祥：《六朝疆域與政區研究》，學苑出版社，2005 年，第 483 頁～493 頁。

〔註8〕〔唐〕李泰等著、賀次君輯校：《括地志輯校》，北京：中華書局，1980 年，第 217 頁。

〔註9〕〔宋〕樂史撰、王文楚點校：《太平寰宇記》，北京：中華書局，2007 年。

市西南的碼頭鎮，〔註10〕淮陰郡另二縣也在淮安市西南，今淮安市東南為山陽郡地。

魯　縣

按：《隋書·地理志下》江都郡山陽縣：「舊置山陽郡，開皇初郡廢。十二年置楚州，大業初州廢。有後魏淮陰郡，東魏改為淮州，後齊並魯、富陵立懷恩縣，後周改曰壽張，又僑立東平郡。開皇元年改郡為淮陰，並立楚州，尋廢郡，更改縣曰淮陰。大業初州廢，縣併入焉。」則魯縣、富陵縣接近懷恩縣，如果魯縣在今盱眙縣南部，則和富陵縣、懷恩縣之間隔有盱眙郡、陽平郡，所以不可能在今盱眙縣南部。陽平郡、東平郡、魯郡都是《南齊書·州郡志》北兗州僑郡，東平郡只有四百戶，魯郡只有名目，該州之郡縣聚集在淮陰城附近，不可能遠到今盱眙縣南部。

山陽郡左鄉縣

《施志》稱在今江蘇淮安市楚州區境。

按：左鄉縣治，據民國《阜寧縣新志》卷二，「在青溝鎮西南，當海陵溪與漁濱河襟合處，今之左鄉莊。」〔註11〕此即《中國歷史地圖集》左鄉縣治定位，但是《萬曆淮安府志》卷三《山川》引《嘉定山陽志》記載射陽湖北岸支流中，漁濱浦南為左家浦，〔註12〕據上下文地名即左鄉莊位置，則所謂的左鄉莊可能是因為居住左姓而得名而不是因為左鄉縣，待考。

陽平郡

郡領安宜、石鱉二縣，《施志》稱在今江蘇寶應縣西南。

按：寶應縣西南已在 1960 年析置金湖縣，陽平郡應在今江蘇金湖縣西境與盱眙、洪澤縣交界一帶。荀德麟先生考證在今洪澤縣東南部，〔註13〕今據《北史·潘樂傳》石鱉屯在石梁縣北百餘里（詳下涇州），和荀先生考證吻合。

〔註10〕 國家文物局主編：《中國文物地圖集·江蘇分冊》，中國地圖出版社，2008 年，上冊第 253 頁，下冊第 591～592 頁。

〔註11〕 《阜寧縣新志》，《中國地方志集成·江蘇府縣志輯》第 60 冊，江蘇古籍出版社，1991 年。

〔註12〕 《萬曆淮安府志》，《天一閣藏方志選刊續編》第 8 冊，上海書店出版社，1990 年。

〔註13〕 荀德麟：《石鱉考》，荀德麟主編：《洪澤湖志》，方志出版社，2003 年。

七八、東廣州

海陵郡蒲濤縣

《施志》稱在今南通市西。

按：據清人《白蒲鎮志》，如皋縣白蒲鎮出土古磚上有「蒲濤縣」三字，則此縣治今如皋市東南的白蒲鎮。〔註14〕

七九、涇　州

《隋書·地理志下》江都郡永福縣：「舊曰沛，梁置涇城、東陽二郡，陳廢州，併二郡為沛郡。後周改梁郡為石梁郡，改沛縣曰石梁縣，省橫山縣入焉。開皇初郡廢。大業初改縣曰永福。」《北史·潘樂傳》：「樂發石鱉，南度百餘里，至梁涇州。涇州舊在石梁，侯景改為淮州。樂獲其地，仍立涇州。」《施志》據唐改永福縣為天長縣，因謂北齊沛縣在今安徽天長縣。

按：石梁縣治今安徽天長縣石梁鎮，《永樂大典》卷二二六〇引元代《高郵州志》：「五湖，去城六十里，東至沛城村。」〔註15〕《嘉慶高郵州志》卷首《高郵州境全圖》有沛城村，〔註16〕按圖在今金湖縣閔橋鎮南部。沛縣原在沛城村，緊鄰今天長縣界，陳並涇城、東陽為沛郡時，應治此。北齊涇州應治沛城，因為《陳書》卷五說太建五年（573）四月克石梁城，六月克涇州城，可見涇州不在石梁城。後周改沛郡為石梁郡時，才遷治今天長縣石梁鎮。

八〇、秦　州

《施志》謂州治六合縣，按《隋書·地理志下》江都郡六合縣：「舊曰尉氏，置秦郡。後齊置秦州。後周改州曰方州，改郡曰六合。」則後周才有六合之名，北齊無六合縣。《北周地理志》卷六方州六合郡只有尉氏、堂邑、方山三縣，也無六合縣。

〔註14〕〔清〕姚鵬春：《白蒲鎮志》卷一，上海圖書館藏抄本。

〔註15〕馬蓉、陳抗、鍾文、欒樂明、張忱石點校：《永樂大典方志輯佚》，北京：中華書局，2004頁，第538頁。

〔註16〕《嘉慶高郵州志》，《中國地方志集成·江蘇府縣志輯》第46冊，江蘇古籍出版社，1991年。

八二、南譙州

高塘郡平阿縣

《地形志》：「高塘郡治高塘城。領縣四：平阿、盤塘、石城、蘭陵。」《施志》謂高塘城即平阿縣，又據《讀史方輿紀要》來安縣東北五十五里有高塘山，《乾隆江南通志》高塘山在來安縣東北的白塔鎮西，謂平阿縣在今來安縣東北。

按：因為特殊的軍事環境，南北朝時期的郡治不一定在某縣，所以高塘郡不一定就在平阿縣。平阿縣應因平阿溪（今石梁河）得名，高塘山在白塔鎮西，可能不在一地。

八三、西楚州

鍾離郡朝歌縣

《施志》引《乾隆江南通志》的「朝歌舊縣，在臨淮縣東」，謂此縣在今鳳陽縣東。

按：《地形志》此縣有九山城，九山即今鳳陽縣南 30 多千米的韭山，山上有韭山寨石城，舊說宋、元城址，〔註17〕今按《地形志》則始自南北朝。

曲陽城

《地形志》彭、沛二郡南陽縣有曲陽城，《施志》引《隋書地理志考證》、《讀史方輿紀要》謂曲陽城在定遠縣西北九十五里。

按：此條實出自《太平寰宇記》卷一二八壽州定遠縣：「古曲陽城，在縣西北九十五里。」《水經注》卷三十《淮水》：

> 淮水又右納洛川於西曲陽縣北，……（洛水）北徑西曲陽縣故城東，王莽之延平亭也。應劭曰：縣在淮曲之陽，下邳有曲陽，故是加西也。洛澗北歷秦墟，下注淮謂之洛口。〔註18〕

洛水即源出今定遠縣西北、流經定遠縣和長豐縣之間、再經淮南市和鳳陽縣之間、在懷遠縣南部入淮的洛水，另《太平寰宇記》卷一二九壽州壽春

〔註17〕《滁州歷史文化遺存》編輯委員會：《滁州歷史文化遺存》，安徽人民出版社，2003 年，第 156 頁。

〔註18〕〔北魏〕酈道元注、楊守敬、熊會貞疏、段熙仲點校、陳橋驛復校：《水經注疏》，第 2528～2529 頁。

縣：「廢西曲陽縣城，在縣東北八十三里，南臨洛水。」曲陽城一說在今淮南市上窯鄉南面，〔註19〕一說在定遠縣（按：應為鳳陽縣）龍壩鄉，〔註20〕二地相鄰，待考。

荊山郡馬頭縣

《施志》引《讀史方輿紀要》「馬頭城，在懷遠縣西南三十里」，謂馬頭縣在今懷遠縣西南。

按：馬頭城即今懷遠縣西南的馬城村，《北周地理志》卷六荊山郡馬頭縣稱在懷遠縣南二十里馬頭集，即此。

陰陵郡陰陵城

《地形志》北譙郡治陰陵城，《讀史方輿紀要》以為此郡北周省併，王仲犖以墓誌銘證明此郡在北齊時改名為陰陵郡，《施志》引《讀史方輿紀要》謂陰陵城在定遠縣西北六十里。

按：陰陵城即今定遠縣西北約 30 千米靠山鄉古城村，〔註21〕前人未言北齊為何把北譙郡改名陰陵郡，按《地形志》揚州另有北譙郡，在今淮南市東部（見下揚州），與西楚州北譙郡緊鄰而異屬，故改名。

陰陵郡南蔡縣

《施志》以為也在定遠縣西北。

按：今淮南市東南部和長豐縣交界處，有蔡城塘，疑因南蔡城所在蔡城得名。長豐縣乃 1964 年析壽縣、定遠縣、肥東縣、肥西縣置，蔡城塘原屬壽縣。

廣安郡定遠縣

《施志》引《隋書·地理志下》鍾離郡定遠縣「定遠，舊曰東城，梁改定遠」、《元和郡縣圖志》卷九濠州定遠縣：「本漢東城縣地，梁武帝天監初置縣，屬定遠郡。……東城縣故城，在縣東南五十里」，〔註22〕謂定遠縣在今縣東南。

〔註19〕淮南市地名辦公室編：《淮南市地名錄》，內部發行，1983 年，第 43 頁。

〔註20〕安徽省地方志編纂委員會：《安徽省志》第 57 冊《文物志》，方志出版社，1998年，第 44 頁。

〔註21〕《滁州歷史文化遺存》編輯委員會：《滁州歷史文化遺存》，第 151 頁。

〔註22〕〔唐〕李吉甫撰、賀次君點校：《元和郡縣圖志》，北京：中華書局，1983 年。

按：《太平寰宇記》卷一二八定遠縣：「廢定遠縣城，在縣西南八十五里……廢東城，漢縣故城。」據此，則南北朝定遠縣城不是漢東城縣城，東城縣在今定遠縣東南 25 千米大橋鄉油坊李村，〔註23〕《北周地理志》卷六廣安郡定遠縣也誤把漢東城縣城當作定遠縣城。

八四、揚　州

梁郡蒙城縣

《施志》引《隋書地理志考證》、《北周地理志》謂在今壽縣南。

按：《太平寰宇記》卷一二九壽春縣：「廢蒙城縣，在縣南二百里。…至隋末廢。」則在今壽縣南。

北譙郡

《施志》據《太平寰宇記》卷一二九壽春縣：「廢北譙縣，在縣東六十三里。按《輿地志》云：……梁克壽陽後，立北譙郡於故曲陽地，北譙、蒙城二縣屬焉」，謂曲陽縣在今定遠縣西北，則北譙郡也在定遠縣西北。

按：《輿地志》說故曲陽縣地，不是曲陽縣城，曲陽縣城為彭、沛二郡治（見上），北譙郡治實在曲陽城西二十里（詳上曲陽城），即今淮南市東部。

邊城郡

《地形志中》揚州：「邊城郡，領縣二：期思（郡治。有九日山、豐城）、新息。」《施志》引《讀史方輿紀要》期思城在固始縣西北七十里，謂期思縣在今固始縣西北。

按：此邊城郡治期思縣，南朔州之邊城郡治石頭城，霍州之邊城郡治麻步山，南郢州之邊城郡不言治所，但是南郢州的邊城郡的位置可以推測在新縣北部至商城縣西部一帶（詳下南郢州）。可知，《地形志》很多重出郡縣確實不在一處，並且有具體治所。漢期思縣在今淮濱縣南的期思縣古城址，〔註24〕《地形志》東豫州長陵郡安寧縣：「蕭衍置，魏因之。有期思城、孫叔敖廟。」則東豫州期思縣為漢期思舊縣，亦即《讀史方輿紀要》固始縣西北的期思縣。揚州期思縣在其東，地望待考。

〔註23〕《滁州歷史文化遺存》編輯委員會：《滁州歷史文化遺存》，第 151 頁。
〔註24〕河南省文物局編製：《中國文物地圖集·河南分冊》，中國地圖出版社，1991年，地圖第 209 頁，文字說明第 492 頁。本文河南省境內遺址如無說明，皆依本書。

安豐縣

《施志》引《太平寰宇記》稱梁、北齊安豐縣在今安徽霍丘縣（中按：應為霍邱縣）西南。按：《太平寰宇記》卷一二九霍丘縣：

> 廢安豐州，在安豐縣南四十里射鵠村。東魏天平二年，兩魏初分，此地入梁，大同元年，徙舊安豐郡於此置州。至太清二年，侯景破梁，偽中軍大都督王貴顯以壽春降魏，此州又入東魏。北齊天保七年廢州為縣，遂以無期村置安豐縣，入楚州。

> 古安豐州，在縣西南十三里……《漢書‧地理志》云秦時於壽春置九江郡，此縣屬焉……梁天監元年移此縣於霍丘戌東北置安豐，至大同元年又改為安豐州，此城遂廢……

> 廢安豐縣，在縣東南三十八里。後魏武定七年，州屬魏。至北齊天保七年廢為縣。後射鵠村移來此。隋開皇三年又移就芍陂塘下置，尋廢。

據此，漢安豐縣在霍丘縣西南十三里，據《水經注》淮水、決水，霍丘城西南為安風縣，安豐縣在今固始縣東南，所以此條有誤（詳下安豐州）。北齊應屬揚州或霍州，非楚州，楚州不可能越過揚州管到安豐。梁天監元年（502）先遷霍丘城東北，大同元年（535）再遷霍丘城南四十里射鵠村，天保七年遷霍丘城東南三十八里，即無期村所在。梁、北齊安豐縣不在今霍丘縣西南，而先後在今霍丘縣的東北、南、東南。《中國歷史地圖集》第四冊第27頁豫州安豐郡標在芍陂塘下，誤，開皇三年（583）才移至此，《宋書‧州郡志》說魏文帝分廬江郡置安豐郡，南齊時的安豐郡還在今霍丘縣西南。

《水經‧沘水注》：

> 淠水又西北，分為二水，芍陂出焉。又北徑五門亭西，西北流徑安豐縣故城西。《晉書地道記》：安豐郡之屬縣也，俗名之曰安城矣。

楊守敬《水經注疏》按：「以時考之，移於射鵠村者，蓋酈氏所稱安豐縣。」其實楊守敬弄錯時間，酈道元在孝昌三年（527）去世，[註25] 八年後才遷射鵠村，所以《沘水注》的安豐縣在霍丘東北，這也和上下文符合。

〔註25〕趙永復：《〈水經注〉資料斷限》，《歷史地理》第八輯，上海人民出版社，1990年。

八五、合　州

廬江郡潛縣

《地形志中》合州：「廬江郡，領縣三：潛（有野父山）、北始新、南始新。」《施志》引《讀史方輿紀要》潛城在霍山縣東北三十里，謂此潛縣在今霍山縣東北。

按：《太平寰宇記》卷一二六廬州廬江縣：「冶父山，在縣東北二十里。……古潛縣城，在縣南二里。」則潛縣、野父山（即冶父山）在今廬江縣境。

廬江郡北始新縣、南始新縣

《地形志中》合州廬江郡有北始新、南始新二縣，《施志》謂此始新縣乃東吳所置，《宋書・州郡志》揚州刺史新安太守下有始新令，云：「孫權分歙立」，在今浙江淳安縣西北。此始新縣即劉宋僑置廬江縣，《宋書・州郡志》廬江太守下有始新令，至東魏分為南、北二始新縣。

按：新安郡的始新縣在江南，怎麼會僑置到江北的廬江郡呢？此說不太合情理，所以廬江郡的始新縣不可能是從江南僑來。按《宋書・州郡志二》廬江郡始新令：「《永初郡國》、何並無，徐有始新左縣，明帝泰始三年立。」則廬江郡之始新縣為劉宋新析的蠻夷左縣，和僑置無關。

西汝南郡安城縣

《地形志》西汝南郡安城縣：「有金牛山。」《施志》引《讀史方輿紀要》廬江縣西北四十里金牛山，謂安城縣在今廬江縣西北。

按：《嘉慶廬江縣志》卷十三：「縣西北三十里金牛城，即合州安城縣。」〔註26〕則合州安城縣在今廬江縣西北三十里，今廬江縣西北金牛山旁有古城村，或即安城縣城。〔註27〕

八六、安豐州

《施志》引《太平寰宇記》卷一二九霍丘縣「廢安豐州」條（見上揚州安豐縣），誤斷句為「東魏天平二年兩魏分此地。入梁，大同元年徙舊安豐郡於此，置州。」又以為此州雖然不見於正史，但樂史「言之鑿鑿，當有所據」。

〔註26〕《嘉慶廬江縣志》，《故宮珍本叢刊》第 102 冊，海南出版社，2001 年。
〔註27〕安徽省革命委員會民政勞動局編：《安徽省地圖（內部用圖）》，第 49 頁廬江縣，1974 年。

按：安豐州一名不符常例，所謂大同元年「置州」應為「置郡」之訛，下文所謂「古安豐州」也是「古安豐郡」之訛（見上）。《宋書·州郡志》南豫州安豐郡有安豐、松滋二縣，《南齊書·州郡志》豫州安豐郡八縣，前六縣為雩婁、新化、史水、扶陽、開化、邊城，後二縣為安豐、松滋，雩婁、史水、開化、邊城即《宋書·州郡志》邊城左郡，安豐、松滋即《宋書·州郡志》南豫州、《地形志》揚州之安豐郡，則《南齊書·州郡志》安豐郡實為邊城郡、安豐郡合併後面貌，所以《水經·決水注》稱邊城郡治安豐縣故城。梁又分安豐郡、邊城郡為二，遷安豐縣於霍丘城東北，即前引《太平寰宇記》所說梁天監元年之遷。

《地形志》霍州首郡為安豐郡，領安豐一縣，治洛步城。《北周地理志》霍州安豐縣說：「《地形志》揚州之安豐，亦即霍州之安豐，有時隸揚州，有時隸霍州，本非二地，楊守敬《隋書地理志考證》言之詳矣。」按二者雖然同名，但是治所不在一地。《地形志》霍州安豐郡治洛步城，洛步城不是射鵠村、無期村，則霍州安豐郡不是揚州安豐郡。

八七、湘 州

《隋書·地理志下》盧江郡盧江縣：「梁置湘州，後齊州廢。」《施志》以為梁又有治大活關的湘州，是二湘州，說明梁代政區混亂。

按：東晉南朝另有湘州治長沙，則梁似有三湘州，但是盧江的湘州未言置時，所以可能在梁末分裂時短暫設置，也有可能在名號前加北字區別。湘州治大活關，北江州治鹿城關（詳下），二地臨近，所以北齊合二州為一極為可能。北齊廢盧江之湘州，並湘州入江州，前後時間不知，所以不一定同時存在兩個湘州。

八八、霍 州

《地形志中》：霍州領郡十七、縣三十六：

　　北沛郡，領縣五：沛、曲陽、相、順（新蔡郡治）

　　南陳郡（州治），領縣二：南陳（治玄康城）、邊水

　　新蔡郡，領縣三：汝陽、新蔡、固始

　　岳安郡，領縣二：安成、義興

　　邊城郡（治麻步山）領縣一：史水

西邊城郡，領縣三：史水、宇樓、開化……

北沛郡

《隋書‧地理志下》廬江郡淠水縣：「梁置北沛郡及新蔡縣。開皇初郡廢，又廢新蔡入焉。有墜星山。」則北沛郡在隋淠水縣，《施志》引《讀史方輿紀要》謂在霍山縣東，楊守敬《隋書地理志考證》謂在霍山縣東北，《中國歷史地圖集》同，則《讀史方輿紀要》稍誤。

按：《中國歷史地圖集》第五冊隋淠水縣在今六安市東北，不在霍山縣。《隋書‧地理志下》廬江郡開化縣：「梁置。有衡山、九公山、蹋鼓山、天山、多智山。」《太平寰宇記》卷一二九壽州六安縣：「淠水，枕縣西門外三十步，源出多智山墜星河，經縣北六百五十里，入安豐界。」如墜星河在墜星山，則北沛郡在今霍山縣。或在六安東北，待考。

玄康城

玄康城即南陳郡及霍州治，《施志》以為北齊霍州治岳安郡岳安縣，在今霍山縣。

按：《隋書‧地理志下》廬江郡霍山縣：「梁置霍州及岳安郡、岳安縣。後齊州廢。開皇初郡廢，縣改名焉。」不提北齊霍州移治，則北齊霍州廢前還治玄康城。《施志》謂南陳郡在今霍山縣，按《萬曆六安州志》卷一《古蹟》：「霍州，去州西五十里。」又說開化縣在州西四十里，〔註28〕但廢霍州城、廢開化縣都在舊霍山縣界（詳下），霍山縣曾經併入六安縣，《太平寰宇記》霍山縣附在六安縣後，所以二條從霍山縣下誤抄到六安縣下。古今縣界不同，則霍州治玄康城在今六安市、霍山縣一帶。

邊城郡

《施志》引《讀史方輿紀要》所記六安州西南九十里有麻埠鎮，謂即邊城郡麻步山。

按：麻埠鎮宋代已有，見《元豐九域志》卷五壽州六安縣麻步鎮。古麻埠鎮在今金寨縣，或即麻步山所在。今商城縣、固始縣又有麻埠河（今稱石槽河），〔註29〕麻埠可作通名，但是邊城郡在西邊城郡東，則應以六安縣麻步

〔註28〕《萬曆六安州志》，《日本藏中國罕見地方志叢刊》，書目文獻出版社，1991年。

〔註29〕《嘉靖商城縣志》卷一《山川》，《天一閣藏方志選刊續編》第60冊。

鎮比較適合。《水經注》卷三二《泄水》：

> 博安縣，《地理志》之博鄉縣也，王莽以為揚陸矣。泄水自縣，
> 上承沘水於麻步川，西北出，歷濡溪，謂之濡水也。泄水自濡溪徑
> 安風縣，北流注於淠，亦謂之濡口。

據《水經注疏》濡水在今六安市西，又認為麻步山在麻步川旁，則邊城郡治今六安市西。

西邊城郡

《施志》謂西邊城郡首縣為史水縣，當即郡治，據《中國歷史地圖集》在今商城縣東北。

按：《太平寰宇記》卷一二九壽州六安縣下有開寶四年（971）所廢霍山縣，後有廢霍州城，又：「廢邊城郡，在新縣西一百九十八里。晉為州，宋為縣，又為州，今廢。廢開化縣，在新縣西四十里，按《後漢書》邊城有開化縣，隋大業十三年廢。」按全書今縣及所併廢縣分開敘述的體例，此「新縣」指宋廢霍山縣，此邊城郡以道里計則已在今金寨縣境，應即西邊城郡，所轄開化縣在今金寨縣，史水、宇樓（即漢雩婁）二縣在今固始縣東南。因為在邊城郡西部，所以稱西邊城郡。《後漢書》為《魏書》誤，《地形志》僅此一開化縣。霍州以霍山得名，主要在今霍山縣、金寨縣、固始縣南部和六安市南部，《施志》州境的今地缺列金寨縣。

八九、南光州

《地形志中》：光州（蕭衍置，魏因之。治光城）領郡五、縣十：

> 北光城郡，領縣二：光城（州治）、樂安
> 弋陽郡，領縣二：北弋陽（郡治）、南弋陽……
> 南光城郡，領縣二：光城（郡治）、南樂安
> 宋安郡（治大城），領縣二：樂寧（郡治）、宋安

宋安郡

《施志》引《讀史方輿紀要》謂光城縣即今光山縣，引《隋書・地理志下》弋陽郡「定城，後齊置南郢州，後廢入南、北二弋陽縣，後又省北弋陽入南弋陽，改為定遠焉。又後魏置弋陽郡」，又引《讀史方輿紀要》「仙居城，在光山縣西」謂樂安縣在今光山縣西，又引同書「廢樂寧縣，在羅山縣南」，

謂樂寧縣在今羅山縣南。

　　按：南光城郡及其治光城縣、弋陽郡城，並見於《水經・淮水注》淮水支流黃水（今小潢河），前者即今光山縣城，弋陽縣即漢弋陽縣，在今潢川縣。樂安縣在今光山縣西北仙居店鄉古城。宋安郡治大城應即大城關，《讀史方輿紀要》卷七六麻城縣：「大城關，縣北九十里，接河南羅山縣界。宋開慶初，蒙古忽必烈入大城關，宋戌軍皆潰，即此。」〔註30〕麻城縣北是光山縣，不是羅山縣，所以此條記載有誤。同卷黃陂縣：「大勝關，縣北八十里，北去河南羅山縣百四十里。舊志云：東去白沙關五十里。宋末，忽必烈南寇，取道於此。今詳見羅山縣。又縣有大城鎮，在縣北大城潭上，今有巡司。」此大勝關就是今武漢市黃陂區大城潭的大城鎮，不是今大勝關。由此可見，《讀史方輿紀要》多有錯誤。大勝關不是大活關（詳下），也不是大城關，《萬曆羅山縣志》卷一《山川》：「仙居山，在縣南二百三十里。」又同卷《鄉保》：「樂城保，在縣南二百三十里」，〔註31〕羅山縣南部劃入今大悟縣，則樂城保靠近今大悟縣東部的仙居山，樂城保即因樂寧城得名，則樂寧縣在今大悟縣東部，大城關在附近，即《中國歷史地圖集》第七冊羅山縣南的大城關，另南司州宋安郡樂寧縣在大悟縣西北部（詳下南司州）。

九〇、南郢州

　　《地形志中》南郢州（蕭衍置，魏因之。治赤石關）領郡三、縣七：

　　　　定城郡，領縣二：宇婁、邊城

　　　　邊城郡，領縣一：茹由

　　　　光城郡（治赤石城）領縣一：光城

　　《施志》見首郡為定城郡，而定城縣直到 1931 年才改名潢川縣，故以為此郡在今潢川縣境。而光城郡所治赤石城亦以為在今潢川縣境。《太平寰宇記》卷一二七光山縣：「故茹由城，在縣南六十二里。」《施志》據此稱在光山縣南。

　　按：《施志》所考不詳，潢川縣前稱定城縣，但是古代縣治常有遷徙，因此不能斷定。茹由縣在《地形志》只此一見，必為實縣，此為考證基礎。光

〔註30〕〔清〕顧祖禹撰、賀次君、施和金點校：《讀史方輿紀要》，北京：中華書局，2005 年，第 3563 頁。

〔註31〕《萬曆羅山縣志》，《日本藏罕見中國地方志叢刊》，書目文獻出版社，1992年。

山縣南六十二里，則在今新縣北部。《太平寰宇記》卷一二七固始縣下有廢殷城縣（今商城縣），又說大蘇山在縣東四十里，與霍山相接，其實大蘇山是在廢殷城縣東四十里，不是固始縣東四十里。所以下文說定城關在縣西四十里也是相對殷城縣而言，《嘉靖商城縣志》卷首地圖上定城關在商城縣西南部，卷一《古蹟》：「定城關，縣南九十里。齊置，隋廢。遺址猶存，今有人，山市。」〔註32〕定城郡在定城關附近，該州在光山縣南部、新縣至商城縣西部一帶。赤石關位置不詳，但是從其置光城郡、光城縣看來，應該近今光山縣，或在今光山縣、新縣一帶。《中國歷史地圖集》第四冊北齊圖南郢州在光州東北，誤。

　　《隋書·地理志下》弋陽郡定城縣：「後齊置南郢州，後廢入南、北二弋陽縣，後又省北弋陽入南弋陽，改為定遠焉。又後魏置弋陽郡。及有梁東新蔡縣，後周改為淮南郡。又後齊置齊安、新蔡二郡，及廢舊義州立東光城郡，至開皇初五郡及郢州並廢。」同郡固始縣：「梁曰蓼縣。後齊改名焉，置北建州，尋廢州，置新蔡郡。後周改置澮州。開皇初州郡並廢入，又改縣為固始。」南郢州既然在後齊已廢，又在開皇初廢，必有一誤。前一南郢州即《地形志》南郢州，北齊廢入南光州弋陽郡。後一開皇初所廢郢州應為南光州，五郡為南光州五郡。

　　《施志》無此北建州，北建州改置的新蔡郡應即《地形志中》揚州新蔡郡，有新蔡、固始二縣，亦即定城縣下所言北齊所置的新蔡郡，屬南光州。《施志》言南郢州新蔡郡不明所治，實即固始縣。《施志》又言齊安郡治所不明，其實《地形志》淮南只有一個齊安郡，即沙州齊安郡，沙州只有兩個郡，另一個是建寧郡，《隋書·地理志下》永安郡麻城縣言併入建寧郡，《施志》言麻城所併即《地形志》南定州北建寧郡。按：沙州因麻城、光山界上白沙關所置，其建寧郡與南定州北建寧郡本為一郡分化，所以沙州省併時復合。《隋書·地理志》沒有淮南的沙州，則沙州早已省併，沙州齊安郡併入南光州。東光城郡見下義州，《地形志》唯一的東新蔡郡即東豫州東新蔡郡，淮南郡即此郡改置。從上文所考期思縣可知，東豫州有地在淮河南岸。《北周地理志》不察此南郢州北齊已廢入南光州，卷七既列南郢州，卷五又有郢州，其郢州在南郢州東南，顯然有誤。《周書》列傳雖有南郢州，為《地形志下》西魏南郢州，據《廿二史考異》卷三十，此南郢州在隨州東北，不是

〔註32〕《嘉靖商城縣志》，《天一閣藏方志選刊續編》第60冊。

《地形志中》的南郢州。

九二、南朔州

南朔州（蕭衍置，魏因之。治齊阪城。）領郡六、縣六：

> 梁郡，領縣一：新息
>
> 新蔡郡，領縣一：鮦陽
>
> 邊城郡（治石頭城。）領縣一：邊城
>
> 義陽郡，領縣一：義陽
>
> 新城郡（治新城。有關城。）領縣一：新城
>
> 黃川郡，領縣一：安定

《施志》見首郡為梁郡，治新息縣，謂在今息縣南。又稱錢大昕考證南朔州在光山、新息二縣之間，此新息縣當在原新息縣境，才能和光山縣靠近，共為南朔州屬郡。但是《施志》該州前文引錢大昕《廿二史考異》南朔州：「此州未審所在。」故《施志》所謂錢大昕考證在光山、新息二縣，恐誤。清代無新息縣，只有息縣。

《施志》稱此義陽郡為寄治光山縣者，又稱義陽郡據《宋書‧州郡志》自平陽縣分立，則近平陽縣，平陽縣據《中國歷史地圖集》在今信陽市，則義陽去此不遠，「庶幾相近」。《施志》引《讀史方輿紀要》：「殷城，在商城縣南。《五代志》：『梁曰包信縣，置建州，兼領高平、新蔡、新城三郡』，蓋治於此」謂新城郡在今商城縣南。《施志》引錢大昕《廿二史考異》認為《隋書‧地理志下》弋陽郡光山縣有舊黃川郡即此黃川郡，又引《讀史方輿紀要》光山縣境有黃川城，不言所在。

按：此梁郡、新息縣皆僑置，不在息縣南。義陽郡之定位必須根據實縣考定，當時遷徙無定，不能根據析出的平陽縣定位。《地形志》南建州無新城郡，《水經‧淮水注》：

> 淮水又東北，渒水注之，水出弋陽縣南垂山。西北流歷陰山關，徑二城間，舊有賊難，軍所頓防。西北出山，又東北流，徑新城戍東。又東北得詔虞水口，西北去弋陽虞丘郭二十五里，水出南山，東北流，徑詔虞亭東，而北入渒水。又東北注淮，俗曰白鷺水。

此州的新城郡治新城關，為實縣。新城戍在渒水（今白露河）西，在今潢川縣東南或光山縣東南。今潢川縣東有傘陂鎮古城村戰國城址，在白露河

西岸，或為新城關及新城縣、新城郡所在。錢大昕《地名考異》邊城條說：

> 《通鑑》：「梁普通二年，義州刺史文僧明、邊城太守田守德擁
> 所部降魏，皆蠻酋也。」胡三省云：沈約志，宋文帝元嘉十五年，
> 以豫州蠻民立邊城左郡。酈道元曰：《水經注·決水篇》安豐縣故城，
> 今邊城郡治也。此時梁境未得至安豐，《五代志》，黃岡縣有邊城郡，
> 此正田守德所居之地。《魏書·地形志》：「邊城郡治麻步山，領史水
> 一縣。」〔註33〕

　　錢大昕沒有辨明諸邊城郡位置，按《地形志》共五個邊城郡，據上文考證，霍州邊城郡治麻步山，在今六安市西，霍州西邊城郡治在今金寨縣，揚州邊城郡治在固始縣到霍丘縣一帶，南朔州邊城郡治新城，在今潢川縣東，南郢州邊城郡治在今新縣北部。但是這五個邊城郡都不是《宋書·州郡志》邊城左郡亦即《水經·決水注》邊城郡，因為舊邊城郡治今固始縣東南的安豐縣故城，《地形志中》揚州：「邊城郡，領縣二：期思（郡治。有九日山、豐城）、新息。」此豐城應即安豐城，闕一安字，其後第二郡安豐郡闕字三處，可見本州闕字很多。揚州邊城郡的安豐城就是安豐縣故城，但是此邊城郡也不治安豐城，所以只說「有安豐城」。

　　《太平寰宇記》卷一二七光山縣：「故黃川城，在縣南四十里，耆舊相傳云古黃國別城，宋昇明元年（477）置郡，州帶黃水，因名黃川郡。梁天監元年廢。」按黃川郡不見諸《宋書》、《南齊書》的《州郡志》，《太平寰宇記》或誤，此黃川郡城應即《地形志》黃川郡，在今光山縣南。黃川郡僅見於此，故為實縣。

　　以新城關、黃川郡位置，可知本州在光山縣南到潢川縣東南一帶。西北和南光州大致以今小潢河為界，南為南郢州，東南為南建州，東北為揚州。《廿二史考異》卷二七《陳書·吳明徹傳》條下說：「梁郡領新息縣，而黃川郡據《隋志》乃光山縣地，則朔州蓋在光息之間矣。」現在看來，錢大昕的推斷是錯誤的，南朔州境不可能到達息縣，因為中間隔有南光州。

九三、義州、一〇三義州

　　《地形志中》：「義州，蕭衍置，武定七年內屬。戶二百一十五，口三百

〔註33〕〔清〕錢大昕：《地名考異》，陳文和主編《嘉定錢大昕全集》第四冊，江蘇
　　　　古籍出版社，1997年，第40頁。

二十二。」《隋書・地理志下》弋陽郡殷城縣：「舊曰包信，開皇初改名焉。
梁置義城郡及建州，並所領平高、新蔡、新城三郡，開皇初並廢。」同郡定
城縣：「又後魏置弋陽郡。及有梁東新蔡縣，後周改為淮南郡。又後齊置齊安、
新蔡二郡，及廢舊義州立東光城郡，至開皇初，五郡及郢州並廢。」又蘄春
郡羅田縣：「梁置義州、義城郡，開皇初並廢。」錢大昕《廿二史考異》卷二
九《魏書・地形志中》義州：

> 此州不言治所，亦無所領郡縣。《隋志》，羅田縣，梁置義州、
> 義城郡，開皇初並廢，當即此。《通鑑》梁普通二年，義州刺史文僧
> 明擁所部降魏，魏以為西豫州刺史，胡三省謂此義州當置於齊安郡
> 木蘭關縣界，蓋以意度之，未及檢《隋志》也。〔註34〕

楊守敬《隋書地理志考證》卷八弋陽郡定城縣：

> 《地形志》義州，蕭衍置，武定七年內屬。《梁武紀》：普通四
> 年六月，分霍州置義州。梁之義州領義城郡，此《隋志》於殷城縣
> 下云「梁置義城郡」，則此梁之義州無疑。〔註35〕

同卷蘄春郡羅田縣：

> 按此誤也。《梁書・武帝紀》普通四年六月乙丑，分霍州為義
> 州。又《梁書・裴邃傳》：普通二年，義州刺史文僧明以州叛入於魏，
> 邃深入魏境，從邊城道出其不意，破魏義州刺史於檀公峴，遂圍義
> 州城。按《水經注》『決水出廬江雩婁縣南大別山，俗名之為檀公峴』，
> 則梁之義州當去雩婁不遠。若在羅田境，何以云「深入魏境」乎？
> 《志》於弋陽郡定城縣下有舊廢義州，又於殷城縣下雲梁置義城郡，
> 蓋即此義州義城郡也。今乃覆載於此，遂似梁時有兩義州、兩義城
> 郡，而又相去不遠，大謬。

《施志》九三義州條，定義州領義城郡，領包信一縣，在今商城縣西南。
《施志》一〇三又有義州條，稱領羅田一縣，在今羅田縣，又謂：「梁代設置
州郡縣甚為混亂，相近地區有兩義州，今人看來不可思議，在當時不足為奇。
今仍存此羅田縣之義州及義城郡。」《北周地理志》卷六義州即羅田縣之義州，
無義城郡包信縣之義州，義城郡包信縣隸南建州。

〔註34〕〔清〕錢大昕著、方詩銘、周殿傑校點：《廿二史考異》，上海古籍出版社，
2004 年，第 498 頁。

〔註35〕〔清〕楊守敬撰、施和金整理：《隋書地理志考證》，謝承仁主編《楊守敬集》
第 2 冊，第 418 頁。

按：普通二年（521）義州叛梁入魏，錢大昕以為在今羅田縣，楊守敬以為在光山、商城縣，不在羅田縣，《隋書》誤載。二人都以為義州為一，《施志》以為有兩個義州。其實上述三說都不對，《魏書》卷一百一《蠻傳》：

> 蕭衍義州刺史、邊城王文僧明，鐵騎將軍、邊城太守田官德等率戶萬餘舉州內屬，拜僧明平南將軍、西豫州刺史，封開封侯，官德龍驤將軍、義州刺史，自餘封授各有差。僧明、官德，並入朝，蠻出山至邊城、建安者八九千戶。

邊城王文僧明只是蠻王，「蠻出山」三字表明他控制的地區全在山區，因為是羅田、商城、光山交界處，所以《隋書·地理志》在羅田、定城（即光山）、殷城（即商城）三縣下都有義州或義城郡記載，義州實為跨界的一個蠻族政區。《梁書》卷二二《裴邃傳》：「邃深入魏境，從邊城道，出其不意，魏所署義州刺史封壽據檀公峴，邃擊破之，遂圍其城，壽面縛請降，義州平。」檀公峴據《水經注》在今金寨縣西南（舊屬商城縣）大別山，梁軍從邊城郡攻檀公峴，是從北向南進軍。「深入魏境」指魏新得的土地，實即蕭梁邊城郡舊土，裴邃只收舊土，沒有拓展。義州城在檀公峴南，則在今羅田縣北部。所以《隋書》說羅田縣有義州、義城郡，但是殷城縣只有義城郡。《梁書·武帝紀》普通四年六月乙丑分霍州為義州，這個平定蠻族義州兩年後分置的義州肯定不在舊地，應即《隋書·地理志》定城縣的「廢舊義州」。南北朝時期政區雖然混亂，州作為最高一級政區，在名號上不會混亂。錢大昕《廿二史考異》卷三十「秦州」條已經說明，南北朝時期一個國家內一般沒有兩個同名的州。所以《施志》第九三義州實際不存在，據《隋書·地理志》，北齊改「廢舊義州」為東光城郡。

九四、沙　州

《地形志中》：「沙州，蕭衍置，魏因之。治白沙關城。」《施志》稱在今麻城縣北。

按：麻城縣在嘉靖四十二年（1563）析出黃安縣，今改紅安縣，《施志》引《讀史方輿紀要》白沙關在麻城縣北九里，白沙關時已在黃安縣北界外。《水經江水注》：「（倒水）南流徑白沙戍西。」嚴耕望先生說倒水即今黃安縣倒水，又《淮水注》說柴水出白沙關，柴水即今光山縣寨河，源出新縣西北，則白沙關在今新縣西南、紅安縣東北，倒水之東，鄂省邊境。〔註36〕嚴

〔註36〕嚴耕望：《唐代交通圖考》，第1961頁。

說太模糊，其實據今新縣地圖，白沙關村在倒水上游和小潢河上游分水嶺。〔註37〕白沙關在此村，沙州在此附近。

九七、澲　州

《隋書‧地理志下》永安郡黃陂縣：「又後齊置澲州，陳廢之。」《施志》澲水流經孝感、黃陂二縣，澲州當在此二縣一帶。

按：隋時尚無孝感縣，所以孝感東部的澲水流域屬黃陂縣，澲水與今黃陂無涉。《陳書‧宣帝紀》太建五年十月丙辰詔曰：「以黃城為司州，治下為安昌郡，澲湍為漢陽郡，三城依梁為義陽郡，並屬司州。」《北周地理志》卷六黃州漢陽郡下認為澲、湍是二縣，但是此二縣不見諸史書，而且北齊既然已經設澲州，則原文似應作「澲州為漢陽郡」，湍、洲（州）形近。

九八、南司州

《隋書‧地理志下》黃陂縣：「後齊置南司州，後周改曰黃州，置總管府。又有安昌郡，開皇初郡廢。」《元和郡縣圖志》卷二七黃州黃陂縣：「三國時，劉表為荊州刺史，以此地當江漢之口，懼吳侵軼，建安中，使黃祖於此築城鎮遏，因名黃城鎮，周大象元年，改鎮為南司州，並置黃陂縣。」《施志》引《陳書‧宣帝紀》太建五年（572）十月丙辰詔曰「以黃城為司州，治下為安昌郡」，證南司州置於北齊，治黃城，又認為安昌郡下不能沒有領縣，則安昌郡及黃陂縣亦置於北齊。

按：《北周地理志》卷六黃州據《太平寰宇記》卷一三一黃陂縣：「北齊武帝置南司州，後周置黃州，大象元年拓淮，於古黃州西四十里獨家村置黃陂縣」，則黃城在今黃陂治東四十里，《施志》未考黃城所在。黃城不可能是北齊南司州治所，因為《陳書》說克黃城，置司州及安昌郡，不說克司州城。《元和郡縣圖志》黃陂縣：「安昌故城，在縣西南七十里。」此安昌城即北齊安昌郡所在，陳遷治黃城。北齊已有司州、南司州，這個南司州只有《隋書‧地理志》記載，其存在值得疑問。

一〇〇、北江州

《地形志中》北江州：「蕭衍置，魏因之。治鹿城關。」《施志》引《讀

〔註37〕河南省革命委員會生產指揮組編製：《河南省地圖（內部地圖）》，1969年，第131頁新縣。

史方輿紀要》黃州府鹿城關近木蘭故城。

按：《讀史方輿紀要》黃陂縣木蘭山在縣北七十里，而《同治黃陂縣志》卷二《關市》：「鹿城關，在縣北一百里。」〔註 38〕則在今黃陂縣北，離木蘭山有三十里。前人謂近木蘭山，是未細究。

一〇一、湘　州

大活關

《地形志中》湘州：「治大治關城。」大治關，前人校勘為大活關，則新化縣治大活關。《施志》稱在今湖北紅安縣西北約百餘里。

按：嚴耕望先生考證，大活關在今大勝關或稍南位置，〔註 39〕則在今大悟縣東北。按《元和郡縣圖志》卷二七黃陂縣：「大活關，東北至光州二百八里，西至安州禮山關一百里，在縣北二百里。」又黃岡縣：「大活故城，在縣北二百三十五里，隋於此置關鎮。」《同治黃陂縣志》卷一說黃陂縣北一百八十里與羅山縣接界，地名黃陂站，即今大悟縣黃站鎮，以清代道里計算，則大活關在今大悟縣東北部的宣化店鎮南部，不到大勝關。

新城縣

永安郡新城縣，《施志》從《北周地理志》之說，謂即今大悟縣新城鎮。

按：查《大悟縣地名志》，今新城鎮原名河背嘴，1934 年國民政府將新立的禮山縣城遷治於此，因此改名新城。〔註 40〕所以，古新城縣不在今新城鎮，具體位置待考。

一〇二、南司州

義陽郡

《施志》引《讀史方輿紀要》：「師水在信陽州南四十里」，又云「義陽城在信陽州南四十里」，謂平陽縣在今信陽市南四十里。又謂義陽縣，據《宋書·州郡志》分平陽縣立，則義陽縣也在今信陽市西南。

按：《水經注·淮水》：

〔註38〕《同治黃陂縣志》，《中國方志叢書》華中地方第 336 種，成文出版社，1976 年。
〔註39〕嚴耕望：《唐代交通圖考》，第 1964 頁。
〔註40〕大悟縣地名領導小組：《大悟縣地名志》，內部發行，1983 年，第 294 頁。

淮水又徑義陽縣故城南，義陽郡治也……闞駰言晉泰始中，割
南陽東鄙之安昌、平林、平氏、義陽四縣，置義陽郡於安昌城。又《太
康記》、《晉書地道記》，並有義陽郡，以南陽屬縣為名……（溮水）
又北徑賢首山西，又北出，東南屈，徑仁順城南，故義陽郡治，分南
陽置也。晉泰始初，以封安平獻王孚長子望，本治在石城山上，因梁
希侵逼，徙治此城。梁司州刺史馬仙琕不守，魏置郢州也。昔常珍奇
自懸瓠遣三千騎援義陽行事龐定光，屯於溮水者也……溮水又東徑義
陽故城北，城在山上，因倚陵嶺，周回三里，是郡昔所舊治城。

據淮水位置及上下文所記其他城址，義陽縣在今信陽市西北的平昌關鎮
古城村古城。〔註41〕據《宋書・州郡志二》義陽郡治平陽縣，據《水經注》
則義陽郡故城也即平陽縣城，舊在石城山上，北魏移治今信陽市區，石城山
在今信陽市東南的溮河南岸。

鄳縣

前人謂即漢、魏、晉、宋、齊之鄳縣，《施志》引《讀史方輿紀要》「鄳
縣城，羅山縣西南黃峴關外，漢縣舊治也。後魏亦曰䢵縣，䢵與鄳通。高齊時
廢」，謂在今羅山縣西南。

按：《水經注・淮水》：

東徑鍾武縣故城南，故江夏之屬縣也，王莽之當利縣矣。又東
徑石城山北，山甚高峻，《史記》曰：魏攻冥阨。《音義》曰：冥阨
或言在鄳縣莔山也。案《呂氏春秋》九塞，其一也。溮水徑鄳縣故
城南。建武中，世祖封鄧邯為鄳侯。案蘇林曰：音盲。溮水又東徑
七井岡南，又東北注於淮。淮水又東至谷口。縠水南出鮮金山，北
流，瑟水注之。水出西南具山，東北徑光淹城東，而北徑青山東，
羅山西，東北流注於縠水。

則鄳縣在今信陽市東北或羅山縣西北，不在今羅山縣西南。但是《水經注》具
山，熊會貞校為壩（霸）山之訛，霸山在今羅山縣西南45千米。則鄳縣可能確
實在今羅山縣西南，《水經注》「冥阨或言在鄳縣莔山」的莔山疑亦為霸山之訛，
從「山甚高峻」到「音盲」一段疑為錯簡，應在「（瑟）水出西南具山」之後。
鄳縣在羅山縣西南九里關外，正是在冥阨，所以稱為冥阨，鄳、冥同音。

〔註41〕《中國文物地圖集・河南分冊》，地圖第206頁，文字說明第484頁。

高安縣

《地形志》無高安，《隋書‧地理志下》義陽郡羅山縣：「後齊置，曰高安。開皇初廢，十六年置，曰羅山。」《施志》引《讀史方輿紀要》謂在今羅山縣西南二十里。

按：《萬曆羅山縣志》卷一《古蹟》：「高安縣，北齊改，在今縣西南一百里□□□有碑存焉。」則高安縣在今羅山縣西南一百里。

宋安郡

《施志》引《讀史方輿紀要》應山縣「宋安城，在應山縣東北，後魏司州有宋安郡，治樂寧縣，兼領東隨縣，隋開皇九年改東隨曰禮山，尋以樂寧縣省入」，又應山縣在 1988 年改為廣水市，謂二縣都在今廣水市東北。

按：樂寧縣有成陽關、雞頭山、東隨縣有黃峴關。成陽關，前人校為武陽關，據嚴耕望先生考證成陽關即九里關，在今羅山縣西南界牌水庫中，雞頭山即今信陽市南部的雞公山，黃峴關即今信陽市、廣水市之間的武勝關。但嚴著引《大清一統志》謂宋安故城在光山縣西，東隨縣在禮山縣，〔註 42〕則失之過疏。禮山縣今改大悟縣，則樂寧縣應在武陽關南，在今大悟縣西北部，東隨縣應在武勝關南，在今廣水市東北。今廣水市在隨州市東部，東隨縣即因在隨縣之東得名。《隋書‧地理志下》義陽郡禮山縣：「舊曰東隨，開皇九年改焉。有關官。有禮山。」禮山在今大悟縣，是隋禮山縣實為舊宋安郡，隋初並此樂寧縣入東隨縣。

一〇四、羅　州

《隋書‧地理志下》蘄春郡：「後齊置羅州，後周改曰蘄州。」羅州治齊昌縣，隋改蘄春縣，治所屢有遷徙。《施志》引《讀史方輿紀要》故羅州城在蘄州北六十里，又按今日里制量得今蘄春縣治漕河鎮在舊治今蘄州鎮北約四十里，所以說齊昌縣在今蘄春縣北。

按：古今里制不一，不能等同計算。羅州城在今蘄春縣治漕河鎮北 2.5 千米有城址，發掘報告認為即漢代蘄春縣城。〔註 43〕

〔註 42〕嚴耕望：《唐代交通圖考》，第 1948～1950 頁。

〔註 43〕黃岡市博物館、湖北省文物總店：《蘄春羅州城——2001 年發掘報告》，科學出版社，2007 年，第 1 頁，第 334 頁。

一〇五、江　州

《隋書‧地理志下》：「同安郡，梁置豫州，後改曰晉州，後齊改曰江州，陳又曰晉州，開皇初曰熙州。」《施志》引此述江州沿革，列晉熙、新蔡、高塘、龍安、樅陽五郡。

按：《陳書》卷十三《魯悉達傳》：「侯景之亂，悉達糾合鄉人，保新蔡，力田蓄穀……招集晉熙等五郡，盡有其地。使其弟廣達領兵隨王僧辯討侯景。景平，梁元帝授持節、仁威將軍、散騎常侍、北江州刺史。敬帝即位，王琳據有上流，留異、余孝頃、周迪等所在蜂起，悉達撫綏五郡，甚得民和，士卒皆樂為之用。琳授悉達鎮北將軍，高祖亦遣趙知禮授征西將軍、江州刺史，各送鼓吹女樂，悉達兩受之，遷延顧望，皆不就。」此晉熙、新蔡等五郡即江州五郡，則此江州不自北齊始，北齊設江州本自梁末北江州、陳江州之號。

實際上不是豫州改晉州，而是原屬豫州，梁末析出晉州。《梁書》卷二二《鄱陽王恢傳》附《蕭範傳》：

> 魏人據合肥，竟不出師助範，範進退無計，乃溯流西上，軍於樅陽，遣信告尋陽王。尋陽要還九江，欲共治兵西上，範得書大喜，乃引軍至溢城，以晉熙為晉州，遣子嗣為刺史。江州郡縣，輒更改易，尋陽政令所行，惟存一郡，時論以此少之。既商旅不通，信使距絕，範數萬之眾，皆無復食，人多餓死。範恚，發背薨，時年五十二。

據《梁書》卷五四《侯景傳》，蕭範西上在太清三年（549）十月，又同書卷四《簡文帝紀》載蕭範在次年大寶元年五月卒，則晉州設立在這半年間。原屬江州的新蔡郡（治今湖北黃梅縣）改屬晉州，所以晉州才改為江州。

龍安郡

《太平寰宇記》：「高齊建元二年行臺左丞盧潛更修太湖故城，立為龍安郡。」

《施志》稱北齊無「建元」年號，有誤，據《北齊書‧盧潛傳》應作「天保」。

按：建元不是年號，建元即開國，北齊第一個年號是天保，此即天保二年。又盧潛立龍安郡恐與《魯悉達傳》五郡矛盾，疑龍安郡梁時已立。

結論：縣治方位考證的方法

　　北齊短暫的歷史伴隨著四起的硝煙度過，中間又有浩大的政區改革，所以很難做到逐年的政區列表。《施志》採取的是羅列結構，本文多數考察的也是政區地理位置，而非政區存廢或關係。

　　因南北朝時期僑置不定，《地形志》的郡縣重複很多，所以在政區的地理位置考證時必須注意總體視角。如果單個考證，不顧總體，則容易陷入無法具圖的結果。

　　總結本文及對前文對《北齊地理志》淮南部分的補正，我們可以總結一些漢唐間縣治方位考證的方法如下：

　　1. 首先分別實縣、虛縣：

　　　（1）只見一處者，多數可能是實縣。散見多處者，則可能有實有虛。

　　　（2）有明確治所地名，尤其是小地名，則為實縣。僅有名目，很可能是虛縣。

　　　（3）根據《宋書‧州郡志》、《南齊書‧州郡志》及其他文獻，排比各縣設置淵源，先設的多數可能是實縣，後設的很可能是虛置。

　　　（4）有上古秦漢以來文物遺跡記載的為實縣，沒有的為虛縣。

　　2. 考證實縣的治所位置，《施志》考證多根據《讀史方輿紀要》、《廿二史考異》、《隋書地理志補正》、《北周地理志》等書，但《讀史方輿紀要》成書既晚，條目汗漫，常無出處，很多地方還不及《水經注》、《元和郡縣圖志》、《太平寰宇記》等書詳確，所以不宜直接使用。在文獻上，首先必須將總志按成書時代排列，再對比校勘。如果地方志中有古人的考古發現，當然必須徵引。如果是因襲傳抄的不明「古蹟」，則不能輕信。不管是總志，還是方志，都必須盡可能地參考今日的《中國文物地圖集》及各市縣的地名志加以校正。

　　3. 根據實縣的今地，確定該州大體範圍。如有廢州，則其郡縣必改列旁州。如不改列，則旁州必有州縣無考。各州範圍確定後，或有重合是正常情況。如果有飛地，則不能成立，因為此時的州已經非常小，不太可能再有很多飛地。如果有空白，必有郡縣漏考。最後，再繪製出政區地圖。

　　至於實縣的縣治方位考證，這裡總結出九種方法如下：

　　1. 里距測算法：漢唐間戰爭很多，這是造成政區混亂難考的原因，但是我們也可以通過史書中關於戰爭的豐富記載來考證政區，其中不少地方留有

行軍里程的記載，這樣我們可以方便計算出一些政區治所，比如上文洛要縣的考證。

2. 飛地排除法：這是一種傳統考證法，在漢唐間使用更為方便，因為此時濫置政區較多，政區很小，所以更容易使用。

3. 山水確定法：《地形志》中不少政區下面記有山水，可以據此定位，比如上文安樂縣的考證。

4. 金石參證法：有些縣治的治所即使通過山水也不能確定，可以查找古代地方志中的文物數據，比如上文服武縣的考證。

5. 文獻校勘法：古代文獻中關於政區遺址的記載有些需要校勘才能使用，比如上文關於潼州的考證中對《太平寰宇記》「潼都城」應為「潼郡城」校勘。

6. 《水經注》對照法：《水經注》記載的地名很多可以和《地形志》互勘，參見上文石臺縣、治城縣條。

7. 原地名推測法：有些政區實在缺乏史料定位，但是這些存在時間很短的小縣因為是後置縣，所以往往用自然實體定名，我們也就可以據此推測其大體位置，參見上文臨海、臨沭、臨渣縣條。

8. 今地名推測法：有些地名沿用了一千多年來，有些地名在歷史上雖然發生了一些訛變，但是還保留了原名的痕跡，可以推斷出原地名，參見上文曲梁縣、卷縣、平春縣條。

9. 城址確定法：很多古代城址可以根據《中國文物地圖集》等各種文物地圖及各地的地名錄直接確定，不需要根據方志中其他語焉不詳的記載推算。

第三節　北齊河南淮北政區補考

施和金先生所著《北齊地理志》（以下《施志》）是第一部詳細的北齊政區專著，具有重要價值。〔註44〕本文仿照我對該書淮南部分的補正體例，〔註45〕對河南淮北部分再作補正。《施志》河南部分共有 37 個州，本文考證的河南淮北 16 個州主要在今河南省的黃河以南和安徽、江蘇二省的淮河

〔註44〕施和金：《北齊地理志》，北京：中華書局，2008 年。
〔註45〕周運中：《〈北齊地理志〉淮南部分補正》，《文史》2010 年第 1 期～2011 年第 1 期，北京：中華書局。

以北部分。因篇幅較長，《施志》河南部分中兗州、青州、光州、膠州、南青州、北徐州、西兗州、齊州、濟州這九個主要在今山東省境內的州只能另闢專文考證。

四六、○州

安樂縣

《魏書・地形志》：「蕭衍置彭城縣，武定七年（549）改。有伊萊山神、聖母祠。」《施志》據《讀史方輿紀要》伊盧山即伊萊山，又據一九九年新編《灌雲縣志》伊盧山位置，認為安樂縣在今灌雲縣東北。

按：伊萊山不是今伊盧山，而是今灌雲縣城伊山鎮的大伊山。《魏書・地形志》海州琅邪郡海安縣：「蕭衍置，魏因之。有墜屋山、蘆石山。」蘆石山才是今伊盧山，《施志》於海安縣云在灌雲縣東南部，誤，灌雲縣東南部無山。參見拙文《漢唐間淮、沭下游地理叢考》。〔註46〕墜屋山應為墜星山，傳說是隕星成山，故名。星、屋二字極近，故訛。《太平寰宇記》卷二十二海州東海縣：「南墜星山，在縣南六十里。古老相傳云，商時星墜於此。又有北墜星山，在縣東五十里，並高一里。」〔註47〕《地形志》海安縣之墜星山即南墜星山，即今灌雲縣小伊山。

海西郡

《施志》云南齊東海郡遷治連口。

按：連口應作漣口，指漣水入淮的河口，《南齊書》卷二九《周山圖傳》劉宋元徽元年（473）或二年：「除寧朔將軍、漣口戍主。山圖遏漣水築西城，斷虜騎路，並以溉田。」同書卷二七《李安民傳》說蕭齊建元二年（480），北魏攻齊朐山、連口、角城，同書卷二九《周盤龍傳》周盤龍受敕書說：「角城、漣口，賊始復進。」連口即漣口。建元三年，淮北四州義眾陷沒，周山圖「拔三百家還淮陰，表移東海郡治漣口。」漣口這時成為郡治，參見拙文《漢唐間淮沭下游地理叢考》。

海安郡

《隋書・地理志》云東魏改為海安郡，《元和郡縣圖志》云後魏改為海安

〔註46〕周運中：《漢唐間淮、沭下游地理叢考》，《長江文化論叢》第五輯，中國文史出版社，2008年。
〔註47〕〔宋〕樂史撰、王文楚點校：《太平寰宇記》，北京：中華書局，2007年。

郡，王仲犖標海安郡，《施志》云尊重《地形志》原著，故仍名海西郡。

按：既然東魏已改海安郡，應名海安郡。

海西縣

《施志》云在今灌南縣東南。

中按：即漢海西縣，在今灌南縣新安鎮龍溝村。〔註48〕

臨海縣

《施志》引王仲犖在今漣水、灌雲、灌南三縣境之說，又云灌南縣已有海西縣，則可能在「漣水縣東北近海處，即今灌南縣之北」。

按：灌南縣城向南靠近漣水縣，既然在漣水縣東北，則不應在灌南縣北，此縣自然以漣水縣東部、灌南縣南部靠海空曠地帶最為可能。

臨渣縣

《施志》稱在今沭陽縣境。

按：此縣應在今新沂市南部一帶，因為新沂市東部為當代自沭陽析出。此縣因為臨渣水（即柤水）得名，《梁書》卷三九《羊侃傳》：「一日一夜乃出魏境。至渣口，眾尚萬餘人，馬二千匹，將入南。」渣口為渣水注入沭水的河口，在今新沂市境內，參見拙著《漢唐間淮沭下游地理叢考》。

服武縣

《魏書·地形志》：「武定七年置。有武都山。」《施志》根據《讀史方輿紀要》沭陽縣韓山傳說為韓信講武之處，認為在今沭陽縣境韓山附近。

按：《重修沭陽縣志》卷十一《金石志·碑記》韓山古墓碑：「光緒末韓山土人抶古墓，得劍、瓶各一，五銖錢無算，墓前一石碑，方周八尺，赭肝色，細紋，字體類八分，上半剝蝕，下半隱約可辨，行間不相屬，錯載其文曰：……十二乙巳改窆武山東南。」又注：「按《魏書·地形志》服武有武都山，服武為沭陽古名，據此在韓山在晉，本名武山，即武都之省文也。」〔註49〕從古墓碑記來看，今韓山確為古武都山。

〔註48〕本文的今江蘇省境古代城址如無特別注明，都依據《中國文物地圖集·江蘇分冊》編輯委員會：《中國文物地圖集·江蘇分冊》，中國地圖出版社，2008年。

〔註49〕《重修沭陽縣志》，《中國地方志集成·江蘇府縣志輯》第57冊，江蘇古籍出版社，1991年。

洛要縣

《施志》僅據《讀史方輿紀要》洛要鎮在贛榆縣東南六十里，云此縣在今江蘇贛榆縣南。

按：《南齊書》卷二五《垣崇祖傳》：「虜偽圍城都將東徐州刺史成固公始得青州，聞叛者說，遣步騎二萬襲崇祖，屯洛要，去朐山城二十里。」則此縣在朐山城（今連雲港市海州區）北二十里，在今贛榆縣南的羅陽鎮，羅陽即洛要之訛。《地形志》：「洛要，蕭衍高密縣，武定七年改。有武陵城。」今羅陽村西北有武強山村，疑即武陵城。

四七、東楚州

高平郡

《施志》稱本郡在今盱眙縣西北。《隋書·地理志》說隋徐城縣即舊高平縣，因為泗洪縣舊屬泗州，而泗州和盱眙縣隔淮，所以《施志》以為今日定位，只能以盱眙縣為準。《施志》提及近年新出《江蘇地名溯源》一書認為泗洪縣半城鎮為徐城遺址，認為可備一說。

按：該郡不在盱眙縣，應在今泗洪縣南部，泗州城和盱眙縣隔淮相望，今泗州城遺址也劃歸盱眙縣，但是泗州來自徐城縣，不能轉由今盱眙縣定位。《元和郡縣圖志》徐城縣：「梁於此置高平郡及高平縣，隋開皇十八年（598）改為徐城縣，理大徐城，大業四年（608）移於今理。」《太平寰宇記》卷十六泗州故徐城：「一名大徐城，即古徐國也。在徐城縣北三十里。《漢書·地理志》云：『故徐國也，其城周十二里。』又《郡國志》云：『薄薄城，即徐偃王權造。故曰薄薄城，今呼為故故城。』」故徐城（大徐城）即隋唐以前的徐城縣，又同卷吳城：「亦名高平郡城。在舊徐城北三十里，東臨廢通濟渠。《舊經》云：『太建六年（574），陳將吳明徹於此置高平郡。』隋開皇四年廢。」高平郡城也在唐徐城縣北三十里，或即大徐城移治。大徐城的位置因為洪澤湖的地貌變遷，有多種說法，荀德麟先生認為半城鎮東南，洪澤湖中的穆墩島有很多文物，很可能是大徐城所在。〔註50〕高平郡朱沛縣，《地形志》：「有朱沛水，徐君墓，即延陵季子掛劍處。」《太平寰宇記》泗州臨淮縣云掛劍臺在大徐城東北，臨朱沛水，則朱沛縣也在今泗洪縣南部。

〔註50〕荀德麟：《古臨淮郡城和徐國都城考》，荀德麟主編：《洪澤湖志》，方志出版社，2003年。

岑仲勉《隋書求是》徐城縣：「《平津讀碑記三》據開皇六年造橋碑，謂其時高平縣，不屬泗州。」〔註51〕中按：此碑是兗州高平縣，和泗州高平縣無關。

淮陽郡

《施志》因《讀史方輿紀要》云淮陽故城在泗州東百里，而盱眙縣和泗州隔淮，所以謂該郡所領綏化、文城、招義、淮陽四縣都在今盱眙縣東北。

按：該郡不在今盱眙縣，主要在今淮安市的西部，《隋書·地理志》後齊改角城為文城，《宋書·州郡志》：「北淮陽太守，宋末僑立。晉寧令（別見）、宿預令（別見）、角城令（別見）。」據《水經·淮水注》角城在泗水入淮處，在今淮安市淮陰區。

淮陽郡招義縣

按：《施志》引《讀史方輿紀要》吳城引《郡國志》：「徐城縣西南八十五里又有古屯城，陳吳明徹於此置堰，斷淮水以灌濠城，緣此築城，置兵防守，又於淮水南招義縣界築城臨水，與此城南北相對。」認為招義縣位於淮河邊，在徐城縣西南八十五里。其實《讀史方輿紀要》此段引自《太平寰宇記》卷十六泗州古屯城條，這裡的招義縣不是南北朝的招義縣，而是唐宋時代的招義縣（治今明光市女山湖鎮），所以不能根據此段判斷招義縣。招義縣屬於淮陽郡，在今淮安市淮陰區。

晉寧郡魏興縣

《魏書·地形志》：「魏興，武定七年改蕭衍梁興、臨沂、興義三縣置。」楊守敬稱晉寧郡在今宿遷東南，不知何據，《施志》因之。

按：《太平寰宇記》卷十六泗州高冢城：「魏義與郡城也，在徐城縣西北七十里平地。舊經云：「梁以為興安郡領高冢城，屬東徐州，高齊初廢。」

臨沭郡

《魏書·地形志》：「蕭衍置，魏因之。」臨沭郡：《隋書·地理志》宿豫：「舊置宿豫郡，開皇初郡廢。大業初置下邳郡。又梁置朝陽、臨沭二郡，後齊置晉寧郡，尋並廢。」楊守敬以為臨沭郡在今沭陽縣，《施志》從之。

按：沭河下游分為二支，東支在沭陽，西支在宿遷，臨沭的沭不一定是

〔註51〕岑仲勉：《隋書求是》，北京：中華書局，2004年，第38頁。

東支，而且此郡併入宿豫郡，則在宿遷縣可能性更大。

四九、徐州

彭城郡薛縣

《施志》引《讀史方輿紀要》薛城在滕縣南四十里，謂縣在今滕州市南。

按：據《中國文物地圖集》山東分冊，即今滕州市張汪鎮薛國故城。
〔註52〕

龍城縣

《施志》引《讀史方輿紀要》龍城在蕭縣東三十里，謂縣在今蕭縣東。

按：所謂龍城在蕭縣東三十里，出自《太平寰宇記》卷十五徐州蕭縣，又謂徐州在西北六十里。則龍城在徐州西約三十里，即今蕭縣治龍城鎮。

沛郡蕭縣

《施志》引《讀史方輿紀要》蕭城在蕭縣西北十里，萬曆五年移治，謂縣在今蕭縣西北。

按：萬曆五年（1577）以前的蕭縣城，即今安徽省蕭縣城西北 10 里的三仙臺遺址，〔註53〕但是此地顯然不是蕭縣舊址，其實《讀史方輿紀要》卷二十九蕭縣蕭城條明確說到《地形志》蕭縣在蕭縣舊城北二十里，又名北城，即今蕭縣北城鄉所治蕭屯村（1985 年情況，今併入楊樓鎮）。從北城到龍城剛好三十里，但是龍城在北城之南，《太平寰宇記》「東」字誤。

蘭陵郡昌慮縣

《施志》引《讀史方輿紀要》在滕縣東南六十里，謂在今滕州市東南。

按：據《中國文物地圖集》山東分冊，即今滕州市東南羊莊鎮昌慮故城。
〔註54〕

合鄉縣

《施志》引《讀史方輿紀要》在嶧縣西北，謂在今棗莊市西北。

〔註52〕 山東省文物局編製：《中國文物地圖集·山東分冊》，中國地圖出版社，2007年，上冊第 179 頁、下冊第 191 頁。

〔註53〕 蕭縣地名委員會辦公室編：《安徽省蕭縣地名錄》，1985 年，第 2 頁。

〔註54〕 山東省文物局編製：《中國文物地圖集·山東分冊》，中國地圖出版社，2007年，上冊第 179 頁、下冊第 194 頁。

按：《元和郡縣圖志》卷九徐州滕縣：「合鄉故城，在縣東二十三里。」以道里計，即今棗莊市山亭區城頭鎮。

北濟陰郡城武縣

《地形志》城武治郜城，《施志》引《讀史方輿紀要》在成武縣東南二十里。

按：據《中國文物地圖集》山東分冊，即今成武縣成武鎮東南郜鼎集村。

五三、梁　州

陳留郡小黃縣

《施志》謂小黃縣在今河南陳留縣東北。

按：陳留縣 1957 年併入開封縣，今為開封市陳留鎮。《水經注圖》把小黃城標在開封市東北的黃河中，因黃河改道，小黃縣舊址確在黃河大堤中間。

開封郡開封縣

《施志》引《讀史方輿紀要》謂舊址在今開封市南五十里。

按：據《中國文物地圖集》河南分冊，即今開封縣之南的朱仙鎮古城村啟封故城。〔註55〕

陽夏郡圉城縣

《施志》引《讀史方輿紀要》謂在今杞縣南五十里。

按：據《中國文物地圖集》河南分冊，即今杞縣南部圉鎮鄉圉城故城。

五四、北豫州

成皋郡西成皋縣

《施志》謂縣有虎牢城，即古崤關。

按：虎牢關不是崤關，虎牢關在今滎陽市西北汜水鄉虎牢關故城，崤關在今澠池、陝縣之間。《明史·地理志三》汜水縣：「又西有虎牢關，洪武四年（1371）九月改曰古崤關。」虎牢關得古崤之名，始於明人亂改。

〔註55〕河南省文物局編製：《中國文物地圖集·河南分冊》，中國地圖出版社，1991年，地圖第 73 頁，文字說明第 58 頁。

鞏　縣

《施志》引《讀史方輿紀要》謂在今鞏縣西南三十里，又謂王仲犖《北周地理志》在縣東北誤。

按：今鞏義市區為舊孝義鎮，所謂舊鞏縣西南三十里，即今鞏義市西部康店鄉康北村城址。《中國文物地圖集》河南分冊謂此城是東周惠公的都城，似乎沒有根據。

榮陽郡京縣

《施志》引《讀史方輿紀要》謂縣在榮陽縣東南三十里。

按：《元和郡縣圖志》卷八鄭州榮陽縣：「京縣故城，縣東南二十里。」即今榮陽市二十里鋪鄉王寨村東南的京城遺址，《讀史方輿紀要》誤。

卷　縣

《施志》引《讀史方輿紀要》謂縣在原陽縣西。

按：即今原陽縣原武鎮圈城村，圈即卷之訛。

廣武郡中牟縣

《施志》引《讀史方輿紀要》謂在中牟縣東六里。

按：《太平寰宇記》卷二中牟縣：

> 東魏靜帝天平初，於此置廣武郡。後周武帝保定五年（565），郡中牟，並移於今縣西三十里圃田城置。……箓篠城，在縣東南二十里。昔師延造箓篠，以悅靈公。圃田澤，一名原圃，在縣西北七里。

則中牟縣舊城在圃田城東三十里，而中牟縣新城在其東南七里，那麼舊城在新城東南二十多里，與箓篠城位置吻合。《讀史方輿紀要》距離錯誤，《中國文物地圖集》河南分冊謂今中牟縣韓寺廟鄉的東古城村城址為箓篠城，實即中牟縣舊城。

曲梁縣

《施志》引《讀史方輿紀要》謂在河南密縣東北。

按：在今新密市東部曲梁鄉曲梁村，具體地點待考。

原武縣、陽武縣

《施志》為原武、陽武 1950 年合併為今原陽縣，縣治在原武鎮，原武

縣在今原陽縣，陽武縣在今原陽縣東南。

按：原陽縣治在陽武，原武縣為今原陽縣原武鎮。原武鎮有白塔村漢代遺址，應即原武縣治，《元和郡縣圖志》卷八鄭州原武縣去州（治今鄭州市）六十里可證。

五五、洛　州

洛陽郡緱氏縣

《施志》引《讀史方輿紀要》謂在偃師縣南二十里。

按：在今偃師市南的緱氏鎮，具體地點待考。

中川郡潁陽縣

《施志》引《讀史方輿紀要》謂在登封縣西南八十里。

按：據《中國文物地圖集》河南分冊，即今登封市西部潁陽鎮潁陽村潁陽縣故城。

陽城郡陽城縣

《施志》引《讀史方輿紀要》謂在登封縣東南四十里。

按：據《中國文物地圖集》河南分冊，在今登封市東南告成鎮告成村東北陽城故城。

康城縣

《施志》引《讀史方輿紀要》謂在禹州西北三十里。

按：即今禹州市西北順店鄉康城村康城遺址，《河南省禹州市地名志》謂為少康故都，周康叔食邑。〔註56〕

五六、鄭　州

潁川郡長社縣

《施志》引《讀史方輿紀要》謂長社故城在長葛縣西一里。

按：《元和郡縣圖志》卷八許州長葛縣：「長社故城，縣西一里。」長社故城即今長葛市官亭鄉孟寨村長葛故城，不止一里。城臨洧水（今雙洎河），武定七年因洧水淹城而移治原陰縣城（治今許昌市）。

〔註56〕禹州市地名辦公室：《河南省禹州市地名志》，1988年，第69頁。

臨潁縣

《地形志中》有兩個臨潁縣，一屬鄭州潁川郡，一屬豫州潁川郡，鄭州臨潁縣：「二漢、晉屬。真君七年（446）並潁陰屬之，有殷湯城。」豫州臨潁縣：「二漢、晉屬。有葛丘、王陵城。」《施志》都說在今臨潁縣西北。

按：《太平寰宇記》卷七許州臨潁縣：「漢縣，屬潁川郡。今縣在臨潁皋上，潁水東岸，俗謂之臨潁皋，其實岡阜也。隋大業四年，自故城移於今理。」漢縣在臨潁皋上，不是「今縣」。今臨潁縣西北固廂鄉城頂村有漢代遺址，《中國文物地圖集》河南分冊說縣志記載為一座漢隋時代遺址。城頂遺址即漢晉臨潁縣舊址，距離方位都符合。

《地形志》二臨潁縣為舊臨潁縣所分，鄭州臨潁縣和潁陰縣在一郡，豫州臨潁縣和召陵縣（在今鄢城縣，詳下）在一郡，所以《地形志》兩個臨潁縣的屬地不同。豫州臨潁縣的王陵城不見於史書，倒是有巨陵城，《水經注》卷二十二《潁水》：

> 潩水又東南，與宣梁陂水合，陂水上承狼陂，於潁陰城西南，陂南北二十里，東西十里。《春秋左傳》曰：楚子伐鄭，師於狼淵是也。其水東南入許昌縣，徑巨陵城北，鄭地也。《春秋左氏傳·莊公十四年（前 680）》，鄭厲公獲傅瑕於大陵。京相璠曰：潁川臨潁縣東北二十五里，有故巨陵亭，古大陵也。

王陵城應為巨陵城，字形接近，在今臨潁縣巨陵鎮。《水經注》同卷：「潁水又東徑灃陽城南，《竹書紀年》曰：孫何取灃陽，灃強城在東北，潁水不得徑其北也。」《地形志》鄭州臨潁縣的殷湯城不見於史書，應即此灃陽城，在今臨潁縣東部，具體位置待考。

許昌郡扶溝縣

《施志》引《讀史方輿紀要》謂治今扶溝縣。

按：《太平寰宇記》卷二開封府扶溝縣：「古扶溝縣，在縣東北二十里。」今據《中國文物地圖集》河南分冊，即今扶溝縣崔橋鎮古城村城址。

鄢陵縣

《施志》引《讀史方輿紀要》謂在鄢陵縣西南四十里，又引《括地志》謂在鄢陵縣西北十五里。

按：《元和郡縣圖志》卷八許州鄢陵縣：「鄢陵故城，在縣北十五里。」《太

平寰宇記》卷二開封府鄢陵縣：「古鄢陵城，在縣西北一十八里。」即今鄢陵縣北部彭店鄉古城村，《河南省鄢陵縣地名志》謂古鄢邑在今縣西北 9 公里。〔註57〕

新汲縣

《施志》引《讀史方輿紀要》謂在今長葛市東南。

按：《太平寰宇記》卷二扶溝縣：「新汲故城，漢故縣，在今縣西。」即今扶溝縣西南部的古城鄉固城村城址。《水經注》卷二十二《洧水》：「洧水又東南徑桐邱城……洧水又東徑新汲縣故城北。漢宣帝神雀二年（前 60），置於許之汲鄉曲洧城，以河內有汲縣，故加新也。城有洧水南堤上。」桐邱城在今扶溝縣西韭園鄉後鄭村，則新汲縣城即今固城。

陽翟郡陽翟縣

《施志》謂縣治今禹州市。

按：據《中國文物地圖集》河南分冊，即今禹州市朱閣鄉八里營村陽翟故城。

黃臺縣

《施志》引《讀史方輿紀要》謂在今禹州東北四十里。

按：《太平寰宇記》卷七許州陽翟縣：「黃臺，在縣東北四里。」應為四十里，即今禹州市東部山貨回族鄉黃臺村，《河南省禹州市地名志》謂距今禹州市 14 公里。〔註58〕

五七、北荊州

伊川郡

《地形志》謂初治伏流城，《施志》引《讀史方輿紀要》謂在今嵩縣東，又謂核諸《中國歷史地圖集》在嵩縣東北。

按：伏流城即今嵩縣北的橋北村古城，《中國文物地圖集》河南分冊引《嵩縣志》謂此城為東魏所築北荊州故城，又說待考。《元和郡縣圖志》卷五陸渾縣：「伏流城，即今縣理城。」據上文縣「東北至府一百三十里」，可知即今橋北村古城。

〔註57〕鄢陵縣地名委員會辦公室：《鄢陵縣地名志》，1987 年。
〔註58〕禹州市地名辦公室：《河南省禹州市地名志》，1988 年，第 509 頁。

新城郡新城縣

《施志》引《讀史方輿紀要》謂在今洛陽市南七十五里。

按：據《中國文物地圖集》河南分冊，即今伊川縣平等鄉古城村城址。

北陸渾縣

《施志》謂在今嵩縣東北。

按：即今橋北村東北不遠處田湖鎮陸渾村陸渾故城。《地形志》新城郡治孔城，有新城、北陸渾二縣，據《中國文物地圖集》河南分冊，陸渾村古城為春秋以來舊城，則孔城是另外一城，疑在今田湖鎮東北古城村，靠近伊川縣的新城縣故城。

汝北郡

《地形志》謂武定七年移治楊志塢，《施志》謂在伊川縣東南。

按：《水經注》卷十五《伊水》：

> 伊水又與大戟水會。水出梁縣西，有二源：北水出廣成澤，西南徑楊志塢北，與南水合。水源南出廣成澤，西流，徑陸渾縣。《河南十二縣境簿》曰：廣成澤在新城縣界黃阜，西北流，屈而東徑楊志塢南，又北屈徑其塢東，又徑塢北，同注老倒澗，俗謂之老倒澗水，西流入於伊。

《水經注》卷二十一《汝水》：

> 汝水又東與廣成澤水合，水出狼皋山北澤中。……作《廣成頌》云：……神泉側出，……其水自澤東南流，徑溫泉南，與溫泉水合。溫水數源，揚波於川左，泉上華宇連蔭，茨薆交拒，方塘石沼，錯落其間，頤道者多歸之。其水東南流，注廣成澤水。澤水又東南入於汝水。

《水經注》既說廣城澤在伊水流域，又說在汝水流域，必有一誤，因為之間有分水嶺。《廣成頌》所謂神泉就是溫泉，就是今汝州市溫泉鎮，那麼廣城澤在今汝州市西北，《元和郡縣圖志》卷六汝州梁縣：「廣成澤，在縣西四十里。」《太平寰宇記》卷八汝州梁縣：

> 溫湯在縣西四十里……其水東南流注廣城澤水，唐聖曆三年（700）正月則天駕幸，今有石碑斷折。廣城澤在縣西四十里……汝北故城，即高齊置汝北郡，在縣南，亦名王塢城，以備周寇也。

溫泉、廣城澤據此在今汝州市西，王塢即楊志塢。從移治來看也必在汝河流域，因為高齊既在退守，不可能向西前進到伊河流域。《水經注》經常把隔著分水嶺的兩河連為一體，這是古人所據圖籍有誤。

石臺縣

《地形志》：「石臺，有平州城。」《施志》謂在汝州市西四十里。

按：即今汝州市西部的石臺村。《水經注》卷二十一《汝水》：

> 汝水又徑周平城南。京相璠曰：霍陽山在周平城東南者也。汝水又東，與三屯穀水合，水出南山，北流，徑石碣東。柱側刊云河南界。又有一碣，題言洛陽南界。碑柱相對，既無年月，竟不知何代所表也。其水又北流，注於汝水。

周平城即《地形志》平州城，《地形志》誤。石碣即石臺，則周平城在今石臺村對岸。

汝原縣

《隋書·地理志中》襄城郡承休縣：「舊曰汝原，置汝北郡，後改曰汝陰郡。後周郡廢。大業初改縣曰承休，置襄城郡。有黃水。」《施志》謂治今汝州市。

按：《元和郡縣圖志》卷六汝州梁縣：「周承休城，在縣東北二十六里。」《水經注》卷二十一《汝水》：「汝水又東，黃水注之。水出梁山，東南徑周承休縣故城東，為承休水。」黃水即今汝州市東部的黃澗河，周承休縣故城即今尚莊鄉黑寨溝城址，為汝原縣城。

治城縣、梁縣

《施志》引《讀史方輿紀要》謂治城縣、梁縣在今汝州市西南四十五里。

按：《水經注》卷二十一《汝水》：

> 汝水徑其北，東合霍陽山水，水出南山，杜預曰：河南梁縣有霍山者也。其水東北流，徑霍陽聚東，世謂之華浮城，非也。《春秋左傳·哀公四年（前491）》，楚侵梁及霍。服虔曰：梁、霍，周南鄙也。建武二年（26），世祖遣征虜將軍祭遵攻蠻中山賊張滿，時，厭新、柏華餘賊合，攻得霍陽聚，即此。水又徑梁城西。按《春秋》，周小邑也，於戰國為南梁矣。故《經》云，汝水徑其縣北，俗謂之治城，非也，以北有注城故也。今置治城縣，治霍陽山。水又東北

流，注於汝水。

《太平寰宇記》卷八汝州梁縣：

> 漢舊縣，……漢理在汝水之南俗謂之治城，隔汝水與注城相對，
> 其注城南面已為汝水所毀。後魏於此置治城縣，高齊省入今梁縣。
> 隋大業二年改為承休縣，屬汝州，取漢舊承休城為名，貞觀元年（627）
> 復為梁縣。

治城即今汝州市西南的冶牆村，梁縣城在其南的汝河南岸，霍陽山水即今爐溝河。

五八、廣　州

襄城郡繁昌縣

《施志》引《元和郡縣圖志》、《讀史方輿紀要》謂在今臨潁縣西北三十里。

按：據《中國文物地圖集》河南分冊，即今臨潁縣西北的繁城回族鎮。

漢廣郡汝墳縣

《施志》引《讀史方輿紀要》謂在今葉縣東北。

按：據《中國文物地圖集》河南分冊，即今葉縣北部的汝墳店。

高陽縣

《施志》謂在今平頂山市東北。

《地形志》縣有東西二蒲城，按：《水經注》卷二十一《汝水》：「湛水又東南徑蒲城北，京相璠曰：昆陽縣北有蒲城，蒲城北有湛水者，是也。」即今平頂山市東部的蒲城村。

順陽郡龍山縣

《隋書・地理志中》襄城郡郟城縣：「舊曰龍山。東魏置順陽郡及南陽郡、南陽縣。開皇初改龍山曰汝南，三年二郡並廢。十八年改汝南曰輔城，南陽曰期城。大業初改輔城曰郟城，廢期城入焉。有關官，有大留山。」龍山，《施志》謂在今郟縣。

按：《水經注》卷二十一《汝水》：

> 汝水又東南流，與白溝水合，水出夏亭城西，又南徑龍城西。

城西北即摩陂也，縱廣可一十五里。魏青龍元年（233），有龍見於

郟之摩陂，明帝幸陂觀龍，於是改摩陂曰龍陂，其城曰龍城，其水
又南入於汝水。又東南與龍山水會，水出龍山龍溪，北流際父城縣
故城東。昔楚平王大城城父以居太子建，故杜預曰：即襄城之城父
縣也。馮異據之，以降世祖，用報巾車之恩也。其水又東北流，與
二水合，俱出龍山，北流注之，又東北入於汝水。

《水經注疏》謂龍山在今寶豐縣東南，今部分劃屬平頂山市，龍山縣應
在龍山水（今運糧河、倒流河）流域，即今葉縣、寶豐縣東南一帶。《河南省
郟縣地名志》謂龍山縣治今寶豐縣鬧店鄉翟集村，在父城置，隋開皇元年改
名汝南，十八年改名輔城。〔註59〕

《太平寰宇記》卷八汝州龍興縣：「本漢郟縣地，唐證聖元年（695）敕
割郟城東南之域於此置武興縣。神龍元年（705）廢縣，改為中興縣，其年又
改為龍興縣。」龍興縣隋屬郟縣，所以《隋書》說郟城縣舊曰龍山，實則舊
龍山縣屬後世龍興縣，今為寶豐縣。

定陵郡北舞陽縣

《施志》謂在今舞陽縣北。

按：據《中國文物地圖集》河南分冊，即今舞陽縣北部的北舞渡鎮。

六十、豫　州

汝南郡平輿縣

《施志》引《讀史方輿紀要》謂平輿縣在今汝南縣東南，安城縣在今汝
南縣東南。

按：在今平輿縣，《水經注》卷二十一《汝水》：

汝水又東南，徑平輿縣南，安成縣故城北。

平輿縣在汝水北，安城縣在汝水南，《中國文物地圖集》河南分冊有兩
個安城縣遺址，都是漢代城址，一在平輿縣西南老王崗鄉汝河北岸，邊長 1200
米，一在汝南縣西南王崗鎮汝河南岸，南北 510 米，東西 388 米。前者應為
平輿縣城，後者應為安城縣城。前人多以為平輿縣城在今平輿縣北部沈國故
城，《中國歷史地圖集》標漢晉平輿縣城在沈亭，這是錯誤的，因為《續漢
書‧郡國志二》汝南郡平輿縣：「有沈亭，故國，姬姓。」說明沈國故城在

〔註59〕郟縣地名辦公室：《河南省郟縣地名志》，1989 年，第 294 頁。

漢代平輿縣只是一個亭，不是縣治。《太平寰宇記》卷十一蔡州汝陽縣：「平輿故城，在今縣東，汝水南，舊沈子國地。《春秋》謂，蔡滅沈後，屬楚為邑。平輿故城尚存。……安城故城，漢為縣，廢城在今縣東南，即汝水北，有二龍鄉，有月旦里是也。」這裡把平輿縣、安城縣南北顛倒，平輿縣既在汝陽縣（治今汝南縣）東南，就不可能是沈國故城，沈國故城在其東北。

瞿陽縣

《施志》引《讀史方輿紀要》謂在今遂平縣東南。

按：據《中國文物地圖集》河南分冊，即今汝南縣西北羅店鄉小王寺村城址。

陽安縣

《施志》引《讀史方輿紀要》謂在今汝南縣西南。

按：據《中國文物地圖集》河南分冊，陽安縣城即今汝南縣西南韓莊鄉古城灣村的城址。

保城縣

《施志》引《讀史方輿紀要》謂在今汝南縣南。

按：據《中國文物地圖集》河南分冊，即今汝南縣南部三橋鄉徐沿村城址。

潁川郡邵陵縣

《施志》引《元和郡縣圖志》謂在郾城縣東四十五里。

按：據《中國文物地圖集》河南分冊，即今郾城縣東部召陵鄉召陵村召陵故城，按今里似不足四十五里。

汝陽郡征羌縣

《施志》引《讀史方輿紀要》謂在今郾城縣東南。

按：《元和郡縣圖志》卷九蔡州郾城縣：「征羌故城，在縣東南七十五里。」《水經注》卷二十二《潁水》：

> 潁水又東南，汝水枝津注之……東南徑召陵縣故城南，……又東南徑征羌縣，故召陵縣之安陵鄉，安陵亭也。

據《水經注圖》和《中國文物地圖集》河南分冊，應為今商水縣大武鄉程劉村安陵縣城。

義陽郡平陽縣

《地形志》縣有馬鄉城，《施志》謂在今正陽縣。

按：據《中國文物地圖集》河南分冊，即今汝南縣馬鄉鎮西北平陽城址。

新蔡郡包信縣

《施志》謂在今安徽臨泉縣。

按：包信縣在《地形志》見，此包信縣不是在今臨泉縣者。新蔡縣南不遠處即息縣包信鎮，漢代包信縣舊城，此包信縣即在新蔡、息縣一帶。

初安郡安昌縣

《施志》據《讀史方輿紀要》云在今確山縣。

按：據《中國文物地圖集》河南分冊，即今確山縣石滾河鄉大黃灣村城址。

昭越縣

《施志》引《讀史方輿紀要》謂在今泌陽縣東。

按：據《中國文物地圖集》河南分冊，即今泌陽縣東部大路莊鄉古城崗村的城址。

城陽郡

《施志》謂在今泌陽縣。

按：據《中國文物地圖集》河南分冊，即今泌陽縣高店鄉稻草莊城址。

六三、蔡　州

《地形志》：「蔡州，治豫州銅陽縣新蔡城。領郡二，縣四。新蔡郡，治四望城。領縣二：南趙、新蔡。」《施志》引《讀史方輿紀要》謂在四望城今新蔡縣東二十五里。

按：《元和郡縣圖志》卷九蔡州朗山縣：

> 四望故城，在縣東南七十里。後魏太和十一年（487），豫州刺史王肅於四望陂南築之以禦梁。梁太清二年（548），豫州刺史羊鵶仁以二魏交逼，糧運斷絕，乃棄懸瓠歸於義陽上表曰：「臣輒率所部，縮還舊鎮，留夏紹等停四望城防備。」即此城也。

《太平寰宇記》卷十一蔡州汝陽縣：

> 四望城，在縣東南。梁太清二年，羊鴉仁為魏所逼，糧運斷絕，
> 乃棄懸瓠，歸義陽，仍留夏紹停四望城，防備邀道。

同卷蔡州朗陵縣四望故城，全同《元和郡縣圖志》，這兩處的四望城均誤，因為《隋書・地理志中》汝南郡：「新蔡，齊置北新蔡郡，魏曰新蔡郡，東魏置蔡州。」說明蔡州在新蔡縣，《地形志》說蔡州治銅陽縣新蔡城，說明在新蔡、銅陽縣（治今臨泉縣銅城鎮）之間。即今新蔡縣東南頓崗鄉老沈崗城址，其北有望城寺。

六六、永　州

城陽郡平春縣、城陽縣

《施志》引《中國歷史地圖集》謂分別在今信陽市西北、北六十里。

按：《水經注》卷三十《淮水》：

> 淮水又東，油水注之。水出縣西南油溪，東北流徑平春縣故城
> 南。漢章帝建初四年（79），封子全為王國。油水又東曲，岸北有一
> 土穴，徑尺，泉流下注，沿波三丈，入於油水，亂流南屆，又東北
> 注於淮。淮水又東北徑城陽縣故城南，漢高帝十二年（195），封定
> 侯奚意為侯國，王莽之新利也。魏城陽郡治。

平春縣即今信陽市游河鄉游河村北古城崗古城，游河即油水，城陽縣即今信陽市長臺關鄉城裏莊楚王城。《地形志》永州治楚城，楚城疑即楚王城，亦即城陽郡、縣城。

六九、信　州

陳郡長平縣

《施志》引楊守敬《隋書地理志考證》謂在今西華縣東北十八里。

按：據《中國文物地圖集》河南分冊，長平縣城即今西華縣東北田口鄉董城村長平故城。

西華縣

《施志》引《中國歷史地圖集》謂在今西華縣南。

按：《水經注》卷二十二《潁水》原《水經》：「（潁水）又東過西華縣北。」據《中國文物地圖集》河南分冊，即今西華縣葉埠口鄉後柳城遺址。

南頓郡南頓縣

《施志》引《隋書地理志考證》謂在項城縣北五十里。

按：據《中國文物地圖集》河南分冊，即今項城縣西部南頓鎮南頓故城。

襄邑縣

《地形志》襄邑縣治思都城，楊守敬認為即《水經注》思鄉城，都字誤，《施志》據此認為在今西華縣北。

按：《水經注》卷二十二《洧水》：「洧水又南徑一故城西，世謂之思鄉城，西去洧水十五里。」據《中國文物地圖集》河南分冊，即今西華縣北部聶堆鄉思都崗村北的女媧城遺址，都字不誤。

七四、睢　州

南濟陰郡定陶縣

《施志》因本郡在今宿州市，謂縣在今宿州市北。

按：《地形志》本縣有諸陽山，《太平寰宇記》卷十七宿州符離縣：「定陶山，在縣北四十里，《魏地形志》云濟陽郡有定陶縣，在山下，因為名。」按：濟陽郡，王文楚先生校為南濟陰郡，是，則定陶縣在今宿州市東北部。

符離縣

《地形志》：「斛城，武定中改蕭衍淮陽置。有五丈陂、扶離城。」《施志》謂在今宿州市東北。

按：《太平寰宇記》卷十七宿州虹縣：「朝斛故城，隋符離縣治。」據此符離縣在虹縣（今泗縣），誤，具體位置待考。

七五、仁　州

臨淮郡已吾縣

《地形志》：「仁州，蕭衍置，魏因之。治赤坎城。」又說臨淮郡已吾縣為「州、郡治。」《隋書‧地理志下》彭城郡谷陽縣：「後齊置谷陽郡，開皇初郡廢。又有已吾、義城二縣，後齊並以為臨淮縣，大業初併入焉。」《施志》既引《讀史方輿紀要》「赤坎城在宿州南」，又引王仲犖云「臨淮縣在懷遠縣西北三十里」，謂臨淮郡在今懷遠縣境內。

按：《元和郡縣圖志》卷九宿州虹縣：「赤坎故城，在縣西南五十九里。

梁天監九年（510）置赤坎戍。」虹縣城即今安徽省泗縣城，則已吾縣在今安徽省五河縣境內。《北周地理志》仁州臨淮縣下位置未作任何說明，但是仁州下引《太平寰宇記》說：「赤坎故城，在虹縣西南一百九十五里。」《地形志》谷陽郡有連城縣，又有高昌縣：「武定六年置。郡治。有項羽祠。」項羽祠應在垓下，《元和郡縣圖志》卷九虹縣：「垓下聚在縣西南五十四里。」垓下在今靈璧縣南部，〔註60〕高昌縣在今固鎮縣之東。固鎮縣之南有連城，即此連城。則虹縣西南五十幾里是谷陽郡，不是臨淮郡。所以臨淮縣在虹縣西南一百九十五里，《元和郡縣圖志》因年代久遠，所以錯訛。則縣在今五河縣西南或蚌埠市之北，因為今懷遠縣當時屬蘄城縣。

谷陽郡

《地形志》睢州：「谷陽郡，治谷陽城。」《施志》引《讀史方輿紀要》記載谷陽城在靈璧縣西北七十五里推算在今固鎮縣，又引《北周地理志》謂在今固鎮縣固鎮。

按：今固鎮縣城旁就有谷陽鄉，即谷陽城、谷陽郡所在，不必轉引推算。

七六、潼　州

《地形志》：「睢州（蕭衍置潼州，武定六年平，改置。治取慮城）領郡五，縣十二。淮陽郡（武定六年置）領縣二：淮陽（武定六年置）、睢陵（武定六年置。有馬牙城）。谷陽郡……睢南郡……南濟陰郡（治竹邑城。孝昌中陷，蕭衍為睢州，武定五年復）領縣二：頓丘、定陶（有諸陽山）。臨潼郡（治臨潼城。孝昌中陷，武定六年置）領縣四：晉陵（郡治。武定六年置）、取慮（州治）、寧陵（武定六年置）、夏丘（武定六年置。有夏丘城）。」《隋書·地理志下》下邳郡夏丘縣：「後齊置，並置夏丘郡，尋立潼州。後周改州為宋州，縣曰晉陵。開皇初郡廢，十八年州廢，縣復曰夏丘。又東魏置臨潼郡，睢陵縣，後齊改郡為潼郡。又梁置潼州，後齊改曰睢州，尋廢，亦入潼郡。開皇初郡縣並廢。」《施志》潼州有三郡，夏丘郡領夏丘、晉陵二縣，潼郡領睢陵、取慮、寧陵二縣，皆治前一縣，淮陽郡領淮陽一縣。

按：睢州與潼州比較複雜，梁置潼州，又有睢州。北齊改梁潼州為睢州，廢梁之睢州，即《地形志中》睢州。《地形志中》臨潼郡、睢陵縣、夏丘縣都

〔註60〕周運中：《秦漢歷史地理考辨》，花木蘭文化事業有限公司，2019年，第89～106頁。

是北齊所置。其後，北齊又改臨潼郡為潼郡，置夏丘郡，二者不知前後關係。但是置夏丘郡後，就立潼州，廢睢州，廢睢州應和立潼州同時。《隋書·地理志下》彭城郡符離縣：「梁置睢州，開皇三年州廢。」則北齊或北周又分置睢州，即梁睢州治。

但是《隋書》之所以說睢州廢入潼郡，而不說廢入潼州，這是從睢州治所的所在縣來看的。《地形志》睢州治取慮縣，此縣的位置可以通過《水經注》卷二十四《睢水》考出：

> 又東徑符離縣故城北……睢水又東，徑臨淮郡之取慮縣故城北……睢水又東合烏慈水，水出縣西南烏慈渚，潭漲東北流，與長直故瀆合。瀆舊上承蘄水，北流八十五里注烏慈水。烏慈水又東徑取慮縣南，又東屈徑其城東，而北流注於睢。睢水又東徑睢陵縣故城北……睢水又東與潼水故瀆會。舊上承潼縣，西南潼陵，東北流徑潼縣故城北，又東北徑睢陵縣下會睢。睢水又東南流，徑下相縣故城南。

取慮縣在睢水和烏慈水的交匯處，睢陵縣在潼水和睢水交匯處，臨潼城因臨潼水而得名，臨潼郡因為治在臨潼城得名，臨潼城應即《太平寰宇記》卷十七宿州虹縣：「朱山，在縣東北三十里。《魏地形志》曰潼縣在朱山……潼水，在縣西三百步……僮城，在縣東北七十里。漢時僮縣也。」前者是《地形志》潼郡所治臨潼城，後者是漢代的僮縣城，潼水從虹縣（隋夏丘縣，今泗縣）東北流到今睢寧縣境內，入睢水。取慮縣即漢取慮縣，即今靈壁縣高樓鎮的潼郡村，即《太平寰宇記》卷十七宿州虹縣：「潼都城，在縣北百二十里。」潼都的都字是郡字的形訛，潼都城即潼郡城。因為先為蕭梁潼州、北齊睢州治，夏丘郡設立後，原潼郡治晉陵縣入夏丘郡，所以潼郡改在此地，州郡同城，所以《隋書》說睢州廢入潼郡。《施志》說潼郡治改在睢陵縣，不確，因為睢陵縣在今睢寧縣，不在今靈壁縣潼郡村。

2009 年 11 月 19 日上海初稿

2020 年 3 月 20 日廈門修訂

第四章　邊防與國運

第一節　北朝後期華北的僑州郡縣探微

　　北朝後期的研究相對較弱，討論北朝後期的僑州郡縣的文章更罕見，王仲犖先生的《北周地理志》以宣政元年（578年）、大象元年（579年）為標準年代，雖然溯及北朝後期，並對僑州郡縣多有考訂，還有值得補充之處。〔註1〕《中國歷史地圖集》有東魏、西魏、北齊、北周四幅圖，不夠詳細。〔註2〕《山西省歷史地圖集》政區圖組有北魏永安二年（529年）、東魏武定四年（西魏大統十二年，546年）、北齊武平四年（北周建德二年，573年）、北周大象元年（579年）四幅政區圖，但是其中有錯誤。〔註3〕王仲犖的文章雖然根據文獻考證出僑置六州位置，但是誤以為朔州是東魏才設。〔註4〕毛漢光雖然參考了王仲犖的文章，又誤以為朔州在今山西介休、西夏州在今太原、靈州在今汾陽，〔註5〕其實王仲犖已經指出朔州原來在今壽陽，而王仲犖文章未考證的西夏州也在今壽陽，靈州在今孝義。近年出版的《中國行政區劃通史》比較詳細，〔註6〕但是仍然不夠深入。

〔註1〕王仲犖：《北周地理志》，北京：中華書局，1980年。

〔註2〕譚其驤主編：《中國歷史地圖集》第四冊，第61～68頁。

〔註3〕山西省地圖集編纂委員會編製：《山西省歷史地圖集》，第44～51頁、第171頁。

〔註4〕王仲犖：《東西魏北齊北周僑置六州考略》，《文史》第5輯，1978年。

〔註5〕毛漢光：《北魏東魏北齊之核心集團與核心區》，《中國中古政治史論》，上海書店出版社，2002年，第87～89頁。

〔註6〕牟發松、毋有江、魏俊傑：《中國行政區劃通史·十六國北朝卷》，復旦大學出版社，2017年。

　　前人都未詳細考察今日地圖上的鄉村地名，所以未發現廓州源自南遷的恒州崞縣人，不知武州源自先東遷再北遷的汾州人。前人或未深入考察各僑州郡縣的設置原因，或未結合今天的考古發現，或誤釋其設置過程。本文先根據移民原因及地區，考證汾州流民、北方流民和東西魏戰爭流民產生的僑州郡縣。這些僑州郡縣的位置考證非常重要，如果我們誤考這些僑州郡縣的位置，就不能發現六鎮僑州的不平衡，不會去思考這種不平衡的原因，就不能深入發現北朝歷史的深層次原因。

一、汾州流出的移民與僑置郡縣

　　北魏的汾州基本在呂梁山以西，多是山胡之地，孝明帝孝昌元年（525年）因為山胡劉蠡升自稱天子而基本失陷，《地形志上》記載汾州唯有呂梁山以東、汾河谷地的西河郡沒有失陷，失陷的州城及吐京郡、五城郡、定陽郡三郡在孝昌中僑置在西河郡。

　　汾州又有五城、定陽二郡僑置在晉州，《地形志上》記載晉州有北五城郡（興和二年置）、定陽郡（興和四年置）、敷城郡（天平四年置）、河西郡（天平四年置）、五城郡（天平中置）、西河郡（舊汾州西河民，孝昌二年為胡賊所破，遂居平陽界，還置郡）。其中的河西郡下文再考，敷城郡不是來自汾州，而是來自北部的肆州敷城縣（今山西原平西北）。

　　錢大昕說：「五城、定陽，本汾州屬郡，孝昌中寄治西河，並移西河郡於平陽界，興和中又析置北五城郡、定陽郡，皆在隋之臨汾縣也。」〔註7〕

　　錢大昕認為五城郡、定陽郡人先到西河郡，再到晉州，可能是看到僑置在晉州有西河郡，又看到僑置在晉州的五城郡下有原來汾州西河郡的永安縣，證明五城郡人和西河郡人一起逃難。但是五城郡、定陽郡人也有可能直接東遷到附近的晉州，而不必先到東北部的西河郡，所以錢大昕的這個觀點存疑。

　　錢大昕還有一個錯誤，僑置在定陽郡不在隋代的臨汾縣（今臨汾），臨汾是晉州的治所，我認為僑置的定陽郡在今沁源縣北部。晉州僑置的定陽郡領縣三，但是《地形志上》記載僅有西五城和平昌兩縣，缺一縣，我認為缺的一定是定陽縣，因為西五城縣源自五城郡，平昌縣也是原五城郡的縣，如果

〔註7〕〔清〕錢大昕著、方詩銘、周殿傑校點：《廿二史考異》卷二十九，上海古籍出版社，2004年。

定陽郡不設定陽縣，則名不副實。山西沁源縣郭道鎮東村出土韓貴和墓誌：「祖宗因官流寓，寄居定陽。」今地圖顯示，其東 10 公里有定陽村，應即韓氏墓誌的定陽，則定陽郡位於沁源縣。發掘報告認為是晉州定陽郡，又據《隋書‧地理志》認為晉州定陽郡平昌縣在今山西介休市。〔註8〕其實這是僑置的定陽郡，或以為僑置在晉州的定陽郡在今介休，〔註9〕不知有何依據。定陽郡的西五城縣一定在先設立的僑置五城郡的西部，則僑置的五城郡應在今定陽村以東。

　　前人未指出僑置在西河郡的吐京郡，在今孝義市之西的吐京村，因為原來汾州的吐京郡的位置偏北，所以僑置的位置也偏北。

　　禁旅州中的武州是東魏武定元年（543 年）在北方新設，《隋書‧地理志中》雁門郡繁畤縣：「有東魏武州及吐京、齊、新安三郡，寄在城中，後齊改為北靈州，尋廢。」齊郡是北魏的平齊郡（今朔州），值得注意的是，武州的首郡吐京郡源自汾州吐京郡，則武州的軍人有很多來自北魏末年流落在今孝義的汾州吐京郡人，東魏時北遷到新設武州。

　　蔚州附恩郡有利石縣，應該是為汾州離石的流民設置，這些人可能是東魏、北齊平定山胡時才被強制遷入。

　　西河郡和五城郡還曾僑置在建州、義州及他處，《地形志上》建州泰寧郡（孝昌中置郡），領東永安、西河、西濩澤、高延四縣。濩澤縣在今陽城縣，正是在沁水下游，則西河郡流民在今陽城縣西部。

　　義州共有 16764 人，但是其下的五城郡就有 17069 人，必有一誤，我認為應是五城郡人口數字錯誤，因為五城郡有 2100 戶，戶均 8.13 人，遠遠超出汾州各僑置郡縣及《地形志》各郡縣戶均人口。所以義州五城郡人口應是義州總人口減去其他郡縣人口，為 10768 人。義州的人口主要在五城郡，五城郡是最早設的郡，可見義州的主體是晉州人。

　　另外，司州東郡有孝昌二年所置的平昌縣（在今河南滑縣，參見《北周地理志》卷七白馬縣），武州有武定八年所置的吐京郡（在今山西原平北），可能也是因為汾州流民僑置。

〔註8〕郎保利、楊林中：《山西沁源隋代韓貴和墓》，《文物》2003 年第 8 期。
〔註9〕譚其驤主編：《中國歷史地圖集》第四冊，第 65 頁。

二、代北僑州郡縣位置

朔州失陷，孝武帝永熙中改名雲州，僑置在并州。前人指出今山西文水縣東的雲周村即僑置的雲州城，我認為建安郡在今祁縣城趙鎮建安村，建安郡的永樂縣在今文水縣下曲鎮永樂村，三個地方靠近。真興郡可能在今孝義市的真興村，但是位置太遠，存疑待考。

懷朔鎮人僑置在朔州，在今壽陽縣，縣城西南的福祿莊出土了厙狄洛墓誌，稱葬在朔州城南，則朔州城在今壽陽縣城。

今壽陽縣西北的宗艾鎮，有緊鄰的神山溝村、尖山村，應即神武郡、尖山縣所在。其北不遠又有石門村，應即廣寧郡石門村所在，今有石門河。

西北不遠的下洲村，是西夏州所在，在大安河北部。南燕竹鎮的西南有太安驛村，平舒鄉的北部也有太安村，大安郡應在太安村，因為西夏州僅有神武郡、太安郡，則太安郡應靠近下洲村、神山溝村。

太安村的西北有古城村，很可能是太安郡（大安郡）下的狄那縣或捍殊縣城，更北有岢嵐村，應是源自南遷的岢嵐人。

壽陽縣還有一個在北魏末年僑置的燕州，《魏書·地形志》不記，但是地方志有記載，在今壽陽的南燕竹鎮。其北就是平舒鄉，顯然是源自燕州的平舒縣（今廣靈縣）。朔州的廣寧郡也是源自燕州，證明燕州很可能被併入朔州。

僑州郡縣集中在今壽陽縣的北部，但是僑民在後世則遷到四方。今壽陽縣南方還有宇家廟村，宇家應是源自宇文氏。宇家廟村西北有鈕家莊、部落村，東北有狄家莊村，都是源自胡人。

東漢末年，因為中原戰亂，朔方失守，北方漢人南遷，《三國志·魏書·武帝紀》漢獻帝建安二十年（215年）正月：「省雲中、定襄、五原、朔方郡，郡置一縣領其民，合以為新興郡。」雲中郡（原治今內蒙古托克托縣古城鄉）僑置為雲中縣，南遷到原平縣（今原平西南）。定襄郡（原治今內蒙古和林格爾縣土城子鄉）僑置為定襄縣，南遷到原陽曲縣（今定襄縣）。五原郡的九原縣（原治今包頭市）南遷到今忻州市，朔方郡的廣牧縣（原治今內蒙古烏拉特前旗西局子村）南遷到今壽陽縣西北，合為新興郡。

西晉設壽陽縣，在十六國時期成為很多戎人所居之地，北魏太武帝遷壽陽縣的戎人到今文水縣，《元和郡縣圖志》卷十三并州壽陽縣：「西晉於此置受陽縣，屬樂平郡，永嘉後省。晉末山戎內侵，後魏太武帝遷戎外出，徙受陽之戶於太陵城南，置受陽縣，屬太原郡。受陽縣即今文水縣是也。」因此

北魏的壽陽縣空曠，所以孝明帝孝昌二年（526年）安置北方流民在壽陽縣。時隔近三百年，兩次移民的遷出地和遷入地竟然如此吻合！

壽陽縣的僑置朔州、燕州、夏州地名

顯州僑置在汾州六壁城，前人指出六壁在今孝義之西20里，武昌郡團城在孝義西北18里，定戎郡治瓜城在孝義之北10里，今按團城村已改屬今汾陽市三泉鎮，六壁頭村今在孝義城西南，其東緊鄰的虢城即瓜城，西南的張多村或即真君郡僑置地東多城，東北的陽城村可能是定戎郡的陽林縣城。定戎郡是指內遷的戎人，《太平寰宇記》卷四十一汾州孝義縣：「團城在縣西北十八里，後魏築以防稽胡，其城紆曲，故名團城。」團城應是安置內遷的稽胡，孝義縣源自隰城，顯州的顯很可能源自隰。

我在地圖上發現張多村的西部還有一個崞村，這個村一定是崞縣南遷的人建立，《地形志上》恒州繁峙郡：「崞山，二漢、晉曰崞，屬雁門，後改屬。」漢晉時期的崞縣原來在今渾源縣，北魏末年南遷到汾陽市的崞村，又被東魏北遷肆州敷城縣，所以《地形志上》記載武定元年（543年）在肆州敷城縣界設廓州，廓即崞，廓州城在今原平崞陽鎮，《隋書·地理志中》雁門郡崞縣：「後魏置，曰石城縣，東魏置廓州。有廣安、永定、建安三郡，寄山城。後齊廢郡，改為北顯州，後周廢。開皇十年改縣曰平寇，大業初改為崞縣。」北齊改廓州為北顯州，正是因為崞縣南遷時曾經在顯州境內。

今孝義市西南的柱濮鎮，應是源自內遷的阻卜。孝義市西北的部落村，應是源自內遷的部落。文水縣南安鎮有高車村，應是源自內遷的高車人。

孝義、汾陽的僑州郡縣地名

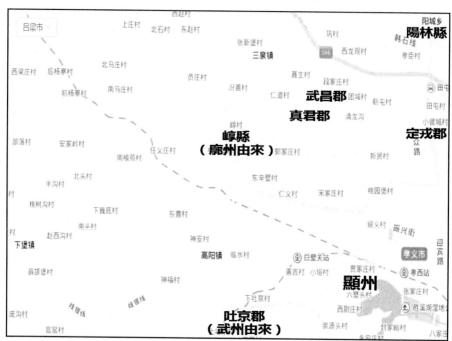

三、幽州的僑州郡縣

東魏後期北邊僑州郡縣有東燕州、南營州、安州，都在今河北省北境。《地形志上》南營州：「孝昌中營州陷，永熙二年置。寄治英雄城。」其郡縣基本是營州原名，僅樂浪郡的永樂縣、遼東郡的太平縣不見原置，但是樂浪郡原有永洛縣、遼東郡原有襄平縣，洛、樂音近，永樂應即永洛僑置，太平疑是襄平縣改名，所以南營州應都是僑人及其後代。

燕州先僑置在軍都城，據《水經注》卷十四《濕餘水》，軍都縣城在今昌平居庸關下口（今南口）的東南，〔註10〕《地形志上》東燕州：「孝昌中陷，天平中領流民置。寄治幽州宣都城。」《北齊書》卷二十《步大汗薩傳》：「元象中，行燕州，累遷臨川領民大都督，賜爵長廣伯。時茹茹寇抄，屢為邊害，高祖撫納之，遣薩將命，還，拜儀同三司。」天平時燕州已失，但元

〔註10〕軍都城是今昌平西南的馬池口地區土城村，見北京市文物局編：《北京文物地圖集》，科學出版社，2009年，上冊第198頁，下冊第355頁。

象時又恢復，臨川應是寧川，源自廣寧縣，廣寧縣原在張家口，僑置在今涿鹿縣。《北齊書》卷十九《尉長命傳》：「轉鎮范陽城，就拜幽州刺史，督安、平二州事……未幾，復徵拜車騎大將軍、都督西燕、幽、滄、瀛四州諸軍事、幽州刺史。卒於州。」又提到西燕州，可能僑置的燕州分為東、西燕州，西燕州可能設置時間不長，應在幽州的西部，或許就在燕州原地，北齊改為北燕州。則北燕州看似是北齊設置，其實是源自東魏，譚其驤主編《中國歷史地圖集》武定四年（546 年）的東魏圖不應畫燕州或西燕州。

燕州的偏城郡是東魏武定元年（542 年）置，有廣武、沃野二縣，人口在燕州最少，沃野縣應是為來自沃野鎮等地的流民設置。

安州未完全失陷的情況類似燕州，《地形志上》安州：「治方城，天平中陷，元象中寄治幽州北界。領郡三，縣八。戶五千四百五，口二萬三千一百四十九。」錢大昕《廿二史考異》卷二十九：「按《通鑑》梁普通七年，魏安州石雕、穴城、斛鹽三戍兵反，應杜洛周，眾合二萬，洛周自松岍赴之，即魏孝昌二年也，則安州之陷似當在孝昌中，與燕、營二州之陷同時矣。今考《江文遙傳》稱：『文遙為安州刺史，善於綏撫，甚得物情。時杜洛周、葛榮等相繼叛逆，幽、燕已南悉沒，唯文遙孤城獨守，百姓皆樂為用。卒官，長史許思祖等復推其子果行州事，遣使奉表，莊帝嘉之。繼而賊勢轉盛，救援不接，乃攜諸弟並率城人東奔高麗，天平中詔高麗送果等。』蓋至是始聞安州之陷，故志繫之天平中也。其後招其遺民，寄治幽都，故地迫近庫莫奚，遂為甌脫矣。」

今按錢大昕的話有兩個錯誤：

1.《江文遙傳》說天平中給高麗下詔，送回江果，不是說到天平年間安州才陷沒。王仲犖《北周地理志》第 1120 頁說，江果離開安州在永安之世，證據是盧文偉任安州刺史在范陽郡（今涿州）遙領、高季式任安州刺史仍在薊城（今北京）、高慎天平中討平安州叛亂，證明天平中收復安州。按《北齊書》卷十九《尉長命傳》：「轉鎮范陽城，就拜幽州刺史，督安、平二州事……未幾，復徵拜車騎大將軍、都督西燕、幽、滄、瀛四州諸軍事、幽州刺史。」尉長命幽州刺史未變，所督州郡變化，因為高慎平叛後，盧文偉正式接管安州。

2. 安州密雲郡，僑置在提攜城（今北京密雲縣），在幽州北界之外，所以其州縣並非全入幽州內地。其次，安州有 23149 人，遠遠超出其他僑州。

第三，《北齊書》卷二：「（武定三年）十月丁卯，神武上言，幽、安、定三州北接奚、蠕蠕，請於險要修立城戍以防之，躬自臨覆，莫不嚴固。」安州在元象中已僑置，但武定三年（545 年）還正式提到安州，定州北部僑置的南營州就不被提及，上文考證元象時已經恢復的燕州（或西燕州）也被提及。所以安州並非完全廢棄，不過沒有恢復到原來規模而已。

還有一個證據，《地形志上》的安州所在的次序很奇怪，在東雍州、義州之間，其下是南汾州、南營州、東燕州、營州，東雍州是天平初獲得，義州在內地，南汾州。安州不和北邊的南營州、東燕州、營州排在一起，非常奇怪，應該是因為安州未完全廢棄，所以排在前列。

安州有土垠縣，幽州漁陽郡也有土垠縣（今豐潤），王仲犖在《北周地理志》第 1122 頁說安州土垠縣是後魏在安州境內設置，但是沒有證據，其實安州的土垠縣也可能是安州人僑居在幽州土垠縣才設。

四、東西魏戰爭移民和僑州郡縣

（一）西夏州、寧州、靈州

西夏州寄治并州界，領太安郡、神武郡。寧州是興和中置，寄治汾州介休城，領武康郡（武定四年置，治東多城）、靈武郡（武定元年置）、初平郡（武定元年置）、武定郡（武定元年置）。靈州是太武帝太延二年（436 年）在薄骨律鎮置，孝明帝孝昌中改為州，天平中寄治汾州隰城縣界。

今按《北齊書》卷二記載東魏天平三年（536 年）正月，高歡率萬騎，襲擊西魏的夏州，遷其部落五千戶以歸。同月又命阿至羅，發兵三萬騎，接應投降東魏的西魏靈州刺史、涼州刺史，拔其遺戶五千以歸，這就是西夏州、寧州、靈州的由來。《北齊書》卷十九《張保洛傳》：「從高祖襲夏州，克之。万俟受洛干之降也，高祖遣保洛與諸將於路接援。元象初，除西夏州刺史、當州大都督。」則西夏州在東魏元象初（538 年）已設，很可能在天平三年已設。

今人編繪的《山西歷史地圖集》北魏孝莊帝永安二年（529 年）地圖上有西夏州，顯然錯誤。東魏的西夏州所領太安、神武二郡亦見於朔州，其實這些州縣都是不屬地方的軍人州縣，《山西歷史地圖集》稱這二郡不知屬西夏州還是朔州，不知這二郡都是虛名，所以不存在兩屬的問題。《元和志》卷十三壽陽縣：「神武故城，後魏神武郡也，在縣北三十里。周廢。」在今山西壽陽

縣北。《山西歷史地圖集》引光緒《山西通志》謂西夏州在壽陽縣下州村，又太安郡在壽陽縣太安村，位置正確。寧州、靈州，分別僑在今山西介休市、汾陽市。

寧州下有靈武郡，因靈州轄地有漢代以來的靈武縣（今銀川西北），則寧州也是源自靈州。寧州是興和時（539～542 年）在介休城僑置，但是其下轄的四郡是在武定四年（546 年）才設，而且武康郡治東多城在今汾陽市南部，也即顯州真君郡治，則很可能是從介休再北遷到今汾陽市境內。介休、汾陽之間是鄔澤，所以有空地安置移民。

靈州是天平時僑置在汾州隰城縣（今孝義），禁旅州中唯獨靈州缺郡縣，不知是否一直在此地。

蔚州附恩郡有西涼郡，應是源自此次涼州遷入的人。又有化政郡，應是源自夏州的治所化政郡。寧州僑置在介休，蔚州僑置在鄔縣界，也在今介休之北，則夏州、靈州、涼州移民的新居地靠近。

（二）南汾州與晉州河西郡

前人或誤以為南汾州是東魏設置，因為《隋書・地理志中》文城郡：「東魏置南汾州，後周改為汾州。」其實南汾州是北魏設立，《北齊書》卷二十《薛修義傳》：「魏前廢帝初，以循義為持節、後將軍、南汾州刺史。」不過不知此時的南汾州是否有實土，因為高歡在天平二年（535 年）才平定汾州山胡劉蠡升，三年又平汾州山胡。汾陰縣（今萬榮）人薛修義此前任龍門鎮、稷山鎮將，高歡任他為晉州刺史及南汾、東雍、陝四州行臺，招降胡酋胡垂黎等部落數千口，表置五城郡以安處之，應即《地形志上》南汾州的五城郡。

南汾州的龍門郡有西太平、汾陽二縣 2496 人，北鄉郡有龍門、汾陰二縣 759 人，中陽郡有洛陵、昌寧二縣 1637 人，西定陽郡有洛陵一縣 140 人。龍門郡、北鄉郡原在今河津、萬榮，正是因為薛修義的家鄉在汾陰，所以招徠很多龍門、汾陰、北鄉人到東魏的南汾州。所以南汾州雖然是設在汾州原地，但是南汾州的一半以上人口不是源自收復汾州失地，而是源自安置失陷在西魏的龍門、汾陰、北鄉人，其主導者是薛修義。

晉州的河西郡是天平中立，僅領有夏陽一縣，見《地形志下》華州華山郡，夏陽縣原在黃河西面的今陝西韓城市，《北齊書・薛修義傳》：「西魏北華州刺史薛崇禮屯楊氏壁，循義以書招之，崇禮率萬餘人降。」楊氏壁正在夏陽縣，則晉州的河西郡夏陽縣正是因為薛崇禮的投降而設置。

南汾州的兩個洛陵縣，都是來自陝西的北洛河流域，應該也是源自北華州刺史薛崇禮投降，北華州正是在今北洛河流域。為了安撫薛崇禮，所以在晉州內地設河西郡，而跟隨他來的其他人則安置在南汾州。

（三）義　州

義州僑置在司州的汲郡，共有七郡，全是僑民，義州之名源自義民。除了來自晉州的五城郡，還有泰寧郡、新安郡、澠池郡、恒農郡、宜陽郡、金門郡六個僑郡，僑民來自河西、陝州、洛州的西部，錢大昕《廿二史考異》卷二十八已經指出這批僑民源自《魏書・孝靜帝紀》：「（興和二年）夏五月己酉，西魏行臺宮延和、陝州刺史宮元慶率戶內屬，置之河北。」司州汲郡汲縣：「陳城，興和二年，恒農人率戶歸國，仍置義州於城中。」陳城是義州的州城，但是義州恒農郡的戶口很少，恒農郡是陝州治所，所以此處的恒農人歸國是指代陝州，不是特指義州的恒農郡。

此外泰寧郡的郃陽縣來自華州華山郡，或許是跟隨陝州人流入。宜陽郡、金門郡所在的陽州在天平初置，尋陷，義州的宜陽、金門郡人可能是跟隨陝州流入，而不是天平初流入。

五、結　論

西魏、北周因為移民而設置的僑州郡縣較少，東魏、北齊的東南方也很少有僑州郡縣，因為東魏、北齊在梁末大規模向南拓地，或沿用梁的政區，或析分新政區。移民及僑州郡縣集中在華北，說明北魏末年的動亂主要影響了華北而非西北，東魏、北齊受害更重。北魏末年的隴西雖然也有動亂，但是隴西是本地人起兵而非流民起兵。

東魏、北齊僑置的各州之中，全係移民的有軍旅十州、南營州、義州，移民占多數的州有南汾州、安州、東燕州、東雍州，移民占少數的州有汾州、晉州、建州、西燕州（北燕州）。

全係移民的州在山西省北部和河北平原，移民占多數的州在幽州北部和山西省的西南部，移民占少數的州在山西省中南部。軍旅十州，為北方人僑置的有恆州、朔州、雲州、蔚州四個州，廓州是先南遷又北遷的北方人，顯州是東遷的汾州人，武州是先東遷再北遷的汾州人，西夏州、寧州、靈州和蔚州附恩郡是東遷的西北人。

第二節　懷朔改州的謎團與高歡崛起

我在上文考證了北朝後期為北方流民設立的僑州郡縣，才發現為六鎮流民設立的僑州很不平衡，帶頭叛亂的沃野鎮、柔玄鎮都不設僑州，設立僑州的是懷朔鎮、禦夷鎮、懷荒鎮，但是禦夷鎮、懷荒鎮合設為一個蔚州，唯獨懷朔鎮是單獨設立朔州。而懷朔鎮又非常奇怪地分布在太原之東的壽陽縣，不在北方流民僑州集中的太原盆地南部。而且懷朔鎮最早改為朔州，早在北魏孝明帝孝昌二年（526 年）就改為朔州，比孝莊帝永安時（528～530 年）設蔚州早了好幾年。為了把懷朔鎮改為朔州，還把原來早已存在多年的朔州改名為雲州，這簡直是無比優待懷朔鎮人！

王仲犖的文章和著作都誤以為懷朔鎮人僑置的朔州是東魏才設立，未發現是北魏孝明帝孝昌二年早已設立。因為他未發現大量北方人是直接南下山西，誤以為北方人都是先到河北再到山西，甚至誤以為是高歡把北方人從河北遷到山西，所以不能發現僑置的朔州很早就在山西設立。他雖然發現朔州、燕州都在今壽陽縣，但是他未發現燕州和朔州是北魏同時設立，〔註 11〕所以他不能提出六鎮之中為什麼是懷朔鎮而不是其他五鎮最早改為州的問題。

王仲犖認為朔州先在今壽陽縣，又遷到介休縣，毛漢光參考了王仲犖的文章，因而僅把朔州畫在今介休，〔註 12〕因此不能提出僑朔州為什麼遠離其他北方流民僑州的問題。

懷朔鎮最早改州、單獨建州、偏在東方是三個謎團，前人未發現懷朔鎮有這三個謎團，也就不能發現北朝史的重大秘密。

我發現這是因為大量懷朔鎮人很早南下投奔尒朱榮，他們為尒朱榮防守井陘關，尒朱榮為了籠絡懷朔鎮人，請朝廷為懷朔鎮人在井陘關之西的壽陽縣設立僑置的朔州。而這個褒獎懷朔鎮人的措施，激發了很多在河北投奔葛榮的懷朔鎮人改投尒朱榮，其中就有高歡。所以高歡北齊的崛起，其實是源自北魏給予懷朔鎮的特殊地位，源自懷朔鎮人在北魏末年的獨特行為，源自懷朔鎮在六鎮之中獨特的地理環境。

〔註 11〕王仲犖：《東西魏北齊北周僑置六州考略》，《文史》第 5 輯，1978 年。收入王仲犖：《北周地理志》，第 1148～1156 頁。王仲犖：《魏晉南北朝史》，上海人民出版社，2003 年，第 549 頁。

〔註 12〕毛漢光：《北魏東魏北齊之核心集團與核心區》，《中國中古政治史論》，第 87～89 頁。

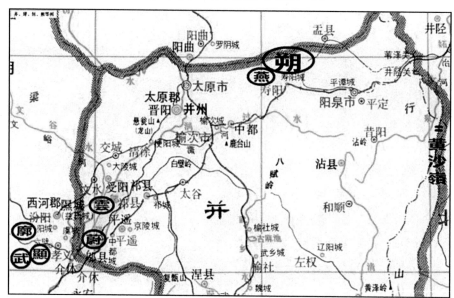

北魏末年僑置北方諸州地圖〔註13〕

一、孝昌二年已為懷朔鎮設僑朔州

　　北方人僑置的四個州：恒州未改名，僑置在今原平。雲州是原來的朔州，僑置在今文水、孝義、祁縣。朔州是原來的懷朔鎮，僑置在今壽陽。蔚州是原來的懷荒、禦夷鎮，僑置在今介休市北部。

　　僑置的雲州、蔚州、嶂縣（廓州前身）、靈州、顯州靠近，在這五個州中，僑置的雲州在今文水、祁縣，位置在僑人集中地的北部，蔚州在東南部，顯州在中部，嶂縣（廓州前身）、靈州在西南部。

　　僑置的朔州和燕州卻遠離上述五個僑州，非常奇怪，《魏書・地形志下》朔州：「本漢五原郡，延和二年置為鎮，後改為懷朔，孝昌中改為州。後陷，今寄治并州界。」懷朔鎮在孝明帝孝昌中（525～527 年）改為朔州，則原來的朔州應該也是在孝昌中改為雲州，但是《地形志下》云州卻記載：「舊置朔州，後陷，永熙中改，寄治并州界。」朔州不可能晚到孝武帝永熙中（532～534）才改為雲州，因為《魏書》卷十《孝莊紀》記載孝莊帝永安三年（530 年），孝莊帝殺尒朱榮，命楊津為使持節、督并、肆、燕、恒、雲、朔、顯、汾、蔚九州諸軍事，此時已有雲州。

〔註13〕底圖來自譚其驤主編《中國歷史地圖集》第四冊第 52 頁，黑體字和圓圈是本書添加。

　　既然孝明帝孝昌中改懷朔鎮為朔州，則此時一定也改朔州為雲州，否則就有兩個朔州，我找到一條鐵證是《魏書》卷七十四《尒朱榮傳》：「鮮于修禮之反也，榮表東討，復進號征東將軍、右衛將軍、假車騎將軍、都督并、肆、汾、廣、恒、雲六州諸軍事，進為大都督，加金紫光祿大夫。時杜洛周陷中山，於時車駕聲將北討，以榮為左軍，不行。及葛榮吞洛周，凶勢轉盛。榮恐其南逼鄴城，表求遣騎三千東援相州，肅宗不許。」卷九孝昌二年：「五原降戶鮮于脩禮反於定州，號魯興元年。」

　　鮮于修禮是在孝昌二年（526 年）起兵，尒朱榮聲討鮮于修禮時已有雲州，則懷朔鎮已經改名為朔州，所以朔州改名為雲州。尒朱榮都督并、肆、汾、廣、恒、雲六州諸軍事，不可能有廣州，胡三省認為廣州是唐州之誤，《魏書·地形志上》晉州：「孝昌中置唐州，建義中改。」此時改朔州為雲州，則朔州的名字一定給了僑置的懷朔鎮。

　　為什麼六鎮叛亂，唯獨改懷朔鎮為朔州呢？可見懷朔鎮一定有很多人投奔尒朱榮，北魏為了褒揚懷朔鎮人才改懷朔鎮為朔州。

　　北魏末年僑州的源頭，不見杜洛周的柔玄鎮、破六韓拔陵和鮮于修禮的沃野鎮、宇文泰的武川鎮，因為這三鎮是叛軍的主力，所以不為之設州。懷荒、禦夷兩鎮大概是附從杜洛周的柔玄鎮，所以被尒朱榮遷到并州南部，為之設蔚州。柔玄鎮也有不少人被尒朱榮收編，但是不設僑州，《周書》卷十九《豆盧寧傳》記載豆盧寧的父親是柔玄鎮將，豆盧寧隨尒朱天光西征。

　　撫冥鎮人不少投奔官軍，《周書》卷二十八《史寧傳》：「祖灌，隨例遷於撫冥鎮，因家焉。父遵，初為征虜府鎧曹參軍。屬杜洛周構逆，六鎮自相屠陷，遵遂率鄉里二千家奔恒州。其後恒州為賊所敗，遵復歸洛陽，拜樓煩郡守。」

　　宇文泰跟隨葛榮，葛榮被殺，宇文泰才被尒朱榮遷到晉陽。高歡曾經追隨杜洛周、葛榮，他投奔尒朱榮的時間在孝昌二年改懷朔鎮為朔州之後，改懷朔鎮為朔州不可能源自高歡等人的投奔。

二、懷朔、武川、沃野鎮、朔、恒州人南奔尒朱榮

　　我認為懷朔鎮改為朔州的原因是，大批懷朔鎮、武川鎮、沃野鎮、朔州、恒州人很早就從朔州或恒州南下，投奔尒朱榮，前人《魏書》卷五十八《楊昱傳》記載：「時北鎮饑民二十餘萬，詔昱為使，分散於冀、定、瀛三州就

食。」會誤以為六鎮人先到河北，再到山西，其實去河北和去山西的是兩路人。

有人曾經提出，六鎮豪強酋帥分為兩類，一類是定居在六鎮的軍鎮官員子弟、在北魏國家選拔政策下徙居六鎮的中下層代人、部落酋長、漢族豪強的子弟，另一類是被北魏國家征服遷徙六鎮的高車、匈奴等胡族酋長及其子弟。兩類人在河北難以融合，因而失敗。〔註14〕我認為這個觀點忽視了六鎮和朔州、恒州、燕州人更重要的一場分流，那就是一路南下山西，一路東出河北。這場分流更為重要，正是這場分流使尒朱榮獲得很多北方流民，尒朱榮獲勝的原因是用南下山西的北方流民打敗東出河北的北方流民。

北方人原先的不平等地位，使得他們有不同的路徑選擇，直接南下山西的人多數是北方人的中上層，《魏書》卷八十《賀拔勝傳》、《周書》卷十四《賀拔勝傳》記載，賀拔勝之祖是僑置的朔州神武郡尖山縣人，祖父是武川鎮主，其父賀拔度拔率軍援救懷朔鎮，去朔州求救，回來時武川、懷朔鎮都被攻陷，殺破六韓拔陵所立的大王衛可瑰（衛可孤），其父與鐵勒戰死。賀拔勝跟隨廣陽王元淵，從朔州退到恒州，朔州人鮮于阿胡攻下恒州，賀拔勝和很多朔州、恒州人一起南投尒朱榮。賀拔勝雖然是武川鎮人，但是他和父親援救懷朔鎮，他和很多懷朔鎮人歸順尒朱榮。

神武郡有尖山、殊頹二縣，殊頹縣源自朔州樹頹水（今內蒙古清水河縣清水河）的流民，殊頹縣在武川鎮的正南方，武川鎮人南奔時帶走很多樹頹水人，所以僑置在同郡。

衛可孤長期圍攻雲州治所盛樂，導致雲州人南奔尒朱榮，《周書》卷二十《閻慶傳》：「曾祖善，仕魏，歷龍驤將軍、雲州鎮將，因家於雲州之盛樂郡……屬衛可孤作亂，攻圍盛樂。進率眾拒守，綿歷三載，晝夜交戰，未嘗休息，以少擊眾，城竟獲全，以功拜盛樂郡守。」

南下的武川鎮人還有寇洛，《周書》卷十五《寇洛傳》：「父延壽，和平中，以良家子鎮武川，因家焉……正光末，以北邊賊起，遂率鄉親避地於并、肆，因從尒朱榮征討。及賀拔岳西征，洛與之鄉里，乃募從入關。」

有很多懷朔鎮的官員南奔尒朱榮，據《北齊書》卷十八和《梁書》卷五十六的各人本傳，懷朔省事司馬子如、懷朔戶曹史孫騰、外兵史侯景都是直

〔註14〕 薛海波：《北魏末年暴動新探——以六鎮豪強酋帥為中心》，《文史哲》2011年第 2 期。

接南奔尒朱榮，跟隨他們的自然有很多懷朔鎮人。

朔州人投奔尒朱榮，有厙狄干、斛律金、侯莫陳相等部落，《北齊書》卷十五本傳：「厙狄干，善無人也。曾祖越豆眷，魏道武時以功割善無之西臘污山地方百里以處之，後率部北遷，因家朔方……孝昌元年，北邊擾亂，奔雲中，為刺史費穆送於尒朱榮。」卷十七《斛律金傳》：「朔州敕勒部人也。高祖倍侯利，以壯勇有名塞表，道武時率戶內附，賜爵孟都公。祖幡地斤，殿中尚書。父大那瑰，光祿大夫、第一領民酋長……初為軍主，與懷朔鎮將楊鈞送茹茹主阿那瑰還北……正光末，破六韓拔陵構逆，金擁眾屬焉，陵假金王號。金度陵終敗滅，乃統所部萬戶詣雲州請降，即授第二領民酋長。稍引南出黃瓜堆，為杜洛周所破，部眾分散，金與兄平二人脫身歸尒朱榮。」卷十九：「侯莫陳相，代人也。祖伏頹，魏第一領民酋長。父斛古提，朔州刺史、白水郡公。」雖然侯莫陳相早年經歷不詳，但是從他的父親是朔州刺史來看，很可能是直接南奔尒朱榮。

恒州人南奔尒朱榮，有高市貴、厙狄回洛等人，《北齊書》卷十九本傳：「高市貴，善無人也。少有武用。孝昌初，恒州內部敕勒劉崙等聚眾反，市貴為都督，率眾討崙，一戰破之。累遷撫軍將軍、諫議大夫。及尒朱榮立魏莊帝，高貴預翼戴之勳，遷衛將軍、光祿大夫、秀容大都督、第一領民酋長，賜爵上洛縣伯。」同卷本傳：「厙狄回洛，代人也。少有武力，儀貌魁偉。初事尒朱榮為統軍。」恒州善無郡在今山西省右玉縣，漢代是善無縣。

恒州人慕容紹宗是尒朱榮親戚，父親是恒州刺史，率很多人投奔尒朱榮，《北齊書》卷二十本傳：「父遠，恒州刺史……尒朱榮即其從舅子也，值北邊撓亂，紹宗攜家屬詣晉陽以歸榮。」

還有沃野鎮的破六韓拔陵的殘部投奔尒朱榮，《北齊書》卷二十七《破六韓常傳》：「附化人，匈奴單于之裔也……世領部落，其父孔雀，世襲酋長。孔雀少驍勇。時宗人拔陵為亂，以孔雀為大都督、司徒、平南王。孔雀率部下一萬人降於尒朱榮，詔加平北將軍、第一領民酋長，卒。」

卷二十《步六汗薩傳》：「太安狄那人也……父居，龍驤將軍、領民別將。正光末，六鎮反亂，薩乃將家避難南下，奔尒朱榮於秀容。」步六汗即破六韓，或誤為步大汗，可見僑朔州的太安郡源自沃野鎮。

太安郡源自沃野鎮的第二個證據是《北齊書》卷十五《竇泰傳》：「大安捍殊人也。本出清河觀津，曾祖羅，魏統萬鎮將，因居北邊。父樂，魏末破

六韓拔陵為亂，與鎮將楊鈞固守，遇害……泰父兄戰歿於鎮，泰身負骸骨歸尒朱榮。」可見沃野鎮很早就有人投奔尒朱榮，而且人口很，破六韓孔雀就有萬人，但是沃野鎮是首亂之州，所以北魏不為沃野鎮單獨設州。沃野鎮在最西部，所以多是外族部落，太安郡的兩個縣狄那、捍殊都是源自北族語言。

三、僑置朔州為防守井陘

尒朱榮為了防止杜洛周西進，東塞井陘，此時把懷朔、武川、沃野鎮和朔州、恒州人安置在靠近井陘關的壽陽縣，改為朔州，安撫懷朔鎮人。此事在《周書》卷十四《賀拔勝傳》有詳細記載：

> 時杜洛周阻兵幽、定，葛榮據有冀、瀛。榮為勝曰：「井陘險要，我之東門。意欲屈君鎮之，未知君意如何？」勝曰：「少逢兵亂，險阻備嘗，每思效力，以報己知。今蒙驅使，實所願也。」榮乃表勝為鎮遠將軍、別將，領步騎五千鎮井陘。

可見懷朔鎮人正是在此時東遷壽陽，扼守井陘，賀拔勝跟隨尒朱榮入洛，隨元穆北征葛榮，為前鋒大都督，在滏口虜獲數千人。杜洛周餘部韓婁在薊城，賀拔勝鎮守中山。隨尒朱榮打敗元顥，封真定縣公。

武川鎮人念賢，曾經輔佐賀拔度拔殺衛可瑰（衛可孤），《周書》卷十四《念賢傳》：「後以破衛可孤功，除別將。尋招慰雲州高車、鮮卑等，皆降下之。除假節、平東將軍，封屯留縣伯，邑五百戶。建義初，為大都督，鎮井陘，加撫軍將軍、黎陽郡守。」尒朱榮命念賢在孝莊帝建義元年（528 年）鎮守井陘關，正是因為懷朔鎮人此前就鎮守井陘關。

武川鎮人侯莫陳崇、侯莫陳順兄弟，也輔佐賀拔勝，防守杜洛周從井陘關來犯，《周書》卷十九《侯莫陳順傳》：「初事尒朱榮為統軍，後從賀拔勝鎮井陘。」卷十六《侯莫陳崇傳》：「侯莫陳崇，字尚樂，代郡武川人。其先，魏之別部，居庫斛真水。五世祖曰太骨都侯。其後，世為渠帥。祖允，以良家子鎮武川，因家焉。父興，殿中將軍、羽林監。」

僑置朔州的郡縣之中，為沃野鎮人設立的是附化郡，《地形志》朔州附化郡有五原縣、廣牧縣，漢代五原縣城是今包頭市區南部的麻池古城，廣牧縣是今烏拉特前旗西南金星鄉的西局子古城，〔註15〕北魏末年的沃野鎮城在今

〔註15〕據酈道元《水經注》卷三《河水》，廣牧縣在黃河之南，但是今人找不到城址，王北辰《庫布齊沙漠歷史地理研究》對廣牧縣城存疑，見《王北辰西北歷史

烏拉特前旗蘇獨侖鄉根子場村的沃野鎮古城，〔註16〕沃野鎮城恰好在廣牧、五原縣城之間，所以附化郡人很可能多數來自沃野鎮。

燕州唯獨有平舒縣僑置在新朔州，正是因為平舒縣是燕州伸入恒州之地，而懷朔鎮人是從恒州南奔，所以新的朔州有平舒縣。

井陘關是并州通往河北的最重要通道，孝莊帝殺尒朱榮：「乃以蘭根為河北行臺，於定州率募鄉曲，欲防井陘。時尒朱榮將侯深，自范陽趣中山，蘭根與戰，大敗，走依渤海高乾。」〔註17〕

高歡在河北起兵，尒朱兆出井陘關，到南趙郡廣阿縣（今隆堯縣），高歡令李元忠的族弟、趙郡平棘縣（今趙縣）人李密募兵五千人，鎮守黃沙道、井陘道，黃沙道在趙郡西南，在今河北省贊皇縣最西部太行山的黃沙嶺村，向西是山西省昔陽縣的九龍關，這是井陘關南部的一條路。

四、高歡攫取六州軍人

懷朔鎮首先改為朔州，意義重大，這種褒獎懷朔鎮的行為激發了很多懷朔鎮人西奔尒朱榮，高歡和善無人尉景、五原人段榮、蔡儁一起離開杜洛周、葛榮，投奔尒朱榮，他們很早就是好友。《北齊書》卷十五《尉景傳》：「魏孝昌中，北鎮反，景與神武入杜洛周軍中，仍共歸尒朱榮。」卷十六《段榮傳》：「榮遇亂，與鄉舊攜妻子，南趣平城。屬杜洛周為亂，榮與高祖謀誅之，事不捷，共奔尒朱榮。」卷十九《蔡儁傳》：「父普，北方擾亂，奔走五原，守戰有功……高祖微時，深相親附。與遼西段長、太原龐蒼鷹俱有先知之鑒。長為魏懷朔鎮將……俊初為杜洛周所虜，時高祖亦在洛周軍中，高祖謀誅洛周，俊預其計。事泄，走奔葛榮，仍背葛歸尒朱榮。」高歡等人是否有謀殺杜洛周之事，已不可考，或許是他們投效求賞的託詞。

　　地理論文集》，學苑出版社，2000 年，第 27 頁。我認為可能是黃河移動，使今城在黃河北岸。

〔註16〕唐長孺在《華中師範學院學報》1979 年第 3 期發表的《北魏沃野鎮的遷徙》，據《魏書》卷三十八《刁雍傳》，考證沃野鎮城最早在漢代的沃野縣城，又據《太平寰宇記》卷三十六靈州引陸恭之《風土記》可知，北魏中期的沃野鎮東邊到漢代的朔方郡城，《元和郡縣圖志》卷四天德軍記載又北遷到唐代的天德軍之北 60 里。北魏末年的沃野鎮古城，見國家文物局主編：《中國文物地圖集》內蒙古分冊，西安地圖出版社，2003 年，上冊第 270～271 頁、下冊第 623 頁。

〔註17〕〔唐〕李百藥：《北齊書》卷二十三《魏蘭根傳》。

又有懷朔鎮人侯淵、念賢等人離開杜洛周，投奔尒朱榮，《魏書》卷八十本傳：「侯淵，神武尖山人也。機警有膽略。肅宗末年，六鎮饑亂，淵隨杜洛周南寇。後與妻兄念賢，背洛周，歸尒朱榮。」

又有懷朔鎮人可朱渾元被葛榮尊為梁王，仍然離開葛榮，投奔尒朱榮，《北齊書》卷二十七本傳：「曾祖護野肱終於懷朔鎮將，遂家焉。元寬仁有武略，少與高祖相知。北邊擾亂，遂將家屬赴定州，值鮮于修禮作亂，元擁眾屬焉。葛榮並修禮，復以元為梁王。遂奔尒朱榮，以為別將。」

第三批被尒朱榮收編的北方人，是一直追隨葛榮，葛榮失敗，才被尒朱榮收編，包括燕州廣寧人段榮、韓賢、任延敬、代（恆州）人張保洛、張瓊、武川鎮人宇文泰、趙貴、雲州（原朔州）人獨孤信。〔註18〕

宇文泰的大哥宇文顥先在武川鎮戰死，宇文泰一家先到博陵郡，又去定州投靠鮮于修禮，被官軍俘虜，宇文泰的父親宇文肱和宇文泰的二哥宇文連又在定州戰死。宇文顥的妻子閻氏、兒子宇文護、宇文連的妻子賀拔氏、兒子宇文元寶、宇文泰的三哥宇文洛生妻子紇干氏、兒子菩提共六人被捉到定州，送往京都的途中被奪回。宇文一家被尒朱榮收編，住在受陽（壽陽）。〔註19〕宇文一家住在僑置在壽陽的朔州，宇文泰的三哥宇文洛生在葛榮破鮮于修禮後，封為漁陽王，領宇文肱的部眾，被葛榮害死。〔註20〕

尒朱榮打敗葛榮，遷其部眾二十萬到并州，《北齊書・神武紀》：「葛榮眾流入并、肆者二十餘萬，為契胡陵暴，皆不聊生，大小二十六反，誅夷者半，

〔註18〕《北齊書》卷十六《潘樂傳》：「廣寧石門人也……初歸葛榮，授京兆王，時年十九。榮敗，隨尒朱榮。」卷十九本《韓賢傳》：「廣寧石門人也……初隨葛榮作逆，榮破，隨例至并州，尒朱榮擢充左右。」同卷：「任延敬，廣寧人也。伯父桃，太和初為雲中軍將，延敬隨之，因家焉……初從葛榮為賊，榮署為王，甚見委任。榮敗，延敬擁所部先降。」《張保洛傳》：「魏孝昌中，北鎮擾亂，保洛亦隨眾南下。葛榮僭逆，以保洛為領左右。榮敗，仍為尒朱榮統軍。」卷二十《張瓊傳》：「代人也。少壯健，有武用。魏世自蕩寇將軍為朔州征虜府外兵參軍，隨葛榮為亂。榮敗，尒朱榮以為都督。」《周書》卷十六《趙貴傳》：「祖仁，以良家子鎮武川，因家焉……魏孝昌中，天下兵起，貴率鄉里避難南遷。屬葛榮陷中山，遂被拘逼。榮敗，尒朱榮以貴為別將。」《獨孤信傳》：「雲中人也……其先伏留屯者，為部落大人，與魏俱起。祖俟尼，和平中，以良家子自雲中鎮武川，因家焉。父庫者，為領民酋長……正光末，與賀拔度等同斬衛可孤，由是知名。以北邊喪亂，避地中山，為葛榮所獲……及尒朱氏破葛榮，以信為別將。」

〔註19〕《周書》卷十一《宇文護傳》。

〔註20〕《周書》卷十《莒莊公洛生傳》。

猶草竊不止。」《尒朱兆傳》記載尒朱榮死後，孝莊帝命河西人紇豆陵步藩多次打敗尒朱兆，尒朱榮殺孝莊帝即回師晉陽，不能平定河西，因而想去山東，又怕六鎮之人謀反，命晉州刺史高歡統帥從北方來的三州六鎮之人，此處的三州是指原來的恒州、朔州、燕州，三州六鎮是用舊名，其實孝莊帝已經改設或新設為雲州、蔚州、朔州。

高歡的親兵來自懷朔鎮，他獲得尒朱榮的統領三州六鎮之人的命令，就想率領三州六鎮的士兵去河北。高歡不去僑置朔州所在的壽陽，不走井陘道，而是向南，到雲、蔚、顯三州，顯然是因為他更需要控制這三州的人。這三州不是他的舊部，但是人口更多。所以他從這三州的地域再向東南，出漳水。高歡選擇去相州，可能是因為河北平原的北部被葛榮、杜洛周戰亂摧毀，相州的糧食多。高歡到信都（今冀縣），得到冀州刺史高乾、南趙郡太守李元忠的支持，殺殷州刺史尒朱羽生，先立後廢帝元朗，次年（532 年）在韓陵戰勝尒朱氏聯軍，進入洛陽，廢尒朱氏所立的前廢帝元恭，立孝武帝元修，控制朝政。

懷朔鎮僑置在今壽陽縣是北魏末年的權宜之計，所以東魏即在今介休設南朔州，又遷一些朔州人到太原盆地，《元和郡縣圖志》卷十三汾州介休縣：「後魏明帝時為胡賊所破，至孝靜帝更修築，遷朔州軍人鎮之，因立為南朔州，但領軍人，不領郡縣，其介休縣仍屬汾州。高齊省介休縣，入永安縣。周武帝省南朔州，復置介休縣。」

北齊的士兵主要來自北方流民，《北齊書》卷二十四《孫搴傳》：

> 時又大括燕、恒、雲、朔、顯、蔚、二夏州、高平、平涼之民，
> 以為軍士。逃隱者身及主人、三長、守令，罪以大辟，沒入其家。
> 於是所獲甚眾，搴之計也。

夏州、高平、平涼人源自天平三年（536 年）東遷的夏州、靈州、原州、幽州人，《北齊書·神武紀下》：「正月甲子，神武帥厙狄乾等萬騎襲西魏夏州……禽其刺史費也頭斛拔俄彌突，因而用之。留都督張瓊以鎮守，遷其部落五千戶以歸。西魏靈州刺史曹泥與其婿涼州刺史劉豐遣使請內屬。周文圍泥，水灌其城，不沒者四尺。神武命阿至羅發騎三萬徑度靈州，繞出西軍後，獲馬五十匹，西師乃退。神武率騎迎泥、豐生，拔其遺戶五千以歸，復泥官爵……二月，神武令阿至羅，逼西魏秦州刺史建忠王万俟普撥，神武以眾應之。六月甲午，普撥與其子太宰受洛干、幽州刺史叱干寶樂、右衛將軍破六

韓常及督將三百餘人擁部來降。」幽州、靈州、秦州之間是原州，所以有原
州人東遷。

西魏大統七年（東魏興和三年，541 年），夏州刺史稽胡劉平起兵被平，
《周書‧文帝紀下》：「二年春三月，東魏襲陷夏州，留其將張瓊、許和守之。
夏五月，秦州刺史、建中王万俟普撥率所部叛入東魏。太祖勒輕騎追之，至
河北千餘里，不及而還……（三年十月）許和殺張瓊以夏州降……七年春三
月，稽胡帥、夏州刺史劉平伏據上郡叛，遣開府于謹討平之。」二夏是北魏
就設的夏州、東夏州，東夏州即漢代的上郡。

因為僑置在并州的北方人是北齊的核心軍力來源，所以北周武帝宇文邕
建德六年（576 年）滅北齊，次年十二月就移并州軍人四萬戶到關中，這就是
《地形志上》軍旅十州和《孫搴傳》十地軍戶的人口。

高歡來自懷朔鎮，宇文泰來自武川鎮，現在看來六鎮起義的說法其實很
不正確，這兩鎮是被沃野鎮人攻陷，再東奔恒州，有的投奔尒朱榮，有的投
奔柔玄鎮的杜洛周。柔玄鎮、禦夷鎮、撫冥鎮也未起義，六鎮起義應該稱為
兩鎮起義，最早起義的就是沃野鎮和柔玄鎮。

郭沫若主編《中國史稿地圖集》的《北魏末年各族人民起義》圖上畫出
的起義地點有沃野鎮高闕戍、撫冥鎮、柔玄鎮、懷荒鎮，而不認為懷朔鎮、
武川鎮是起義地點，[註21] 此圖不標懷朔鎮、武川鎮很有道理。但是撫冥鎮、
懷荒鎮也不應標為起義地點，撫冥鎮、懷荒鎮起義缺乏證據，可能是為了迎
合當時強調農民戰爭的社會形勢，誇張了起義形勢。

破六韓拔陵在正光五年（524 年）三月最早起兵，《梁書‧侯景傳》：「魏
孝昌元年，有懷朔鎮兵鮮于修禮，於定州作亂，攻沒郡縣。又有柔玄鎮兵吐
斤洛周，率其黨與，復寇幽、冀，與修禮相合，眾十餘萬。後修禮見殺，部
下潰散，懷朔鎮將葛榮因。」鮮于修禮到定州已經是從恒州東遷又投降北魏
之後，而且《魏書‧肅宗紀》記載：「是月，都督元譚次於軍都，為洛周所敗。
五原降戶鮮于脩禮，反於定州，號魯興元年。」杜洛周起兵在孝昌元年（525
年）八月，鮮于修禮起兵在孝昌二年（526 年）正月，可見《梁書》敘述有誤，
先有杜洛周南攻，官軍失敗，才激發已經投降官軍的鮮于修禮起兵，鮮于修
禮不能代表全部懷朔鎮人，又是受杜洛周影響才起兵。

〔註21〕郭沫若主編《中國史稿地圖集》上冊，第 69～70 頁。

　　懷朔鎮、武川鎮為北魏抵禦沃野鎮，所以懷朔鎮人首先獲得優待，設立朔州，其中最重要的人物是援救懷朔鎮的武川鎮人賀拔勝、賀拔岳兄弟，他們帶出很多懷朔鎮人。懷朔鎮人高歡奪取了北魏的核心之地，武川鎮人宇文泰本來是懷朔鎮人賀拔岳的部將，高歡、宇文泰崛起的真正原因是懷朔鎮、武川鎮人投奔北魏。懷朔鎮、武川鎮人崛起的本質是在沃野鎮、柔玄鎮和北魏官軍、尒朱榮的廝殺中，得以崛起。

　　高歡、宇文泰崛起的奠基人賀拔勝、賀拔岳卻未能建立新的王朝，賀拔勝武功高強，又有神箭手，但是他不如高歡擅長表演，高歡能用各種陰謀詭計，欺騙尒朱兆，趕走念賢，殺尒朱羽生，離間尒朱族人。高歡為人陰險的原因可能出身卑微，祖先不是武將。高歡雖然武功不高，但是很早就觀察到北魏將要滅亡的徵兆，因而廣交朋友，包括懷朔省事司馬子如、懷朔戶曹史孫騰、外兵史侯景這三個人都先投奔尒朱榮。高歡卻先追隨杜洛周、葛榮，很晚才投奔尒朱榮，正是因為高歡出身卑微，所以早先不投官軍。

　　據《北齊書》卷十九《劉貴傳》，高歡早年的好友劉貴因為是秀榮郡陽曲縣人，是尒朱榮的同鄉，所以他向尒朱榮推薦高歡，但是高歡因為面容憔悴，所以尒朱榮最初看不上高歡。據卷四《文宣紀》，高歡投奔尒朱榮之初，家徒四壁，妻子婁氏和親戚飢寒交迫。高歡建議尒朱榮進兵洛陽，尒朱榮令高歡為前鋒，顯然是因為高歡來自懷朔鎮。劉貴因為罵漢人為頭錢漢（一錢漢），引發勃海郡漢族豪強高昂（高敖曹）用刀砍他。我認為劉貴很可能是匈奴人，因為匈奴劉淵就住在秀容郡。前人早已指出，當時很多人罵高歡是胡人，這可能不是污蔑。高歡很可能不是漢族高氏，他的祖先來自前燕，也可能是高麗高氏，所以高歡和劉貴關係一直很好。

北方流民到僑州（圓圈）的路線示意圖〔註22〕

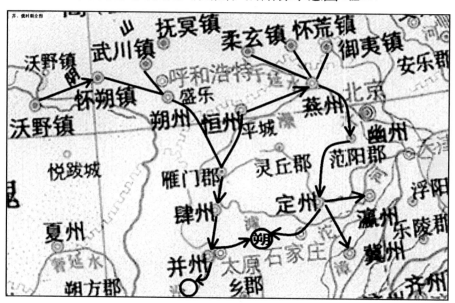

五、朔州和六州的特殊地位

朔州、顯州、恒州、雲州、恒州、燕州人統稱為六州，毛漢光認為《北齊書》出現的九州軍人源自這六州加上并州、肆州、汾州。我認為九州可能是這六州加上武州、廓州、燕州，因為《地形志上》軍旅十州其實有十一州，有武州、廓州，而十一州中的西夏州、寧州、靈州是很晚遷來的西北人，自然不能算入九州。并、肆、汾三州很多地方不是軍人所出之地，尒朱榮是肆州北部的胡人，但肆州人不是高歡的基礎。

還需要指出的是，顯州、武州人多數來自汾州，不是來自北方，顯州的名字來自隰城。蔚州的附恩郡源自汾州人、夏州人和涼州人，這是天平三年（536年）編入蔚州的部分西北人。蔚州、武州的軍人來源混雜，顯然因為原來的主體汾州、懷荒鎮、禦夷鎮的地位不及懷朔鎮、武川鎮，所以混入西北人。

六州大都督是高歡最親信的人擔任，《北齊書》卷十七《斛律金傳》：「高祖南攻鄴，留金守信都，領恒、雲、燕、朔、顯、蔚六州大都督，委以後事。」信都在河北，斛律金統帥的六州其實是指六州軍人。卷十三高歡之弟高琛：

〔註22〕底圖來自譚其驤主編《中國歷史地圖集》第四冊第20頁，路線和朔州是本書添加。

「永熙二年，除使持節、都督定州刺史、六州大都督。琛推誠撫納，拔用人士，甚有聲譽。及斛斯椿等釁結。高祖將謀內討，以晉陽根本，召琛留掌後事，以為并、肆、汾大行臺僕射，領六州九酋長大都督，其相府政事琛悉決之。」

九州軍人又名勳人，《北齊書》卷五《廢帝紀》天保十年（559年）十月：「詔九州軍人七十已上授以板職，武官年六十已上及癃病不堪驅使者，並皆放免。」卷六《孝昭紀》高演皇建元年（560年）八月：「丙申，詔九州勳人有重封者，聽分授子弟，以廣骨肉之恩。」卷四十《唐邕傳》：「性識明敏，通解時事，齊氏一代，典執兵機。凡是九州軍士、四方勇募，強弱多少，番代往還，及器械精粗、糧儲虛實，精心勤事，莫不諳知。」

北齊在北方新建北朔州、北燕州、北恒州、北蔚州、北顯州（廓州），仍然以北朔州地位最高，《北齊書》卷十三高深之子高睿：「（天保）八年，徵睿赴鄴，仍除北朔州刺史，都督北燕、北蔚、北恒三州，及庫推以西黃河以東長城諸鎮諸軍事。」北齊文宣帝高洋天保六年（555年）建北朔州在今朔州市西南47里，八年（557年）移到漢代的馬邑城，沿襲至今。北恒州在恒州故城（今大同）。北燕州在燕州故城（今涿鹿縣）。

北齊在北方新建的六州〔註23〕

〔註23〕底圖來自譚其驤主編《中國歷史地圖集》第四冊第65頁，黑體字和方框是本書添加。

北顯州是廓州改名，在今原平北部崞陽鎮，源自南遷的崞縣人。北蔚州在今靈丘縣，成為今日蔚縣由來。東魏武定元年（543 年）遷汾州到雁門川，立武州，在今繁峙縣，北齊改名北靈州。譚其驤主編《中國歷史地圖集》第四冊北齊武平三年（572 年）地圖上的北朔州、北顯州、北恒州稱為朔州、顯州、恒州，都缺了北字。

北燕州、北恒州在燕州、恒州故地，首次遷來的是北朔州、北蔚州、北顯州，北朔州在最西部，因為其戰鬥力最強。

北朔州設朔州道行臺，《北齊書》卷十四記載高歡侄兒上洛王高思宗的義弟高思好：「累遷尚書令、朔州道行臺、朔州刺史、開府、南安王，甚得邊朔人心。」後主高緯武平五年（574 年），高思好以清君側之名，依靠北方精兵，攻打晉陽，兵敗被殺。

武平七年（576 年），北周攻到晉陽，高緯密送皇太后、皇太子去北朔州，本來也想去北朔州，但是被部下勸去鄴城。北齊舊人在北朔州擁立文宣帝高洋之子范陽王高紹義，《北齊書》卷十二：「周武帝克并州，以封輔相為北朔州總管。此地齊以重鎮，諸勇士多聚焉。前長史趙穆、司馬王當萬等謀執輔相，迎任城王於瀛州。事不果，便迎紹義。紹義至馬邑，輔相及其屬韓阿各奴等數十人，皆齊叛臣，自肆州以北城戍二百八十餘盡從輔相，及紹義至，皆反焉。紹義與靈州刺史袁洪猛引兵南出，欲取并州，至新興而肆州已為周守。前隊二儀同，以所部降周。周兵擊顯州，執刺史陸瓊，又攻陷諸城。紹義還保北朔。周將宇文神舉軍逼馬邑，紹義遣杜明達拒之，兵大敗。」高紹義奔突厥，稱帝建號，曾攻入幽州，被突厥人送給北周，死於蜀中。

1999 年山西太原發現隋文帝開皇十二年（592 年）虞弘墓，墓誌記載：「魚國尉紇驎城人也……曾祖奴棲，魚國領民酋長。父陁，茹茹國莫賀去汾、達官，後魏平北將軍、朔州刺史……年十三，任莫賀弗，銜命波斯、吐谷渾。轉莫緣，仍使齊國。文宣御極，煥爛披雲，拘縶內參，弗令返國。太上控纘，砂磧煙塵，授直突都督。來使折旋，歙諧邊款，加輕車將軍、直齋、直蕩都督，尋遷使持節、都督涼州諸軍事、涼州刺史、射聲校尉……武平既立，鹿喪綱頹。建德遂蠶食關左……乃授使持節、儀同大將軍、廣興縣開國伯，邑六百戶。體飾金章，銜轡簪笏，詔充可比大使，兼領鄉團。大象末，左丞相府，遷領并代介三州鄉團，檢校薩保府。開皇中，轉儀同三司，敕領

左帳內，鎮押並部。」〔註24〕文宣帝高洋留下柔然的使者虞弘，武成帝高湛授予涼州刺史的虛職，後主高緯加封為開國伯。我認為虞弘父親的朔州刺史是此時追贈的官制，墓誌也指出後主時朝綱毀壞，其實朔州刺史如此重要的官職贈給虞弘父親本身就是破壞慣例。

北周武帝建德六年（577年）滅北齊，《周書·武帝紀下》記載七年（578年）十二月發生了一件大事：

> 己未，東壽陽土人反，率眾五千襲并州城。刺史東平公宇文神舉破平之。庚申，行幸并州宮。移并州軍人四萬戶於關中。

東壽陽正是今天的壽陽縣，也即僑置朔州的地方，北齊已經滅亡一年，而北齊的根基所在壽陽縣仍然想復興北齊。北齊的根在壽陽縣，北齊最終的尾聲也是壽陽縣。很多學者都知道東魏、北齊有鄴城、晉陽（今太原）兩個核心，但是不知道在鄴城、晉陽之間有一個隱藏的核心：壽陽縣的僑置朔州。

六、懷朔鎮、武川鎮的特殊環境

六鎮雖然都在北方，但是位置很不相同。前人往往誤以為六鎮是一個整體，其實六鎮東西長達二千里，環境差別不小。因為六鎮起義的說法陳陳相因，使所有人不假思索地接受這一成見。如果我們仔細分析，就會發現六鎮一體、六鎮起義等說法都不能成立。

沃野鎮在最西部的前線，離中原最遠，所以最先起兵。懷朔鎮城在今固陽縣北部的城圐圙村，在昆都侖河上游的兩條河流交匯處，在漢代的內外長城之間，固陽縣的地形特殊，是陰山之中的一個小盆地，因為北部有陰山阻擋，所以五原、烏拉特前旗到固陽縣是一個罕見的少風地帶。〔註25〕固陽縣西南是包頭市，是河套的富庶之地。武川鎮城在今武川縣，〔註26〕雖然在陰山之北，但是南部靠近北魏故都盛樂城，是河套的核心之地。我曾經指出，

〔註24〕山西省考古研究所、太原市考古研究所、太原市晉源區文物旅遊局：《太原隋代虞弘墓清理簡報》，《文物》2001年第1期。

〔註25〕劉明光主編《中國自然地理圖集》，中國地圖出版社，1998年，第184頁。

〔註26〕考古學者認為武川鎮城是今武川縣西北二份子鄉的二份子古城，見《中國文物地圖集》內蒙古分冊，上冊第124頁、下冊第51頁。譚其驤主編《中國歷史地圖集》第四冊第54頁的武川鎮標在武川縣的西南，根據是酈道元《水經注》卷三《河水》，酈道元自述在太和十八年從高祖北巡，到陰山的講武臺。武川的名字應是源自講武臺，所以酈道元所述的位置應該可信。或許考古學者所指的武川鎮城有誤，或許是武川鎮在北魏中期北移。

漢代在陰山之北的假中屯田，就在今固陽縣。〔註27〕

北魏懷朔鎮古城的蓮花紋瓦和蓮花紋三角磚

北魏固陽縣的長頸壺和懷朔鎮古城出土的和硯臺

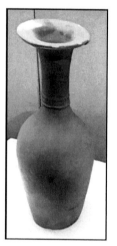 

〔註27〕周運中：《秦漢歷史地理考辨》，第29～37頁。

北魏懷朔鎮城址平面圖

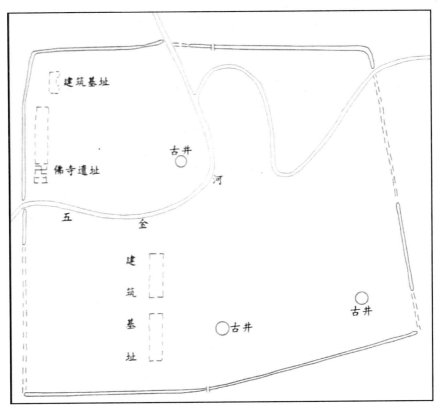

六鎮之中，懷朔鎮、武川鎮的距離最近。〔註 28〕懷朔鎮、武川鎮在六鎮的中心，撫冥鎮在武川鎮之北，在今四子王旗。東部三鎮在比較荒涼的壩上高原，柔玄鎮在今興和縣西北，懷荒鎮在今河北省張北縣，禦夷鎮在今河北省沽源縣，又內遷到赤城縣。

懷朔鎮的地位最高，《魏書》卷十四記載平文帝第四子高涼王元孤的曾孫元萇：「祖遷都，萇以代尹留鎮。除懷朔鎮都大將。」卷十九上記載陽平王元新成的長子元安壽：「累遷懷朔鎮大將，都督三道諸軍事北討。」汝陰王天賜：「後除征北大將軍、護匈奴中郎將。累遷懷朔鎮大將。」卷三十記載陸延：「正始初，除武川鎮將。入除太僕卿。都督沃野、武川、懷朔三鎮諸軍事，安北將軍，懷朔鎮大將，加散騎常侍。」卷四十四《宇文福傳》：「正始初，除武川鎮將。入除太僕卿。又為金紫光祿大夫。出除散騎常侍，都督

〔註 28〕郭沫若主編《中國史稿地圖集》上冊第 69 頁的懷朔鎮、武川鎮位置有誤，懷朔鎮標在固陽縣西南，武川鎮標在武川縣西。

懷朔、沃野、武川三鎮諸軍事，征北將軍，懷朔鎮將。」卷五十八記載楊播：「拜恒州刺史，轉懷朔鎮將。所居以強濟稱。後為撫軍將軍、七兵尚書、北道行臺。」懷朔鎮將都督懷朔、沃野、武川三鎮諸軍事，可見懷朔鎮在武川鎮、沃野鎮之上。

武川鎮地位次之，《魏書》卷十四記載烈帝玄孫河間公拓跋齊之子拓跋蘭，卒於武川鎮將。卷十五記載昭成帝曾孫拓跋叱奴，武川鎮將。卷十九下記載南安王拓跋楨之子拓跋英：「高祖時，為平北將軍、武川鎮都大將、假魏公。」卷四十四《苟頹傳》：「長子愷，累遷冠軍將軍，柔玄、懷荒、武川鎮大將。」可見武川鎮在柔玄、懷荒之上，任武川鎮將的皇族顯然不及懷朔鎮。

沃野鎮將的唯一皇族在獻文帝時，《魏書》卷七下：「城陽王長壽，皇興二年封，拜征西大將軍、外都大官。出為沃野鎮都大將。」卷三十八《刁雍傳》記載薄骨律鎮將刁雍，在太武帝拓跋燾太平真君七年（446 年）上書：「奉詔高平、安定、統萬及臣所守四鎮，出車五千乘，運屯穀五十萬斛付沃野鎮，以供軍糧。臣鎮去沃野八百里，道多深沙，輕車來往，猶以為難。設令載穀，不過二十石，每涉深沙，必致滯陷。」請求改為黃河水運，從之。卷五十《慕容白曜傳》記載其侄慕容契：「正始初，除征虜將軍、營州刺史。徙都督沃野、薄骨律二鎮諸軍事、沃野鎮將。轉都督禦夷、懷荒二鎮諸軍事、平城鎮將，將軍並如故。轉都督朔州、沃野、懷朔、武川三鎮三道諸軍事、後將軍、朔州刺史。」可見，沃野鎮的地位不及平城鎮。

因為柔玄鎮在內地，撫冥鎮很偏遠，所以柔玄鎮地位在撫冥鎮之上，《魏書》卷十六記載江陽王拓跋繼：「高祖時，除使持節、安北將軍、撫冥鎮都大將，轉都督柔玄、撫冥、懷荒三鎮諸軍事、鎮北將軍、柔玄鎮大將。」

孝明帝正光五年（524 年）三月，破六韓拔陵起兵，七月下詔改鎮為州，《魏書》卷八十九《酈道元傳》：「肅宗以沃野、懷朔、薄骨律、武川、撫冥、柔玄、懷荒、禦夷諸鎮並改為州，其郡縣戍名，令準古城邑。」其實因為大亂，各鎮都未曾實行。

六鎮的環境、態度和結局分為三類，非常明顯：

1. 懷朔鎮、武川鎮的自然環境最好，最靠近河套平原的核心，所以地位最高。因此在沃野鎮破六韓拔陵起兵時，懷朔鎮、武川鎮為北魏官軍抵禦破六韓拔陵，又投奔尒朱榮，懷朔鎮僑置為朔州，其中也有為武川鎮人、燕州人設的僑置郡縣。懷朔鎮人高歡、武川鎮人宇文泰最終崛起，其實源自懷朔

鎮、武川鎮在六鎮之中的特殊地理環境。

2. 沃野鎮的條件最苦，沃野鎮破六韓拔陵、柔玄鎮杜洛周起兵，所以這兩鎮不設僑州，這是對這兩鎮的懲罰。

3. 禦夷鎮、懷荒鎮在最東部，遠離前線。不是首先起義之州，最多是被裹挾附從，也不為積極為官府平亂，態度模糊，是雙方之間的搖擺鎮，所以合設為一個蔚州。

呼和浩特大學路出土北魏牛車陶俑

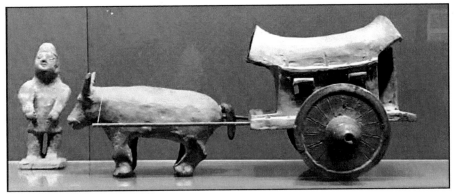

呼和浩特大學路出土北魏牽馬人陶俑

第三節　論齊周形勢消長的原因

　　東西魏分裂時，西魏的實力遠遠不及東魏。宇文泰從夏州（治今陝西靖邊縣統萬城）、原州（治今寧夏固原），出兵秦州（治今天水），殺侯莫陳悅：「時涼州刺史李叔仁為其民所執，舉州騷擾。宕昌羌梁企定引吐谷渾寇金城。渭州及南秦州氐、羌連結，所在蜂起。南岐至於瓜、鄯，跨州據郡者，不可勝數。太祖乃令李弼鎮原州，夏州刺史拔也惡蚝鎮南秦州，渭州刺史可朱渾元還鎮渭州，衛將軍趙貴行秦州事。徵豳、涇、東秦、岐四州粟以給軍。」〔註29〕宇文泰以隴上數州之地，進軍關中。建立西魏時地域很小，所謂：「太祖初啟霸業，唯有關中之地。」〔註30〕高歡控制的地域廣、人口多，包括北魏的故都和多數的北鎮軍人。但是北周竟然反敗為勝，最終消滅北齊。前人早已發現北齊的建立者高歡經常被時人看成是鮮卑人，高歡的祖先即使是漢人，到高歡時也已經是鮮卑化很深的漢人，北齊皇帝時常縱容鮮卑人跋扈，壓制漢人。北齊的鮮卑人和漢人矛盾很深，而北周皇帝則能使鮮卑人和漢人有更深的融合，二者形成鮮明對比。

　　前人所舉的例子多是北齊皇族的生活習俗和鮮卑漢人衝突的事件，這些事件固然是非常明顯和重要的證據。但是這些證據不是導致北齊軍事失敗的直接原因，我認為東魏、北齊在軍事戰略上也一直陷入對鮮卑騎兵野戰的依賴，西魏、北周則用漢人的守城之法應對。東西魏軍事戰略的不同，雖然也是源自雙方民族成分和民族政策的不同。但是軍事戰略的不同才是雙方實力消長的直接原因，而前人缺乏對雙方軍事戰略不同的分析。

一、東西魏戰場爭奪

　　宇文泰和高歡的出身都很卑微，高歡娶了婁氏才有馬，得以為隊主。高歡升為送信的函使六年，來往洛陽，見世面比宇文泰多。高歡結交了沿途的秀榮、中山不少朋友和懷朔鎮的將吏，宇文泰沒有高歡豐富的經歷和寬闊的人脈。宇文泰的父親糾集族人參與了賀拔度拔殺衛可孤的戰爭，說明宇文家的勢力主要來自部落，不像高歡有一個漢人的名頭。高歡因為有早年朋友的關係，所以他及早離開葛榮，投奔尒朱榮，但是宇文泰一直追隨葛榮，直到被尒朱榮俘虜。宇文泰隨尒朱天光、賀拔岳西征，賀拔岳被侯莫陳悅殺死，

〔註29〕《周書》卷一《文帝紀上》。
〔註30〕《周書》卷八《獨孤信傳》。

宇文泰才成為西征的北方軍人領袖。渭州（治今甘肅隴西）刺史可朱渾元是懷朔鎮人，也是高歡早年的朋友，所以可朱渾元從靈州逃回東魏。孝武帝西遷，荊州（治今河南鄧州）刺史賀拔勝、廣州（治今河南魯山）刺史李延孫，歸屬西魏，很多北魏皇族和官員從洛陽南奔，經三鴉關逃到西魏。賀拔勝被東魏侯景打敗，逃奔蕭梁。

西魏文帝大統二年（536年），高歡襲取夏州（治今陝西靖邊縣統萬城），靈州（治今寧夏靈武）刺史曹泥和其女婿涼州（治今甘肅武威）刺史劉豐投奔高歡，宇文泰派李虎用黃河水灌靈州城，高歡拔靈州五千戶東歸，李虎遷靈州豪強到咸陽。秦州（治今甘肅天水）刺史万俟普撥和幽州（治今甘肅寧縣）刺史叱干寶樂、右衛將軍破六韓常率三百多人投奔高歡，高歡派阿至羅接到東魏。宇文泰怕高歡繞道後方，從陝北出擊，幽州北地郡守郭賢認為高歡在賀拔岳死時的最佳時機不派兵西征，此時更不可能，而且幽州、夏州非常荒涼，千里無人，即便高歡來也得不到糧食，打消了宇文泰的疑慮。〔註31〕

大統三年，宇文泰擱置北方夏州投奔東魏的後顧之憂，取得潼關（在今陝西潼關）之勝，獲得洛州（治今陝西商洛）。又取得弘農（在今河南陝州）之勝，獲得宜陽（治今河南宜陽）、邵郡（治今山西垣曲）。又取得沙苑大勝，取得夏州、潁川（治今河南長葛）、滎陽（治今河南滎陽）、梁州（治今河南開封）、豫州（治今河南汝南）、東揚州（治今河南項城）。

大統四年（538年），宇文泰在洛陽之北的河橋戰敗，被東魏大將彭樂放走，死裏逃生。洛陽的司州牧元季海逃回，權景宣偽造宇文泰信，勉強守住洛陽以南。西魏都督趙剛攻下廣州，權景宣任南陽郡守、廣州刺史。東魏侯景攻下廣州，侯景奔梁後，權景宣為豫州刺史，又退到荊州。雖然西魏僅有南陽一隅之地，但是這為西魏攻下江漢創造了基地。

大統六年（540年），柔然攻到夏州。七年（541年），西魏于謹平定夏州之亂。八年（542年），東西魏在玉壁大戰。九年（543年），東魏北豫州（治今滎陽）刺史高仲密投奔西魏，因為宇文泰在邙山戰敗，被迫在關隴漢人豪族之中募兵。十二年（546年），東西魏又在玉壁大戰。十三年（547年），高歡死，侯景以河南六州投奔西魏，西魏派王思政守潁川，侯景退到豫州。十四年（548年）到十五年，東西魏在潁川大戰，潁川失守，侯景奔梁，梁的竟陵郡（治今湖北鍾祥）投奔西魏，楊忠取得隨郡（治今湖北隨州）。十

〔註31〕《周書》卷二十八《郭賢傳》。

六年（550 年），楊忠取得安陸郡（治今湖北安陸），宇文泰東征失敗，洛陽、平陽以東又歸東魏。

此時西魏雖然丟失了原來的都城洛陽，但是仍然頑強守住玉壁、絳郡、邵郡、宜陽一線，使東魏無法進入關中。西魏始終握有南陽，進而可以進軍江漢。因為大統十六年高洋建立北齊，所以宇文泰在次年也廢魏文帝。宇文泰擁立的魏廢帝、魏恭帝各有 3 年，但是不定年號，顯然是宇文泰為自己建立北周作預備。

魏廢帝元年（552 年）到二年，西魏取得漢中和劍南，宇文泰稱：「平蜀制梁，在茲一舉。」〔註32〕魏恭帝元年（554 年），西魏攻下江陵（今荊州），俘殺梁元帝蕭繹，取得江漢。我認為這是東西魏強弱的最重要轉折點，魏恭帝元年到三年，宇文泰改功臣為鮮卑姓氏，設立六官，不料很快去世，未能親自取代西魏。

宇文泰和高歡都是享年 52 歲，但高歡死於武定五年（547 年），宇文泰死於魏恭帝三年（556 年），宇文泰比高歡晚死了 9 年。雖然宇文泰未能建立北周，但是宇文泰已經為北周戰勝北齊奠定了所有基礎。宇文泰死後 20 年，北齊就滅亡了。這 20 年之間，北周換了 3 個皇帝，直到周武帝宇文邕天和七年（572 年）殺宇文護之前，都是宇文護執政。宇文護雖然廢了自己的堂兄弟周閔帝、周明帝，但是他基本執行了宇文泰的大政方針。保定三年（563 年）、四年，楊忠和突厥兩次聯合伐齊，攻到晉陽（今太原），北齊答應北周求和，此時北齊已經明顯處在劣勢。不到四年，北齊滅亡。

二、西魏所得地利

西魏在今山西省的西南部佔有一隅之地，這不僅是西魏、北周進攻北齊的跳板，更有重大的經濟利益。因為這塊地方包含河東鹽池，北魏末年為增加財政而設鹽池都將：「孝昌中，朝議以國用不足，乃置鹽池都將，秩比上郡。前後居職者，多有侵隱。乃以儁為之。加龍驤將軍，仍主簿。」〔註33〕隴西人辛慶之：「時初復河東，以本官兼鹽池都將。（大統）四年，東魏攻正平郡，陷之，遂欲經略鹽池，慶之守禦有備，乃引軍退。河橋之役，大軍不利，河北守令棄城走，慶之獨因鹽池，抗拒強敵。時論稱其仁勇。六年，行

〔註32〕《周書》卷二十一《尉遲迴傳》。
〔註33〕《周書》卷三十七《寇儁傳》。

河東郡事。九年，入為丞相府右長史，兼給事黃門侍郎，除度支尚書，復行河東郡事。」〔註34〕如果東魏不能得到鹽池，則需要從河北運鹽。如果西魏不能得到鹽池，就需要從西南運送井鹽或從塞北運送池鹽。西魏掌握鹽池，獲取了經濟支柱，所以守住鹽池的辛慶之升任度支尚書，又去管理河東郡和鹽池。

西魏得到整個西南，不僅使國土面積增加了一倍，還獲得了很多人口和資源。辛慶之的兒子辛昂，經營西南軍務：「時益州殷阜，軍國所資。經塗艱險，每苦劫盜。詔昂使於梁、益，軍民之務，皆委決焉。昂撫導荒梗，安置城鎮，數年之中，頗得寧靜。」〔註35〕又有稱：「蜀土沃饒，商販百倍。」〔註36〕東魏雖然也得到了江淮，但是江淮自從東漢末年以來就成了空曠之地，遠遠不及西南。北齊的軍隊雖然也渡過了長江，但是未能攻下建康，而西魏俘虜蕭繹，不僅獲取了土地，還獲得了很大的政治影響，這一點北齊也不及北周。北周獲得了西南和江漢，更方便從長江上游滅陳。

北周聯合突厥，給北齊以致命打擊，北齊要多線作戰。宇文護得到母親，就進攻洛陽，突厥又從北方來攻，武成帝高湛想要段韶增援洛陽，又猶豫不決，段韶回答：「北虜侵邊，事等疥癬，今西羌窺逼，便是膏肓之病，請奉詔南行。」〔註37〕段韶雖然在洛陽大勝，又在河東獲勝，但是他在死之前也未能擴大北齊的土地，不能改變總體戰局。北齊為了防衛北方的柔然和突厥，修建長城，消耗了大量人力和物力，長城不能抵抗突厥的騎兵。

北周的西北河西走廊，有胡商貿易之利，韓褒任西涼州（今武威）刺史：「羌胡之俗，輕貧弱，尚豪富。豪富之家，侵漁小民，同於僕隸。故貧者日削，豪者益富。褒乃悉募貧人，以充兵士，優復其家，蠲免徭賦。又調富人財物以振給之。每西域商貨至，又先盡貧者市之。於是貧富漸均，戶口殷實。」〔註38〕韋瑱任瓜州（今瓜州）刺史：「州通西域，蕃夷往來，前後刺史，多受略遺。胡寇犯邊，又莫能禦。瑱雅性清儉，兼有武略。蕃夷贈遺，一無所受。胡人畏威，不敢為寇。公私安靜，夷夏懷之。」〔註39〕

〔註34〕　《周書》卷三十九《辛慶之傳》。

〔註35〕　《周書》卷三十九《辛慶之傳附辛昂傳》。

〔註36〕　《周書》卷三十七《裴文舉傳》。

〔註37〕　《北齊書》卷十六《段榮傳附段韶傳》。

〔註38〕　《周書》卷三十七《韓褒傳》。

〔註39〕　《周書》卷三十九《韋瑱傳》。

西魏最初的土地雖然僅有關中，但是政治和經濟中心都在一地，而東魏的政治中心分散在晉陽和鄴城，中間是太行山，交通不便，經濟中心在太行山之東，地理形勢不及西魏，這種地理形勢也是三晉最終被秦所滅的原因。

武成帝高湛指責曾經建議他從鄴城出兵晉陽的高元海：「爾在鄴城，說我以弟反兄，幾許不義！鄴城兵馬抗并州，幾許無智！」〔註40〕可見北齊的兵馬都在并州，而山西依靠山東的糧食，東魏：「屬山西霜儉，運山東鄉租輸，皆令載實，違者治罪，令（盧）勇典其事。琅邪公主虜傲千餘車，勇繩劾之。公主訴於高祖，而勇守法不屈。」〔註41〕太行山道艱險，耗費人力和物力。

三、北齊依賴騎兵野戰的失策

北齊孝昭帝高演即位的皇建元年（560年），范陽人盧叔武上書：

> 人眾敵者當任智謀，鈞者當任勢力，故強者所以制弱，富者所以兼貧。今大齊之比關西，強弱不同，貧富有異，而戎馬不息，未能吞併，此失於不用強富也。輕兵野戰，勝負難必，是胡騎之法，非深謀遠算萬全之術也。宜立重鎮於平陽，與彼蒲州相對，深溝高壘，運糧積甲，築城戍以屬之。彼若閉關不出，則取其黃河以東，長安窮蹙，自然困死。如彼出兵，非十萬以上，不為我敵，所供糧食，皆出關內。我兵士相代，年別一番，穀食豐饒，運送不絕。彼來求戰，我不應之，彼若退軍，即乘其弊。自長安以西，民疏城遠，敵兵來往，實有艱難，與我相持，農作且廢，不過三年，彼自破矣。

盧叔武指出，北齊比北周富裕，但是北齊始終不能獲勝，原因是一直依賴鮮卑人的騎兵野戰，北周用堅固的城防，使北齊的騎兵無法施展。應該在平陽（今臨汾）設立堅城，對抗北齊的蒲州（治今山西永濟），蠶食河東。北齊有的是人口和糧食，但是北周人少糧遠，北齊最終能取勝。盧叔武指出了北周的要害，高演也認可他的觀點，但是高演死在次年，盧叔武的計劃未能實施。盧叔武本來想住到平陽，親自建城，還撰有《平西策》，可惜不能得到實施。北齊滅亡時，盧叔武在家鄉的動亂之中，飢寒交迫而死。〔註42〕可見北齊不是沒有人才，但是統治者不看重，這是北齊被北周滅亡的重要原因。

〔註40〕《北齊書》卷十四《上洛王思宗傳附子元海傳》。
〔註41〕《北齊書》卷二十二《盧文偉傳附盧勇傳》。
〔註42〕《北齊書》卷四十二《盧叔武傳》。

東魏、北齊的歷代統治者不僅不想用堅城蠶食北周的土地，甚至想撤除了一些非常重要的城防。燕州人潘樂：「累以軍功，拜東雍州刺史。神武嘗議欲廢州，樂以東雍地帶山河，境連胡、蜀，形勝之會，不可棄也，遂如故。後破周師於河陰，議欲追之，令追者在西，不願者東，唯樂與劉豐居西。神武善之，以眾議不同而止，改封金門郡公。文宣嗣事，鎮河陽，破西將楊檦等。文宣嗣事，鎮河陽，破西將楊檦等。時帝以懷州刺史平鑒等所築城，深入敵境，欲棄之，樂以軹關要害，必須防固，乃更修理，增置兵將，而還鎮河陽，拜司空。齊受禪，樂進璽綬。進封河東郡王，遷司徒。周文東至崤、陝，遣其行臺侯莫陳崇，自齊子嶺趣軹關，儀同楊檦從鼓鍾道出建州，陷孤公戍。詔樂總大眾禦之，樂晝夜兼行，至長子，遣儀同韓永興從建州西趣崇，崇遂遁。」〔註43〕

高歡想放棄東雍州（今新絳縣），潘樂認為不能放棄。高洋想撤除懷州（今沁陽），潘樂認為軹關（今濟源之北）非常重要，潘樂防守河陽（今濟源西南），就在軹關和黃河之間。宇文泰派侯莫陳崇攻軹關，楊檦從鼓鍾道出建州（今晉城），攻下孤公戍。潘樂從河陽進軍到長子縣，迫使侯莫陳崇退兵。

可見高歡、高洋的戰略認識都有致命缺陷，高歡未看到河東的重要戰略地位。高洋不知軹關是聯繫河南和山西的咽喉，秦國就是因為奪取了軹關才把韓國的國土分成了河南和上黨兩塊，高洋未能從歷史上吸取教訓，因為他們一味依賴鮮卑騎兵，而不懂兵法。東魏的鮮卑騎兵很強，所以能在洛陽多次戰勝西魏。但是騎兵不僅無法拔除漢人的堅城，也無法進入函谷關，甚至在沙苑因為不明地理，被埋伏在草叢中的西魏軍打敗。可見東魏的鮮卑騎兵不能滅亡西魏，但是高歡等人認為自己的實力比西魏強大，擁有廣闊的河北平原，因而沒有長遠戰略，不像西魏、北周能實行很多改革創舉。

鼓鍾城在今山西垣曲縣東北，孤公戍即孤遠（孤份）城，公是份的形誤，在今山西沁源縣。楊檦為北周鎮守邵州二十多年，直接威脅軹關。〔註44〕如果北齊不是因為潘樂的意見，守住軹關和上黨，北周的軍隊可以從上黨更方便地包抄晉州，獲得整個山西省的南部，逼迫晉陽（今太原），則北齊要提前很多年滅亡。北齊的人才不少，但是北齊的皇帝殺死斛律光等多名大將，可

〔註43〕《北齊書》卷十五《潘樂傳》。
〔註44〕《周書》卷三十四《楊檦傳》。

謂自毀長城。

建州是太原和洛陽之間的咽喉要地，所以尒朱榮在去洛陽的路上，任用司馬子如為建興郡守，《北齊書》卷十八《司馬子如傳》：「榮之向洛也，以子如為司馬、持節、假平南將軍，監前軍。次高都，榮以建興險阻，往來衝要，有後顧之憂，以子如行建興太守、當郡都督。」尒朱榮所立的孝莊帝，又升建興郡為建州。懷州失守，則建州危險，所以高歡、高洋的眼光可能不如尒朱榮。

東魏、北齊不重視土地而看重軍隊，這正是上古以來草原民族的習慣。草原民族經常遷徙，所以很不重視土地。《左傳》襄公四年，晉國的魏絳認為：「夷狄薦居，貴貨易土。」草原民族不看重土地，但是漢族正好相反，所以南宋人、高麗人都用山城抵禦草原民族。大統十二年（546年），高歡傾山東之眾，圍攻韋孝寬所守的玉壁，苦戰六十天，死傷近半。保定元年（561年），在玉壁城設勳州。韋孝寬給周武帝宇文邕上平齊三策：第一是用關、河之外的士兵為前驅，第二是廣設屯田，敵人來則堅壁清野，敵人走則出師騷擾，第三是確定長期策略，養精蓄銳，和戰並施。〔註45〕韋孝寬上這三策時，可能也沒有想到北齊的滅亡比他設想的時間還早。北周統治者一直在執行這三策，所以取勝。韋孝寬的策略能使北齊的騎兵疲乏衰竭，正是盧叔武要學習和攻破的策略。可惜高歡和其子孫都不知改變戰略，使得北齊最終是被北周的消耗戰拖垮。

西魏早年的人口很少，所以宇文泰曾經給關東投奔的人重賞，河內郡溫縣人司馬裔最早率眾投奔。大統十五年（549年）：「太祖令山東立義諸將等能率眾入關者，並加重賞。裔領戶千室先至，太祖欲以封裔……太祖善而從之。授帥都督，拜其妻元為襄城郡公主。」〔註46〕東西魏之間的漢族豪強多投西魏，正是因為宇文泰不用鮮卑人打壓漢族。

河南洛陽人趙肅，大統三年率宗族為獨孤信東征為嚮導，監督運糧，軍用不匱，宇文泰稱為洛陽主人。〔註47〕

四、齊、周對北方軍人的態度不同

北齊、北周都是依靠北方軍人建立，但是北齊、北周對他們政權的基礎

〔註45〕《周書》卷三十一《韋孝寬傳》。
〔註46〕《周書》卷三十六《司馬裔傳》。
〔註47〕《周書》卷三十七《趙肅傳》。

態度卻有很大差別。北齊對北方軍人的態度不好，所以才有孫搴上計，要搜刮逃避在民間的北方軍人。尒朱天光西征所帶去的北方軍人不多，正因為此，所以北周對待這些北方軍人的態度更好。

宇文泰也為北方軍人僑置了六州，王仲犖已考證出，西魏僑置的恒州在今甘肅環縣東北百里，燕州在今環縣東北，雲州在今慶陽西峰鎮，朔州在今慶陽，蔚州在今環縣西南，顯州在今正寧縣。北周僑置的恒州在今周至縣，燕州在今武功縣西，雲州在今眉縣，朔州在今寶雞市虢鎮，顯州在今寶雞之東，蔚州在留谷或津坑。《周書·武帝紀》天和元年（550 年）：「秋七月戊寅，築武功、郿、斜谷、武都、留谷、津坑諸城，以置軍人。」這就是北周僑置六州，王仲犖未考證西魏僑置六州的時間。〔註48〕

我認為西魏僑置六州的時間很可能在夏州、靈州、秦州、豳州投奔東魏之後，所以在豳州之北僑置六州，恰好在夏州、靈州之間，而且防守關中的西北，為宇文泰東征免除後顧之憂。到了周武帝時，北方已經沒有威脅，所以把這些立下汗馬功勞的軍人遷到了關中的西部，既使這些軍人離開了環境惡劣之地，又使關中的西部有一定兵力。

北齊為了防備北部，把早已遷到太原的北方軍人再遷到北方，這和北周把軍人南遷，正好相反。所以高思好率領北方的軍人進攻晉陽，其實有一定民意基礎。北齊的這種行為其實是在走北魏的老路，即便不是北周滅亡北齊，北齊最終也一定會再次重演北魏的北鎮起義。前人曾經認為北齊在北方新設的軍鎮和太原盆地都是北齊的核心區，〔註 49〕我認為北方新設的軍鎮條件較差，在北齊的統治者看來未必能和晉陽相提並論。

宇文泰也招納留在關東的北鎮軍人家屬，杜弼認為官員太污濁，高歡對杜弼解釋：「今督將家屬多在關西，黑獺常相招誘，人情去留未定。江東復有一吳兒老翁蕭衍者，專事衣冠禮樂，中原士大夫望之以為正朔所在。我若急做法網，不相饒借，恐督將盡投黑獺，士子悉奔蕭衍，則人物流散，何以為國？爾宜少待，吾不忘之。」高歡包庇的基本上是鮮卑武將，為了恐嚇杜弼，高歡讓杜弼從鮮卑人的刀劍下走過，高歡對杜弼解釋說：「諸勳人身觸鋒刃，百死一生，縱其貪鄙，所取處大，不可同之循常例也。」杜弼最終被高洋殺

〔註48〕王仲犖：《東西魏北齊北周僑置六州考略》，《文史》第 5 輯，1978 年。

〔註49〕毛漢光：《北魏東魏北齊之核心集團與核心區》，《中國中古政治史論》，第 86
　　　～101 頁。

死，〔註 50〕幫助高洋建立北齊的勃海人高德政被高洋殺死之前，高洋宣布高德政的罪狀：「高德政常言宜用漢人，除鮮卑，此即合死。又教我誅諸元，我今殺之，為諸元報仇也。」〔註 51〕高洋激化鮮卑人和漢人的矛盾，誣陷漢人是推翻北魏的罪人。

唐代杜佑《通典》卷三記載北齊：

> 時宋孝王撰《關東風俗傳》，曰：「昔六國之亡，豪族處處而有，秦氏失馭，競起為亂。及漢高徙諸大姓齊、田、楚、景之輩以實關中，蓋所以強本弱末之計也。文宣之代，政令嚴猛，羊、畢諸豪，頗被徙逐。至若瀛、冀諸劉，清河張、宋，并州王氏，濮陽侯族，諸如此輩，一宗近將萬室，煙火連接，比屋而居。獻武初在冀郡，大族蝟起應之。侯景之反，河南侯氏幾為大患，有同劉元海、石勒之眾也。凡種類不同，心意亦異，若遇間隙，先為亂階。」時宋世良獻書，以為：「魏氏十姓八氏三十六姓，皆非齊代腹心，請令散配郡國無士族之處，給地與人。一則令其就彼仕宦，全其門戶，二則分其氣勢，使無異圖。」文宣不納。數年之後，乃濫戮諸元。與其酷暴誅夷，未若防其萌漸，分隸諸郡。

宋世良建議分散北魏豪族，高洋不接納，反而濫殺元氏。高氏本來已經鮮卑化，還濫殺鮮卑人，更不可能與漢族齊心合力。北周正好相反，以鮮卑豪族姓氏賜漢族功臣，《周書》卷二魏恭帝元年：「魏氏之初，統國三十六，大姓九十九，後多絕滅。至是，以諸將功高者為三十六國後，次功者為九十九姓後，所統軍人，亦改從其姓。」北周的政策更能緩解民族矛盾，促進民族融合。

前人已經指出，西魏、北周能夠守住河東，是因為得到了很多漢族豪強的支持。〔註 52〕我認為這是看到了河東之戰的根本原因，但是更為根本的原因是西魏的鮮卑軍人力量較弱，所以必須團結漢人，西魏、北周是生於憂患，而東魏、北齊是死於安樂。西魏變成北周，重演了歷史上周、秦、漢從關中統一的歷史，不同的是，西魏在極端的時間內能夠實行有效的軍事戰略，固守河東、南陽等戰略要地，正是因為吸納了漢族士人的計策。

〔註 50〕《北齊書》卷二十四《杜弼傳》。

〔註 51〕《北齊書》卷三十《高德政傳》。

〔註 52〕宋傑：《兩魏周齊戰爭中的河東》，中國社會科學出版社，2006 年，第 68～80 頁。

　　自從東漢遷都洛陽，到西魏定都長安，關中在五百年之內，多數時間不是華北的政治中心。曹道衡認為，北朝的學術和藝術中心在河朔而不是關隴。〔註53〕谷川道雄認為，北魏到北齊的關東士族走向腐朽，西魏、北周或許因為地處邊地，受到影響較小。〔註54〕關中的漢族士人較少受到魏晉關東產生的新風尚影響，關中的士人思想上比較保守，所以西魏、北周的政治風格明顯復古。因為長期不是華北的政治中心，所以關中的復古缺少阻力。宇文泰仿照《周禮》設六官，又在軍事上實行府兵制，都帶有濃厚的上古色彩。魏晉南北朝分裂四百年，最終是以源自關中的統一，終結分裂。這是歷史的一個大循環，所以北周的興起，本質是各地域的循環往復。

　　北周滅北齊，證明弱小的國家也能反敗為勝，因為弱小反而能促進內部必須團結，促使積極爭取外援，促使創造全新策略。內外皆和，才有人和。人和才能獲取地利，長期獲取地利就能把握天時。所以天時、地利、人和，根本是人和。但是人和的重要前提是敬天，北齊的皇帝肆意殺戮，無法無天，最終滅亡，所以天地又在人之上。天、地、人大循環是人間歷史大循環的背後動力，這就是我們研究歷史要究的天人之際。

　　我們研究北周戰勝北齊，不是為了宣揚暴力，而是為了吸取歷史教訓，提醒人們不要因為一時強大就可以為所欲為。北周被楊堅篡位，隋朝僅有三十多年，恐怕正是因為得來太易，所以不太珍惜。

〔註53〕曹道衡：《西魏北周時代的關隴學術與文化》，《中古文史叢稿》，河北大學出版社，2003年，第151～163頁。
〔註54〕〔日〕谷川道雄著、馬彪譯：《中國中世社會與共同體》，北京：中華書局，2002年，第232頁。

第五章　城市與地域

第一節　孫權定都建業的原因

　　魏晉南北朝變化最大的城市是建業（今南京），此前的建業是一個默默無聞的江南小縣秣陵，忽然成為都城。孫吳滅亡之後，秣陵仍然是揚州和丹陽郡的治所，三十多年後又成為東晉和南朝宋、齊、梁、陳的都城，此後又成為楊吳、南唐、明朝和中華民國的都城。前人分析過建業成為都城的原因，但還不夠完善，本文再做分析。

一、小江可安戰船的原因

　　孫權的家鄉是吳郡富春縣（今浙江富陽縣），孫吳的根基在三吳，但是孫權的治所不在傳統的吳地中心吳縣（今蘇州）、山陰（今紹興），而在京口（今鎮江）。京口在長江入海口，北對廣陵（今揚州），是三吳的北邊門戶。《三國志·蜀書·先主傳》記載劉備在建安十六年（211 年）從荆州入蜀，《吳書·吳主傳》說同年孫權徙治秣陵。次年，城石頭，改秣陵為建業。孫權西遷，顯然是要向荆州進兵，劉備本來答應孫權，拿到益州就把借的荆州還給孫權。

　　孫權定都建業，據說是看中了秣陵的小江有百餘里，可以停放水軍的大船，又靠近揚州和徐州之間的渡口，《三國志·張紘傳》裴注：

　　　　《江表傳》曰：「後劉備之東，宿於秣陵，周觀地形，亦勸權都之。權曰：『智者意同。』遂都焉。」

《獻帝春秋》云：「劉備至京，謂孫權曰：『吳去此數百里，即
有警急，赴救為難，將軍無意屯京乎？』權曰：『秣陵有小江百餘里，
可以安大船，吾方理水軍，當移據之。』備曰：『蕪湖近濡須，亦佳
也。』權曰：『吾欲圖徐州，宜近下也。』」

裴松之又有按語：「臣松之以為，秣陵之與蕪湖，道里所校無幾，於北侵
利便，亦有何異？而云欲窺徐州，貪秣陵近下，非其理也。諸書皆云，劉備
勸都秣陵，而此獨云權自欲都之，又為虛錯。」

裴松之認為秣陵和蕪湖到徐州的距離差不多，靠近徐州不應該是理由。
劉備勸孫權建都秣陵，不是孫權自己的想法。

我認為裴松之的觀點完全錯了，蕪湖和秣陵相距三百里，秣陵自然更靠
近徐州。劉備認為蕪湖正對巢湖的出水口濡須口，但是孫權認為秣陵介於蕪
湖和京口之間，能夠兼顧。

左思《吳都賦》：「橫塘查下，邑屋隆誇。長干延屬，飛甍舛互。其居則
高門鼎貴，魁岸豪傑。虞魏之昆，顧陸之裔。」李善注：「橫塘在淮水南，近
家渚，緣江築長堤，謂之橫塘，北接柵塘。查下、查浦，在橫塘西，隔內江，
自山頭南上十里，至查浦。建業南五里有山岡，其間平地吏民雜居。東長干
中，有大長干、小長干，皆相連，大長干在越城東，小長干在越城西，地有
長短，故號大小長干。」橫塘是江堤，家渚是長江裏的沙洲。查浦也是沙洲，
《水經注》裏記載了很多長江邊的浦。所謂內江就是《江表傳》裏孫權對劉
備說的小江，即長江的分汊。有學者認為小江是秦淮河，[註1]我認為不能成
立，因為古人不可能混淆長江和它的小支流。因為古代長江之中的沙洲現在
已經和南京城連為一體，所以原來在石頭城和這些沙洲之間的內江（小江）
成為今天的外秦淮河。

橫塘在古代秦淮河注入長江的河口，在今水西門的東南。水西門在南唐
時稱為下水關，六朝時就是秦淮河口的碼頭。查浦在石頭城以南十里，很可
能是朝天宮以南的河道，注入外秦淮也即古代的長江汊道。查下在橫塘之西
的沙洲上，隔內江也即長江汊道，因為直對查浦而得名。查浦內接運瀆，是
孫吳時期開鑿的重要河道，《建康實錄》卷二說赤烏元年（238年）十二月，
孫權派人開鑿城西南從秦淮河向北到倉城的河道，稱為運瀆。運瀆現在已經
湮沒，遺址在今豐富路以東，曾經發現古河道。[註2]橫塘和查浦因為是秦

〔註1〕盧海鳴：《六朝都城》，南京出版社，2002年，第7～8頁。
〔註2〕賀雲翱：《六朝瓦當與六朝都城》，文物出版社，2005年，第77頁。

淮河的出口，是城西最重要的碼頭，所以從孫吳時代開始就非常繁華。唐代杜牧的詩句「煙籠寒水月籠沙，夜泊秦淮近酒家」，證明秦淮河仍是主要的泊船碼頭。

　　孫權說建業有小江百餘里，大概就在石頭山（今清涼山）到三山（今江寧三山營）的一段江面。內江、外江之間有很多沙洲，《太平御覽》卷六十九引劉宋山謙之《丹陽記》：「吳時客館在蔡洲上，以舍遠使。」蔡洲是建業西面江中的沙洲，使節住的客館當然不小，所以說「邑屋隆誇」，長江上游和東南亞的使節多數應該從這裡進入建業。

　　吳國的大船，遇上大風會翻船。《吳書》的《董襲傳》、《徐盛傳》、《呂範傳》、《趙達傳》注引《抱朴子》都提到大船被大風襲擊後翻船。所以在靠近海口的京口（今鎮江），水軍的防風、防潮是個大問題。海潮到了秣陵，轉向西南，勢頭大為減小，又有小江分散了長江主幹道的海潮，這就是孫權對劉備所說的到建業理水軍的原因。〔註3〕

南京清涼山石頭城、外秦淮河（原小江）

〔註3〕余鵬飛的《孫權定都建業考》（《襄樊師範學院學報》1999 年第 1 期）也指出鎮江靠海，不便停船。

六朝時海潮還能湧入石頭城，《晉書》卷二十九《五行志》記載孝武帝太元十七年（392年）：「六月甲寅，濤水入石頭，毀大航，漂船舫，有死者。」元興三年（404年）：「二月庚寅夜，濤水入石頭。商旅方舟萬計，漂敗流斷，骸胔相望。江左雖頻有濤變，未有若斯之甚。」《陳書》卷六《後主紀》禎明二年（588年）六月：「丁巳，大風至自西北激濤水入石頭城，淮渚暴益，漂沒舟乘。」石頭城所在的清涼山，原來是突出在長江之中的磯頭，遇到大潮，水勢洶湧。

六朝時有海船到建康，《南齊書》卷三十一《荀伯玉傳》說齊世祖為太子時任用張景真：「又度絲錦與崑崙舶營貨，輒使傳令防送過南州津。」崑崙舶是來自南洋的海船，很多人與之貿易絲錦，證明南京很早就是海上絲綢之路上的重要城市。1986年南京水西門的西水關泵站建設工地發現沉船，發現出土了一批六朝、隋、唐、宋、明代文物。出土木船五艘，最早的一艘可能是春秋戰國時期，最晚的一艘在明清時期。出土的唐代瓷器除了越窯瓷器，主要是長沙窯瓷器。唐代的長沙窯瓷器主要通過揚州出海，經過今天南京。

我們需要注意，秣陵縣西部的百餘里江面形成很多沙洲，這是秦漢幾百年間形成。秦始皇的時代，秣陵縣西部的海潮還很大，所以秦始皇從秣陵縣南部的丹陽縣（今南京江寧區南部的丹陽鎮）渡江，更在秣陵縣的上游。丹陽縣之西的牛渚磯（在今馬鞍山）正對歷陽縣（今和縣），項羽自刎的烏江渡口也在秣陵縣的西南部。秣陵縣在漢代很不出名，原因正是不在長江的主要渡口。

而秦漢時期秣陵縣西形成很長的沙洲，原因是漢代長江流域的人口劇增，開發加速，造成長江之中的泥沙增多，長江之中和沙洲和海口沙洲都在擴展，海岸線東移使秣陵縣西的沙洲發育更快。

前人計算，東漢永和五年（140年）和西漢末年元始二年（2年）的戶口，零陵郡增長了636%，長沙郡增長了489%，豫章郡增長了474%，桂陽郡增長了314%，武陵郡增長了160%，丹陽郡增長了156%，吳郡增長了136%，可見漢代長江流域的人口劇增。〔註4〕

水軍對孫吳極為重要，孫吳平定嶺南，聯合遼東公孫氏和高句麗，派衛溫、諸葛直航海去夷洲（今臺灣），又想去亶洲（今日本的本州島），〔註5〕派

〔註4〕葛劍雄：《中國移民史》第二卷，福建人民出版社，1997年，第270～271頁。
〔註5〕周運中：《正說臺灣古史》，廈門大學出版社，2016年，第71～86頁。

聶友、陸凱攻取珠崖郡、儋耳郡（今海南島），﹝註6﹞派朱應、康泰去扶南（今柬埔寨），積極發展海外貿易，﹝註7﹞都是依靠海船。孫權利用長江水道聯結荊州和揚州，抵禦曹魏南攻，都是依靠水軍。

孫吳的海軍在孫策時就四處出征，《三國志》卷十三《王朗傳》記載會稽太守王朗：「遂舉兵與策戰，敗績，浮海至東冶。策又追擊，大破之。」東冶在今福州，孫策的水軍是從會稽郡出發。《三國志》卷七《陳登傳》裴注引《先賢行狀》：「孫策遣軍攻登於匡琦城，賊初到，旌甲覆水。」匡琦是東海郡的況其縣，在今江蘇贛榆縣南，﹝註8﹞孫策的水軍是長江口出發。

孫吳還在今上海的青龍鎮設立海軍基地，青龍鎮據說源自孫吳的青龍戰艦，北宋朱長文《吳郡圖經續記》：「滬瀆……今其旁有青龍鎮，人莫知其得名之由，詢於老宿，或云因船得名。按庾信《哀江南賦》：排青龍之戰艦。《南史》：楊素伐陳，以舟師至三峽，陳將戚欣，以青龍百餘艘屯兵，守狼尾灘。楊素親率黃龍十艘，銜枚而下，擊敗之。則青龍者，乃戰艦之名。或曰青龍舟，孫權所造也，蓋昔時嘗置船於此地，因是名之耳。」﹝註9﹞

孫吳不僅在浙南、閩東沿海設立很多船場，西晉初年就升為縣。孫吳還調來閩地船工到都城建業，左思《吳都賦》：「槁工楫師，選自閩禺，習御長風，狎玩靈胥。責千里於寸陰，聊先期而須臾。」《太平御覽》卷七七〇引《周處風土記》：「小曰舟，大曰船。溫麻五會者，永寧縣出。豫林合五板以為大船，因以五會為名也。」永寧縣在今浙江溫州，溫麻縣在今福建霞浦縣，證明孫吳的福建船很有名。

二、秣陵兼顧徐州

呂思勉認為孫權定都在秣陵的原因，是為了兼顧其西的濡須口和其東的廣陵（今揚州）、京口（今鎮江）之間的長江津渡，不過是一時軍事形勢使然，別無深意。﹝註10﹞我認為這個看法太簡單，但是指出了南京有兼顧長江中下

﹝註6﹞周運中：《再論漢唐間海南島的建置沿革》，周長山、林強主編：《歷史‧環境與邊疆——2010年中國歷史地理國際學術研討會論文集》，廣西師範大學出版社，2012年，第69～76頁。

﹝註7﹞周運中：《中國南洋古代交通史》，廈門大學出版社，2015年，第126～150頁。

﹝註8﹞周運中：《秦漢歷史地理考辨》，第134頁。

﹝註9﹞〔宋〕朱長文撰、金菊林校點：《吳郡圖經續記》，江蘇古籍出版社，1999年，第59頁。

﹝註10﹞呂思勉：《呂著三國史話》，北京：中華書局，2006年，第132頁。

游的地位。孫權看中秣陵的一個重要原因是為了兼顧徐州，所以不去太西部的蕪湖。東漢末年的徐州非常富庶，大量中原流民來到徐州，《三國志》卷八《陶謙傳》：「是時，徐州百姓殷盛，穀米封贍，流民多歸之。」陶謙信任他的丹陽郡同鄉笮融，督廣陵、彭城（今徐州）之間的漕運，笮融率徐州人逃到江南：「曹公攻陶謙，徐土騷動，融將男女萬口，馬三千匹，走廣陵，廣陵太守趙昱待以賓禮。先是，彭城相薛禮為陶謙所偪，屯秣陵。融利廣陵之眾，因酒酣殺昱，放兵大略，因載而去。過殺禮，然後殺皓。」彭城相薛禮，先前已經率很多江北人到了秣陵。笮融到秣陵，殺薛禮，此時又有很多江北人到了秣陵。彭城人張昭就在江北人南渡大潮之中，《三國志》卷五十二《張昭傳》記載：「漢末大亂，徐方士民多避難揚土，昭皆南渡江。」孫權定都建業，方便控制和利用徐州流民。

黃初五年、六年（224、225），曹丕從邗溝兩次南下廣陵，戰船擱淺在邗溝中，見《魏書‧蔣濟傳》。田餘慶先生認為曹丕廣陵之役的主要目的不是伐吳，而是解決在漢末遺留的青徐豪霸，不僅因為邗溝太淺，還因為當時的廣陵靠近海口，江面極其寬闊，所以曹丕也感歎是天隔南北。〔註11〕

雖然曹魏從廣陵渡江有一定困難，但是我們也不能說曹丕不想從此滅吳，而且曹魏在廣陵的大軍給吳國帶來很大恐慌，《三國志‧吳主傳》：「（黃武三年）九月，魏文帝出廣陵，望大江，曰：彼有人焉，未可圖也。乃還。」裴注引干寶《晉紀》曰：

> 魏文帝之在廣陵，吳人大駭，乃臨江為疑城，自石頭至於江乘，車以木檟，衣以葦席，加采飾焉，一夕而成。魏人自江西望，甚憚之，遂退軍。權令趙達算之，曰：「曹丕走矣，雖然，吳衰庚子歲。」權曰：「幾何？」達屈指而計之曰：「五十八年。」權曰：「今日之憂，不暇及遠，此子孫事也。」

證明當時吳國對魏人臨江非常緊張，《吳書‧徐盛傳》也記載：「後魏文帝大出，有渡江之志，盛建計從建業築圍，作薄落，圍上設假樓，江中浮船。諸將以為無益，盛不聽，固立之。文帝到廣陵，望圍愕然，彌漫數百里，而江水盛長，便引軍退。諸將乃伏。」裴注：「干寶《晉紀》所云疑城，已注《孫權傳》。《魏氏春秋》云文帝歎曰：「魏雖有武騎千群，無所用也。」可見，吳

〔註11〕田餘慶：《漢魏之際的青徐豪霸》，《秦漢魏晉史探微（重訂本）》，北京：中華書局，2004年。

國在徐盛的建議下，用巧計恐嚇魏軍，陸軍的實力遠不勝曹魏。而曹丕確有渡江之志，只是因為海口太寬和水軍薄弱而被迫退軍。《吳書‧張溫傳》孫權斥責張溫說：

> 後聞曹丕自出淮、泗，故豫敕溫有急便出，而溫悉內諸將，布於深山，被命不至。賴丕自退，不然，已往豈可深計。

孫權在荊州，無法顧及下游江防，幸好有長江阻隔，曹丕一時沒有能力過江，但是孫權還是很緊張，所以嚴斥張溫。

雖然江北人南渡，使徐州荒涼，但是孫權仍然想向徐州擴張。《吳書‧呂蒙傳》記載魯肅在世時以孫、劉結盟為上策，而呂蒙則獻上先取攻荊州的計策，「權深納其策，又聊復與論取徐州意，蒙對曰：『今操遠在河北，新破諸袁，撫集幽、冀，未暇東顧。徐土守兵，聞不足言，往自可克。然地勢陸通，驍騎所騁，至尊今日得徐州，操後旬必來爭，雖以七八萬人守之，猶當懷憂。不如取羽，全據長江，形勢益張。』權尤以此言為當。」曹操在河北是建安十二年（207年），這時荊州還在劉表手裏，不存在密謀打敗關羽的可能，呂蒙認為徐州能以防守，不如先取荊州。

《三國志》卷五十一《孫韶傳》：

> 後為廣陵太守、偏將軍……權稱尊號，為鎮北將軍。韶為邊將數十年……青、徐、汝、沛頗來歸附，淮南濱江屯候皆徹兵遠徙，徐、泗、江、淮之地，不居者各數百里。自權西征，還都武昌，韶不進見者十餘年。權還建業，乃得朝覲。權問青、徐諸屯要害，遠近人馬眾寡，魏將帥姓名，盡具識之，有問咸對。

孫吳在一段時間內，確實控制了徐州的淮南部分，魏國建立以後，孫吳大概就不能跨江了，曹丕曾親自到廣陵臨江，孫韶的兒子繼承他的官位，但只是「京下督」，也就是說退守到京城（今鎮江）了。《吳主傳》：「（黃武三年）夏五月，權遣陸遜、諸葛瑾等屯江夏、沔口，孫韶、張承等向廣陵、淮陽，權率大眾圍合肥新城。是時蜀相諸葛亮出武功，權謂魏明帝不能遠出，而帝遣兵助司馬宣王拒亮，自率水軍東征。未至壽春，權退還，孫韶亦罷。」這是孫權最後一次通過廣陵出兵攻打徐州。

孫亮曾經進軍徐州，《吳書‧三嗣主傳》：「（五鳳二年）使衛尉馮朝城廣陵，拜將軍吳穰為廣陵太守，留略為東海太守。是歲大旱。十二月，作太廟。以馮朝為監軍使者，督徐州諸軍事，民饑，軍士怨畔。（太平元年）八月，先

遣欽及驃騎將軍呂據、車騎將軍劉纂、鎮南將軍朱異、前將軍唐咨軍自江都入淮、泗。」吳國北伐隨即因內亂終止,吳國在徐州剛剛獲得的勝勢隨即消失。

諸葛恪曾經派軍到徐州,《三國志・魏書・傅嘏傳》:「(諸葛)恪不過遣偏率小將素習水軍者,乘海溯淮,示動青、徐,恪自並兵來向淮南耳。」吳國雖然後來曾經派少量水軍北上淮河口以示威儡,但是江淮之間為吳、魏之間的隙地,所以一直不是吳、魏主戰場。

三、遷都荊州武昌與回都建業

建安十九年(214年),劉備剛打下益州,孫權索要荊州,劉備違約不還,孫權很生氣,直接攻打荊州,「遣呂蒙督鮮于丹、徐忠、孫規等兵二萬取長沙、零陵、桂陽三郡,使魯肅以萬人屯巴丘,」孫權取得荊州東部的長沙、零陵、桂陽三郡,魯肅屯巴丘(今岳陽)。

建安二十四年(219年),孫權終於打敗關羽,取得荊州的西部,曹魏侵佔荊州的北部。《吳主傳》:「(黃初)二年四月,劉備稱帝於蜀。權自公安都鄂,改名武昌,以武昌、下雉、尋陽、陽新、柴桑、沙羨六縣為武昌郡。八月,城武昌。是歲,劉備帥軍來伐。」黃初二年(221年)劉備稱帝,孫權也開始正式在鄂(今鄂州)建都,改名為武昌。孫權剛剛攻下荊州,短暫駐紮在公安縣,等荊州完全控制,就要考慮兼顧揚州,所以他選擇在荊州東面、靠近揚州的鄂(今鄂州)建都。

黃武元年(222年)六月,劉備在猇亭之戰敗走。九月,魏國趁蜀、吳不和,又開始伐吳,「命曹休、張遼、臧霸出洞口,曹仁出濡須,曹真、夏侯尚、張郃、徐晃圍南郡」,而吳國因為「時揚、越蠻夷多未平集,內難未弭,故權卑辭上書,求自改厲。」冬天,魏軍攻到長江南岸,孫權又派人到白帝城去聯合劉備。次年劉備死,吳的戲口守將晉宗,叛走曹魏。三年(224年)九月,魏文帝出廣陵,望大江。吳蜀講和之後,蜀國已沒能力再奪荊州,吳也不能向上游取蜀,因為三峽天險互相無法跨越,倒是魏國頻繁臨江給孫權很大的壓力。

孫權都武昌期間,發生了多次將領叛逃事件。《魏書・曹休傳》:「明帝即位,進封長平侯。吳將審悳屯皖,休擊破之,斬悳首。吳將韓綜、翟丹等,前後率眾詣休降。增邑四百,並前二千五百戶,遷大司馬,都督揚州如故。」《吳書・韓當傳》說韓綜:「將母家屬部曲男女數千人奔魏。魏以為將軍,封廣陽侯。數犯邊境,殺害人民,權常切齒。」《吳書・賀齊傳》:「晉宗為戲口

將，以眾叛如魏，還為蘄春太守，圖襲安樂，取其保質。權以為恥忿，因軍初罷，六月盛夏、出其不意，詔齊督糜芳、鮮于丹等，襲蘄春，遂生虜宗。」《吳書·胡綜傳》：「吳將晉宗叛歸魏，魏以宗為蘄春太守，去江數百里，數為寇害。權使綜與賀齊，輕行掩襲，生虜得宗。」晉宗所守的戲口，楊守敬考證即《水經注》中的浠水口，在今湖北浠水縣，當時屬蘄春縣。戲口的對岸就是武昌，安樂城應該在《水經注》所說的安樂浦，靠近浠口，孫權定都的武昌對岸的蘄春失守，孫權當然又羞恥又惱怒，所幸很快收回蘄春。

黃武七年（228 年），孫權將計就計，孫吳的鄱陽太守周魴獻計，自己詐降曹休，《吳書·周魴傳》：「休果信魴，帥步騎十萬，輜重滿道，徑來入皖。魴亦合眾，隨陸遜橫截休，休幅裂瓦解，斬獲萬計。」《陸遜傳》、《曹休傳》說曹休在戰後發病而死，曹休一直在皖城（今安徽潛山縣），對荊州、揚州之間的江防威脅很大，這次終於被解決了。因為長江中游的形勢穩定，所以孫權在黃龍元年（229 年）遷回建業。

赤烏四年（241 年）、九年（246 年），孫吳兩次出兵柤中（今湖北沮河流域），四年城邾（治今黃岡），十一年（248 年）城江陵（今荊州），十三年（250 年）魏軍圍南郡治江陵縣。孫吳在荊州沿江而守，但是曹魏也不能渡過長江，雙方都難有大的進展。

四、皖江的激戰

早在建安十六年（211 年），孫權定都秣陵，改為建業的當年，曹操就通過巢湖來侵，孫權趕修了濡須塢。建安十八年（213 年），兩軍交戰，曹軍敗退。十九年（214 年），孫權大掠皖城而回。二十一年（216 年），曹軍又攻濡須。黃武元年（222 年），曹軍再出濡須，次年（223 年）曹仁軍再敗於濡須。

黃龍元年（229 年）孫權遷回建業，次年（230 年），魏立合肥新城，皖江流域一直是吳、魏的主戰場。黃龍三年（231 年）：「中郎將孫布詐降以誘魏將王凌，凌以軍迎布。冬十月，權以大兵潛伏於阜陵俟之，（王）凌覺而走。」阜陵縣在今全椒縣、含山縣，有山阜可以為伏兵。

嘉禾二年（233 年），孫權親征合肥新城、六安，又退回。三年（234 年），孫權趁著諸葛亮伐魏，也起三路大軍伐魏，親自圍攻合肥新城。赤烏六年（243 年），諸葛恪從皖城退守柴桑（治今九江），此時吳國勢力衰弱。赤烏十年（247 年），《吳主傳》裴注引《江表傳》曰：「是歲，權遣諸葛壹偽叛，以誘諸葛誕，

誕以步騎一萬迎壹於高山。權出塗中,遂至高山,潛軍以待之,誕覺而退。」赤烏十三年(250年):「遣軍十萬,作堂邑塗塘以淹北道。」塗中在塗水,即今滁河流域,孫權在滁河流域建造堤壩,造成積水,以阻擋魏軍,滁河的水口正對建業的北部。兩年之後,孫權去世。

孫亮建興元年(252年),諸葛恪在巢湖邊建東興城,次年諸葛恪攻合肥新城退還。五鳳二年(255年),吳軍攻壽春(今壽縣)、安豐,敗還。三年(256年),魏國諸葛誕降吳,吳軍到壽春接應,大敗。孫皓即位之前一年,蜀國已經被曹魏滅亡,所以吳國的主要威脅從皖江流域轉向長江上游,皖江流域的戰爭很少,只有寶鼎三年(268年)老將丁奉至合肥一次。

總的說來,皖江流域戰爭最激烈,但是雙方拉鋸,進展不大,吳國始終能維持巢湖以東的防線。呂思勉說,孫吳定都建業,西面兼顧牛渚,其實牛渚並非雙方交戰之地,西南的濡須口才是主戰場。

五、丹陽郡南部的山越

秣陵縣所在的丹陽郡原來是越人之地,山越是孫吳內部的敵人,《吳主傳》說黃武元年(222年),孫權為山越所困,也是他不得不暫時稱臣於魏的原因之一,可見山越的影響力。《胡綜傳》:「(黃武)七年(226年),權到皖,使綜與輔國將軍陸遜擊曹休,破之於石亭。是時丹楊、吳、會山民復為寇賊,攻沒屬縣,權分三郡險地為東安郡,綜領太守。」孫權此時在首次在山越設郡,《周魴傳》:「黃武中,鄱陽大帥彭綺作亂,攻沒屬城,乃以魴為鄱陽太守,與胡綜戮力攻討,遂生禽綺,送詣武昌。」鄱陽郡的東北部是皖南山地,所以鄱陽郡和山越之地連為一體。《吳書‧朱治傳》:「是時(黃武二年,221年)丹楊深地,頗有奸叛,亦以年向老,思戀土風,自表屯故鄣,鎮扶山越。」故鄣縣城在今浙江安吉縣西,是江南平原通往皖南山地的門戶。

山越的地理環境特殊,《諸葛恪傳》:

> 丹楊地勢險阻,與吳郡、會稽、新都、鄱陽四郡鄰接,周旋數千里,山谷萬重,其幽邃民人,未嘗入城邑,對長吏,皆仗兵野逸,白首於林莽。逋亡宿惡,咸共逃竄。山出銅鐵,自鑄甲兵。俗好武習戰,高尚氣力,其升山赴險,抵突叢棘。若魚之走淵,猿狖之騰木也。時觀間隙,出為寇盜,每致兵征伐,尋其窟藏。其戰則蜂至,敗則鳥竄,自前世以來,不能羈也。

　　丹陽郡有崇山峻嶺，華東最高峰就在皖南，其內有豐富的銅鐵礦，習俗尚武，很難平定。東漢末年，中原軍閥經常到丹陽郡來募兵，其實就是山越人，他們是良好的雇傭兵。

　　孫權在曹休已死、山越又亂的情形下，自然要把重點轉回到長江下游。在鄂和建業之間沒有適合建都之地，牛渚沒有建設餘地，蕪湖附近很開闊，但是皖南的開發程度比起蘇南來要差很多。從春穀縣（今安徽繁昌縣北）到彭澤縣（今江西彭澤縣）的長江邊竟然沒有一個縣城，孫吳在這些地區只是在邊緣之地，初步設縣。《元和郡縣志》卷二八池州說孫吳首次在今貴池市置石城縣，〔註12〕石城縣城的位置，據《水經注》記載緊靠貴水口。

　　黃龍元年（229 年）秋九月，孫權回都建業。直到赤烏八年（245 年），才有建業和吳地開鑿運河的記載，《吳主傳》：「遣校尉陳勳將屯田及作士三萬人鑿句容中道，自小其至雲陽西城，通會市，作邸閣。」這條運河連接秦淮河水系和太湖水系，起自句容縣（今句容），鑿開其東部的山地，到達雲陽縣（治今丹陽市）。據同卷記載，黃武三年（224 年），孫吳改曲阿縣為雲陽縣，改丹徒縣為武進縣。沿這條運河兩岸有市場，並且建有旅店，方便商人往來，這條運河遲至赤烏八年才建，說明建業城不斷發展，終於不能滿足周邊地區的供給，只能通過大規模開鑿運河，運輸吳越地區的物質來支持。

今天南京圖書館地下的六朝城牆遺址

〔註12〕〔唐〕李吉甫撰、賀次君點校：《元和郡縣圖志》，北京：中華書局，1983 年，第 688 頁。

六、王氣傳聞和思想原因

廣陵人張紘也是南遷的江北人,《三國志》卷五十三《張紘傳》記載:「紘建計宜出都秣陵,權從之。」但是裴注引《江表傳》曰:

> 紘謂權曰:『秣陵,楚武王所置,名為金陵。地勢岡阜連石頭,訪問故老,云昔秦始皇東巡會稽,經此縣,望氣者云,金陵地形有王者都邑之氣,故掘斷連岡,改名秣陵。今處所具存,地有其氣,天之所命,宜為都邑。』權善其議,未能從也。

這個故事很有趣,據說秣陵縣原名金陵,是秦始皇聽說金陵有王氣,掘斷山岡,才改名秣陵。這個故事找不到史書依據,不知是秦代的真事,還是漢代人編造出來的故事。《史記·秦始皇本紀》沒有記載嬴政經過秣陵縣,嬴政在丹陽縣南渡,又在江乘縣北渡,兩縣之間是秣陵縣,但是秦代未必設置秣陵縣,所以這個故事很可能是漢代人編造。

所謂岡阜連石頭,指從鍾山(紫金山)向西有一列小山,經過今天的玄武湖南部,到鼓樓崗,再向西經過五臺山,到當時還在長江邊的清涼山。今天從地質學上找不到有人開鑿這列山岡的記載,秦代似乎也沒有必要開鑿。

孫權很有可能聽從張紘的意見,因為孫權是個篤信道士的人,三國之中,孫吳的君主最信道術,孫吳的年號基本上都是因為符瑞改動,而且年號用字很多是前代未用過的字,反映了道教在江南的影響很大。

秣陵在吳、楚之間,無論在吳國,還是楚國,都是不重要的地方,所以上古不太可能出現秣陵王氣的觀點。漢代南方地位持續提高,又有道士往來,才可能出現這個傳聞。

孫吳的第一個年號是黃武,第二個年號是黃龍,曹魏的第一個年號是黃初,都有黃字,唯有蜀漢的年號全部不帶黃字。吳、魏的年號都帶黃字,很可能源自黃巾軍的口號黃天當立。漢朝因為黃巾軍而滅亡,所以吳、魏顯示順應歷史潮流,而蜀漢堅決不用黃字。

秦漢都是北方政權,秦始皇要毀滅南方的王氣,雖然未必在秣陵,但是類似的行為在南方發生過,秦始皇因為渡過洞庭湖時遇到大風,懲罰洞庭山(今君山)的湘君,砍光山上的樹木,用赭石蓋住山上的土壤。但是漢代的南方在發展,所以南方人的自我意識提升,孫吳以南方和北方抗衡,對南方王氣的傳聞非常感興趣。秦始皇未能消滅南方的王氣,正合孫權的胃口。秣陵的名字令人想到秣馬厲兵,符合孫權進取之心,孫權改丹徒縣為武進縣,

武進縣在今鎮江，正是孫權曾經住過的京口。

孫權崇奉道教，孫策殺死于吉，很快亡故，大概給孫權很大的震動。《三國志‧虞翻傳》記載孫權和張昭談論神仙，又被虞翻指責，孫權大怒，貶謫虞翻到交州，虞翻竟因此事在嶺南十多年，死在嶺南。同書卷五十四《呂蒙傳》說呂蒙臨死前：「權自臨視，命道士於星辰下為之請命。」《三國志》卷六十三是孫權的隨軍道士專卷，記載吳範、劉惇、趙達三個道士為軍隊服務。

孫權迎接東南沿海越地的巫師，《吳主傳》：「初臨海羅陽縣有神，自稱王表。周旋民間，語言飲食，與人無異，然不見其形。又有一婢，名紡績。是月，遣中書郎李崇齎輔國將軍羅陽王印綬迎表。表隨崇俱出，與崇及所在郡守令長談論，崇等無以易。所歷山川，輒遣婢與其神相聞。秋七月，崇與表至，權於蒼龍門外為立第舍，數使近臣齎酒食往。表說水旱小事，往往有驗。」羅陽縣是孫吳所設，《宋書‧州郡志一》永嘉郡：「安固令，吳立曰羅陽，孫皓改曰安陽，晉武帝太康元年更名。」即今浙江瑞安，《太平御覽》卷七百八十引孫吳沈瑩《臨海水土異物志》說：「安家之民，悉依深山，架立屋舍於棧格上，似樓狀。居處、飲食、衣服、被飾與夷州民相似。父母死亡，殺犬祭之，作四方函以盛屍。飲酒歌舞畢，仍懸著高山岩石之間，不埋土中作冢也。今安陽、羅江縣民是其子孫也。」可見羅陽縣土著接近夷洲（今臺灣）土著，孫權肯用羅陽王印去迎接一個越地女巫，可見他對方術的癡迷。

賀雲翱老師指出，戰國時的燕國出現獸面紋瓦當，秦漢很少看到，孫吳時又出現在建業、京口。東晉都城建康普遍使用獸面紋瓦當，此時洛陽、鄴城還主要用傳統的雲紋瓦當。戰國時的齊國出現人面紋瓦當，有的人面中間還有類似樹木的花紋，安立華先生認為可能源自齊國的社木崇拜。〔註13〕人面紋瓦當也是突然重新出現在孫吳建業等第，可能是指神人，帶有宗教性質。〔註14〕我曾經指出，六朝都城流行人面紋、獸面紋瓦當的原因，正是燕齊方士在江南傳播道教，而孫權篤信道教，所以宮殿用來自燕齊的道教瓦當來辟邪。〔註15〕

〔註13〕安立華：《齊國瓦當藝術》，人民美術出版社，1998 年，第 15～17 頁。

〔註14〕賀雲翱：《六朝瓦當與六朝都城》，第 8～32 頁。

〔註15〕周運中：《道士開闢海上絲綢之路》，花木蘭文化事業有限公司，2020 年，第 244～247 頁。

東晉建康獸面紋瓦當

七、江淮荒廢和渡江要地

孫吳政權成立的基礎，不僅有漢代南方的大開發，還有東漢末年整個江北人南渡，《吳主傳》記載建安十八年：「曹公恐江濱郡縣為權所略，徵令內移。民轉相驚，自廬江、九江、蘄春、廣陵，戶十餘萬皆東渡江，江西遂虛，合肥以南惟有皖城。」江北人全部南渡，不僅加強了孫吳的實力，也使曹魏南征的軍隊難以獲得補給。東晉和十六國之間、南朝和北朝之間的江淮也是如此，江淮的荒蕪是南北政權得以長期對峙的重要原因。

因為江淮荒廢，缺乏糧食，所以鄧艾沿淮屯田，不再從許昌運糧，《三國志》卷二十八《鄧艾傳》：「正始二年，乃開廣漕渠，每東南有事，大軍興眾，汎舟而下，達於江、淮，資食有儲而無水害，艾所建也。」西晉滅吳有六路大軍：鎮東大將軍司馬伷向塗中，安東將軍王渾、揚州刺史周濬向牛渚，建威將軍王戎向武昌，平南將軍胡奮向夏口，鎮南將軍杜預向江陵，龍驤將軍王濬、廣武將軍唐彬從蜀地浮江東下，最早到達建業的竟然是最遠的王濬水軍。陸軍遲緩的原因之一，就是糧草供給問題。

隋滅陳有八路大軍：晉王楊廣出六合，秦王楊俊出襄陽，清河公楊素出信州，荊州刺史劉仁恩出江陵，宜陽公王世積出蘄春，新義公韓擒虎出廬江，襄邑公賀若弼出吳州，落叢公燕榮出東海。對比晉滅吳的六路，廬江郡（治今安徽廬江）即牛渚路，信州（今重慶奉節）路即益州路，六合路即塗中路，塗水（滁河）在六合注入長江。襄陽路從漢江而下，即夏口路。隋滅陳多出的兩路是吳州（今江蘇揚州）路、東海（今江蘇連雲港）路，因為北齊早已

攻下江北，而且宋、齊、梁的北界長期在淮河以北，所以南朝的江北比三國的江北要繁榮很多。廬江也在江北，所以最早到建康的是韓擒虎。

塗中、六合雖然在建業（建康）的正北，但是從此出發的軍隊從來不是最早到達，因為南京附近的江面非常寬闊，所以最好的渡口在其上游的牛渚磯和下游的京口，表面看南京和江北一江之隔，其實南京非常安全，這也是孫權定都在建業的重要原因。

南京的微觀地貌非常複雜，山環水繞，劉禹錫《石頭城》詩云：「山圍故國周遭在，潮打空城寂寞回。」南京西側的清涼山和東側的紫金山連為一脈，清涼山向西北延伸，又有獅子山（盧龍山）等小山，再東北有白石壘，這些小山當時都突出在長江岸邊，其間港汊很多。朱元璋在獅子山下打敗陳友諒的水軍，可見這種山河交錯的地貌使來犯之敵難以獲勝。

南京之北有幕府山，幕府山和紫金山之間的低地原來有大片湖沼，今天的玄武湖已經縮小很多。梁敬帝蕭方智紹泰二年（556 年）六月，北齊軍隊在玄武湖和幕府山之間，陳霸先守衛玄武湖南的覆舟山（今九華山），忽然連夜暴雨，山洪從多個方向沖下，積水丈餘，從北方來的北齊軍隊淹在泥沼之中，因而被打敗。可見建康北部的湖沼也很重要，此次北齊出兵十萬，如果北齊能戰取勝，拿下東南，則北周未必能戰勝北齊，歷史或許要改寫。

綜上所述，孫權定都在秣陵縣的原因很多，根本原因是漢代南方的開發，使秣陵西部發育出很多沙洲，形成百餘里的內江，方便停泊戰艦，孫吳以水軍來控制荊州江面和東南沿海。秣陵兼顧徐州和皖江，江面又很寬闊，不是渡江的要衝，在此建都比較安全。又有南方王氣所在的傳聞，而孫權篤信道教，所以他定都在秣陵縣，改名建業，想在此建功立業。

有趣的是，偏安河西的前涼張駿也設立建康郡（在今甘肅高臺縣駱駝城），而東魏在項城（今河南項城）設北揚州，下設丹陽郡和秣陵縣，今天項城縣還有秣陵鎮。

南宋王應麟《困學紀聞》卷十三論：「陳無淮，無荊襄，無蜀，而立國三十二年，江左猶有人也。」這個看法不能成立，陳能苟延殘喘，實在是因為北周要先滅齊，陳後主荒淫腐朽，陳朝也找不到能人，有人才也不能扭轉局勢。孫皓和陳叔寶一樣，收起金陵王氣的人是孫皓，不是王濬。商女從來不是國家的主人，又何恨之有呢！

南京作為都城勃興，是南方崛起的象徵。南京作為六朝、楊吳、南唐的

都城，也一度作為南宋的陪都。在北方喪亂時，保存了中原華夏文化的血脈。孫中山建立的中華民國是亞洲第一個共和國，建都南京，這是唯一成功轉型為現代都城的古都。南京在長江文化和海洋文化的交融之地，孫中山代表的是華南海洋文化和西方海洋文化，南京的現代使命是促進東西方海洋文化和大陸文化的融合。可惜南京的這個使命未及完成，歷史就又一波三折了。

今天南京重建的雞鳴寺和玄武湖（左）、雞鳴寺塔（右）

東南大學（原中央大學）的六朝松、南京城東南的周處臺

第二節　漢唐江淮政治地理與城市體系變遷

　　中國戰國秦漢時代形成的城市體系，經過魏晉南北朝的動亂時期，有重大變動，演化為隋唐城市體系。此後又有宋、金、元時期的變亂，城市體系又有變化，但是不能和漢唐之間的巨大變化相比。漢唐間各地區的城市體系變化，又以江淮地區尤其顯著。因為江南的城市原本較少，變化主要體現在地區的開發和城市的增加。而江淮地區地處南北政權之間，戰爭較多，所以變化較大。

　　本文把江淮地區分為東部、中部、西部三個地區，東部即邗溝附近及其以東地區，大體上是今日的江淮東部平原。中西部為丘陵、河谷交錯地區，中部和西部的分界線起於淮南市和壽縣之間的八公山，八公山向西南延伸到合肥市北部，即洛河、池河、滁河上遊山區，再向西南延伸到巢湖水系的東部分水嶺。中部歷史上政區和西部不同，唐宋時期的中部地區為滁州、和州、濠州，西部地區為廬州、壽州、舒州。

一、江淮東部城市體系變遷

　　春秋時期，江北的邗國為吳國所滅，吳王又稱邗王。邗的原義不詳，其地理位置非常重要。南岸直對鎮江，這裡可能是吳國的故地，也是渡江的要津，所以邗是吳國乃至後來越國的江北第一據點。邗的國都在今揚州市西北的蜀崗，秦漢的廣陵縣也在此。〔註16〕鮑照《蕪城賦》說：「灜迤平原，南馳蒼梧漲海，北走紫塞雁門。柂以漕渠，軸以昆崗。重江複關之隩，四會五達之莊。」指廣陵南為海口，北有漕渠（邗溝）連通淮河、泗水和黃河，西部通過蜀崗連接內陸山區。

　　在廣陵之東有東陵（今宜陵鎮），大概因為在廣陵之東得名。其東又有海陵縣，海陵縣即海中沙洲之意。

　　順著邗溝向北，有高郵縣，原來的邗溝從高郵向東北到臨澤，臨澤顧名思義濱臨裏下河沼澤，並不直向北到寶應縣。所以寶應縣的古城在今金湖縣境內，漢代為平安縣。平安縣城，後世不可考。我認為平安縣城或即今金湖縣所在的黎城鎮，今金湖縣的漢代遺址集中在黎城鎮的附近，利農閘有春秋、漢代遺址 3.2 萬平米，黎城鎮有漢代、宋代遺址 3 萬平米，大尖子有漢

〔註16〕最近有人質疑邗國在揚州市，參見王冰：《吳之邗城非干國考辨》，《中國歷史地理論叢》2009 年第 1 期。我認為此文論據不足，不能成立。

代遺址 1 萬平米，三處錯落分布，疑為一個聚落，不過是被水道分隔。又有建設路漢代井群，發現 5 個古井。〔註 17〕

再順邗溝向東北，到達今寶應縣射陽湖鎮，這裡是裏下河最中心的窪地，卻有一個漢代縣城射陽縣城，這就是劉邦建立漢朝之後，為了感謝項伯在鴻門宴中的保護，所以封項伯為射陽侯之地。項伯其實是項家的罪人，他的侯國傳給兒子項睢，因罪削封。射陽縣雖然在沮洳不堪的沼澤中心，但是其實地位重要。古人在此設縣，並非為了保護邗溝安全，主要是因為其東有一個壯縣鹽瀆，即今鹽城的前身。射陽縣在水鄉澤國，所以聚落和墳墓都在堆成的土墩上，1960 年統計射陽湖鎮有 800 墩，現在僅有 100 多墩，歷代出土文物上萬件。〔註 18〕

鹽瀆縣產鹽，沿河道直向西，到達射陽縣，再轉運到長江、淮河，所以要在此設置射陽縣。射陽即在射水之陽的意思，射水卻不是今日的射陽河，而是射陽湖，因為《漢書》卷六十三《廣陵厲王劉胥》說：「相勝之奏奪王射陂草田以賦貧民，奏可。」現在的射陽河的主河道偏東，但是根據嘉定《山陽志》記載的射陽河卻說：「故晉渡口而北曰楊家溝、太倉浦、田院浦、宥城浦。」故晉在今西安豐鎮，太倉即今太倉村，宥城浦在今淮安東南的宥城村。因為是邗溝漕運故道，所以有太倉。所謂草田大概就是後世所謂的淤田，射陂可能即射陽湖，如果指人工陂塘，就接近後世的圩田了，則圩田的創始時間很早。也有學者構擬出一條射水，〔註 19〕但是我認為此說證據不足。

鹽城縣城，兩千年來沒有移動，今鹽城市區發現戰國秦漢時期的貨幣多達萬枚，還有多處漢代遺址。為何在漫長的海岸沙崗之上，只有鹽城市區所在的地方興起了最早的縣城呢？鹽城市區西部的龍崗鎮也在沙崗上，發現商代遺址，再看地圖，鹽城西部裏下河地區的諸多河流彙集到龍崗鎮，這裡是沙崗的缺口，再向東到鹽城市區，注入大海。所以鹽城市區的興起和河道的合流有關，這決定了鹽城地位的穩定。

〔註 17〕 國家文物局主編：《中國文物地圖集》江蘇分冊，中國地圖出版社，2008 年。
〔註 18〕 季壽山：《射陽漢代土墩墓保護調查與思考》，賀雲翔主編：《長江文化論叢》第四輯，中國文史出版社，2006 年，第 94～99 頁。
〔註 19〕 荀德麟：《射水考》，荀德麟主編《洪澤湖志》，方志出版社，2003 年。

鹽城龍岡出土的商代陶鬲、鹽城市區出土的北朝剪輪五銖、劉宋五銖錢

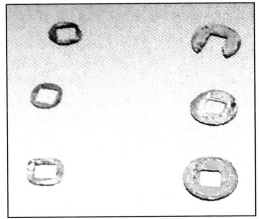

鹽城出土南朝青釉蓮紋碗、北朝青釉盤口壺

再順邗溝向西北，到達後世的淮安城，注入淮河，漢代叫末口，也即河流的尾部，不是縣城。因為漢代的漕運還沒有興起，或者說很不發達，所以這裡不是要地。到了東晉義熙年間，才設山陽縣和山陽郡。《宋書》卷三十五《州郡志一》說：「山陽令，射陽縣境，地名山陽，與郡俱立。」山陽城北無山，如果是指今日的缽池山，那麼缽池山在淮河之北，淮河原來直到山陽城北，山陽應該是淮北的一個地名。

山陽郡的四縣為山陽、鹽城、東城、左鄉。射陽縣在東晉時消失了，其原因可能和邗溝在晉代的西移有關。但是射陽縣畢竟是古縣，而且六朝戰亂之際有很多北方移民遷入，此時濫置郡縣，而不見射陽蹤跡。可能還有其他原因，或許東晉時期的海平面上升是主要原因，射陽縣所在地區為通海的潟湖，海潮直接影響到此。因此海平面上升，導致射陽縣的衰落。

江淮東部地名圖〔註20〕

新設的東城、左鄉無考，東城、左鄉不知是相對於淮浦、射陽還是山陽而言。應該不是山陽的左鄉，因為山陽也才設縣。左即東，所以東城、左鄉應該是相對兩個古縣而言。可能是淮浦縣、射陽縣的東鄉，則這兩個縣主要在今建湖縣、阜寧縣境內。前人或以為左鄉在今阜寧縣西南的左鄉壩，但是嘉定《山陽志》這裡是左家浦，可見是因為左姓得名，所以這裡很可能不是左鄉縣治。在淮浦縣、射陽縣衰落之時，其東鄉興起。說明在六朝戰亂之中，民眾向東邊靠近海岸的安全地方逃跑，東鄉戰爭較少，人口較多。或者是因為東鄉通過海路，接納了來自淮北和山東沿海的民眾。在今淮安東部有扁擔城、城頭村，這裡不知是否為左鄉或東城縣地。

〔註20〕底圖來自譚其驤主編：《中國歷史地圖集》第二冊，第 20 頁。黑體字是本書添加。

在今建湖縣的西部有個收城村，有漢代遺址，面積 1.5 萬平米，另有東晉墓磚寫有東海王、儀熙等字，即義熙年間的東海王墓，即司馬彥璋之墓，為桓玄殺死，國除。

我認為這個收城，很可能是唐朝初年的射州城，射州合讀就是收，《新唐書》卷四十一《地理志五》鹽城縣說：「本故漢鹽瀆縣地。隋末，盜韋徹據其地，置射州及射陽、安樂、新安三縣。武德四年來歸，因之。七年州廢，省射陽、安樂、新安，置鹽城縣。有鹽亭百二十三，有監。」韋徹大概是水網地帶的大盜，其南靠近射陽古城，所以韋徹重新設立早已衰落的射陽縣。今鹽城西部有大城頭村，可能是新安縣城。淮安東南的宥城，可能是安樂城，宥和樂讀音接近。這四個城位置靠近，都在裏下河最核心的湖泊外圍。《隋書》江都郡鹽城縣下記載北齊置射陽郡，後周改為鹽城郡，可能因為北齊南下時，先從邗溝古道到射陽縣，再到海邊的鹽城縣，所以北齊設射陽郡，北周改設鹽城郡。

漢代的裏下河地區，除了射陽縣城周圍有諸多遺址之外，別無遺址發現。因為沼澤地帶不宜居住，而且還受到海潮影響，水太鹹苦。可是我們察看《中國文物地圖集》江蘇分冊發現，在今建湖縣境內，居然有一些漢代遺址，在卞港村有 2 萬平米，在建陽、謝家莊、垛頭鋪都發現了漢代古井，而且建陽古井的磚上還有「用為不沮」四字，顯然這裡一片沮洳。既然建湖縣直到現代還是河網密布，為何漢代居民還要發掘井水呢？顯然，當時的建湖是海邊的湖沼，所以河水太鹹，居民不得不用井水。那麼為何裏下河地區其他地方都是人煙稀少，而建湖縣卻是人口稠密呢？原來，漢代海岸線上，以建湖人口最多，在今建湖縣的古海岸線上的遺址最多。上岡鎮有岡北、岡西遺址及漢墓，岡東即大海。草堰口鎮有永豐遺址和漢代墓群，說明兩千年來的聚落中心沒有大的變化。建湖縣古海岸上密集的人口無疑從事鹽業，這些鹽要經由其西部的湖區運到內地，所以這些湖區的人口也很多，而且裏下河地區只有這裡人口稠密。

射陽古城、鹽城等地古城位置圖〔註21〕

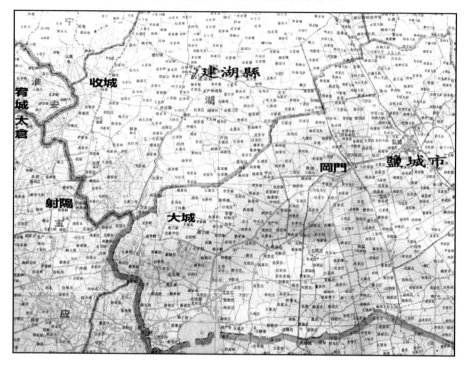

六朝時期的江淮東部沿海人口的激增，還反映在海陵設郡，《宋書》海陵郡有人口二萬多，雖然分屬六縣，每縣人口較少，但是廣陵郡不過有人口四萬多，而廣陵郡的四縣：廣陵、海陵、江都、高郵都是漢朝以來的古縣，又在要道。說明沿海人口激增，海陵郡沒有海陵縣，首縣為建陵縣，此縣是僑置的東海郡建陵縣，說明海陵郡接納了很多北方人口，而且通過海路或沿海道路南遷。另五縣為：臨江、如皋、寧海、蒲濤、臨澤。臨澤今屬高郵，但是當時屬於海陵郡，說明當時的海陵郡和廣陵郡以地貌區別，裏下河低窪地區都屬新設的海陵郡。湖沼地區，最易聚集逃避賦稅的流民，所以《晉書》卷八十一《毛璩傳》說：

> 海陵縣界地名青蒲，四面湖澤，皆是菰葑，逃亡所聚，威令不能及。璩建議率千討人。時大旱，璩因放火，菰葑盡然，亡戶窘迫，悉出詣璩自首，近有萬戶，皆以補兵，朝廷嘉之。

這個青蒲就是今天東臺市西南的青蒲村，四面都是湖泊。東晉在此建陵

〔註21〕底圖來自江蘇省地圖集編輯組：《江蘇省地圖集（秘密）》，1978 年，第 47～48 圖。黑體字是本書添加。

－216－

縣，還成為海陵郡的治所，就是因為在湖沼地區搜刮了很多戶口。

有一個有趣的現象，六朝時期雖然設置了很多新的郡縣，但是在運河之東的裏下河地區，很少有新縣的名字來自北方的郡縣，但是運河之西則有很多。照理說，運河之東也有很多北方流民。但是這裡缺乏僑置郡縣，我認為原因很可能是因為這裡的流民是二次流民，北方人到達運河沿線及其西部，還是按照鄉里宗族聚居，再有膽大的人或無以為生的貧民分散進入沿海的灘塗沼澤，對於這些北方人來說，這就是冒險行為。因為這些貧民進入沼澤逃避賦稅，所以他們不敢大張旗鼓。也沒有世家大族進入海陵郡的沼澤，所以在海陵郡的新縣之中沒有來自北方的地名。

二、江淮中部城市體系變遷

西漢時期的廣陵和臨淮郡西界到達今安徽省東部的明光市和天長縣，邗溝之西為丘陵地帶，主要是臨淮郡地。淮陰縣西有富陵縣、盱眙縣，盱眙之南有東陽、高山、贅其縣，再西有淮陵縣，其南有播旌縣。在廣陵縣之西有輿縣，再西有堂邑縣。在今天長、來安一帶，可能還有《漢書》記載的臨淮郡多個縣，但是位置難考。

六朝時期，淮陰縣的地位上升為州，《南齊書》卷十四《州郡志上》說：

> 穆帝永和中，北中郎將荀羨北討鮮卑，云：「淮陰舊鎮，地形都要，水陸交通，易以觀釁。沃野有開殖之利，方舟運漕，無他屯阻。」乃營立城池。宋泰始二年失淮北，於此立州鎮。

> 建元四年，移鎮盱眙，仍領盱眙郡。舊北對清泗，臨淮守險，有陽平石鱉，田稻豐饒。所領唯陽平一郡，永明七年，光祿大夫呂安國啟稱：「北兗州民戴尚伯六十人，訴舊壤幽隔，飄寓失所，今雖創置淮陰，而陽平一郡，州無實土，寄山陽境內。竊見司、徐、青三州，悉皆新立，並有實郡。東平既是望邦，衣冠所繫。希於山陽、盱眙二界間，割小戶置此郡，始招集荒落，使本壤族姓，有所歸依。臣尋東平郡既是此州本領，臣賤族桑梓，願立此邦。」見許。

劉宋失淮北之地，國境南退到淮河岸邊，淮陰縣地當泗水之口，泗水是北軍南來要道，所以淮陰縣僑置北兗州。州有陽平一郡，領泰清、永陽、安宜、豐國四縣，安宜是漢代古縣，豐國縣，顧名思義是希望石鱉屯的屯田豐收。石鱉屯在今洪澤縣東南部，陽平郡在今金湖、洪澤縣一帶。

　　北兗州另有東平郡，有壽張、淮安二縣，壽張縣是割山陽縣官瀆以西三百戶設置，淮安縣是割直瀆、破釜澗以東的淮陰鎮下流雜一百戶設置。壽張縣在今清浦區南部，淮安縣在今洪澤縣北部。破釜澗是今洪澤湖的前身，直瀆在盱眙縣之北，很可能是從淮河向東聯結石鱉屯或運河的渠道，東西走向，故名直瀆。光緒《盱眙縣志稿》：「古禹王河，治東北聖人山下。」古禹王河就在古盱眙縣旁，聖人山的南部恰好有一個谷地可以開挖河道。〔註22〕《魏書·地形志下》淮州的治所在淮陰城，淮陰郡另有富陵縣、魯縣，魯縣應是從僑置的東平郡改置，東平郡是魯地。富陵縣是漢代的古縣，在今洪澤湖東部。此時的盱眙郡仍然有直瀆縣，證明富陵、直瀆之間就是淮陰郡、盱眙郡的郡界。則直瀆穿過今洪澤湖的南部，洪澤湖是明清時期形成，洪澤湖水通過三河口注入長江，原來地勢較低，可能直瀆下游也在此處。《宋書》記載盱眙郡下有考城、陽城、信都縣，都是從中原僑置來的縣。但是還有新設的直瀆縣，源自新開的河道，說明六朝時期的交通發展帶動了城市興起。

　　在古代淮陰縣的北部，淮河和泗水之交有角城，《宋書》記載晉安帝時設角城縣，屬淮陽郡，另有晉寧、宿預、上黨三縣。宿預是古縣，另外兩個縣是從北方僑置來的縣。

　　秦郡原為堂邑縣，晉惠帝永興元年分臨淮淮陵設堂邑郡，應該是淮陵縣以南到堂邑縣為郡，說明堂邑的地位提高。堂邑地處廣陵、建康之間，是重要城市，很可能因為孫吳定都建鄴而連帶崛起。堂邑縣除了接納西北的很多流民，還有臨塗縣，塗水即滁河。塗水顧名思義，即泥濘較多的河，所以《三國志》卷四十七說孫權在赤烏十三年（250年）：「遣軍十萬，作堂邑塗塘以淹北道。」塗塘就是塗水的堤壩，孫權利用塗水阻擋曹魏的騎兵。

　　《南齊書》記載盱眙之西的鍾離縣，劉宋元徽元年僑置北徐州，有鍾離、馬頭、濟陰、新昌、沛五郡。鍾離郡治燕縣，不是原來的鍾離縣，此地已經多是僑民。漢代的鍾離縣城在今鳳陽縣臨淮關東五里的小卞莊，今有古城村，俗稱霸王城，城址完好，外有護城河，城內發現有楚國銅貝、漢代鍾離丞印封泥。《魏書·地形志》楚州治鍾離城，而鍾離郡治燕縣，燕縣所在的鍾離郡城即後世的鍾離城，即今臨淮關。鍾離城轉移的原因是臨淮關濱臨淮河，在河灣南岸，後控丘陵，地勢險要。而原來的鍾離城與淮河稍有距離，在戰國

〔註22〕荀德麟：《直瀆·禹王河·遇明河》，荀德麟主編：《洪澤湖志》，第696～700頁。

秦漢之際，氣候暖濕，濱臨淮河的窪地不宜居住。而在南北朝戰爭年代，又遇到氣候變冷，很容易在河流結冰時渡河，所以臨淮關更加需要建城。

臨淮關和鳳陽縣城位置圖〔註23〕

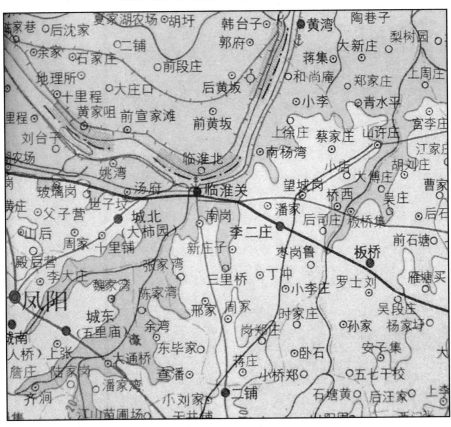

東魏武定七年（549 年），改南朝的北徐州為楚州。此州多是僑置郡縣，古縣只有淮陵，在今明光市女山湖鎮舊縣村，《魏書》中錯為睢陵。漢代的睢陵不屬濟陰郡，此濟陰郡另有濟安縣、頓丘縣，都和濟陰郡有關，頓丘人南遷必經濟陰郡。鍾離郡有朝歌縣，原縣在頓丘之西，南遷也經濟陰郡。濟陰郡人南遷路過沛郡，所以又有沛郡。新昌郡民來自尉氏、穀熟、頓丘，原來分屬三郡，並非來自一地，所以起了新名新昌。《隋書》說鍾離郡池南縣，原名睢陵（是淮陵之誤），北齊改名池南，雖然是從北齊人的視角，但是也反映此城濱臨池水，那麼漢代的淮陵縣是否就在池河南岸還不得而知。

〔註23〕安徽省革命委員會民政勞動局編：《安徽省地圖（內部用圖）》，第 37 頁。

　　沛郡在今明光市西北部的古沛集，這個沛郡後來併入濟陰郡，即《魏書》的楚州濟陽郡，不是楚州的另外兩個沛郡，因為第一個彭、沛二郡在原來的曲陽縣，而第二個沛郡有當塗山、荊山，在今定遠縣南。另外的兩個沛郡都是晚置，可能是後來的移民。

　　原來淮陵向南有陰陵、東城、全椒、建陽等縣，六朝時期都荒廢了。項羽南逃，即走陰陵、東城等地，到達烏江。東漢的九江郡遷到陰陵，可見陰陵之重要。東城縣城在今定遠縣大橋，今有地名城裏頭。魯肅為東城縣人，率領鄉曲南渡。漢末和三國的戰爭，使得江淮之間殘破，民眾多數南渡。曹操命陳登為東城太守，是在此設郡，不過為時極短，也可見此地重要。東城往南，到達全椒、阜陵，即到長江。

　　原來陰陵縣西南有陰陵大澤，即項羽迷路處，《梁書·韋叡傳》說韋叡去鍾離：「自合肥逕道，由陰陵大澤行，值澗谷，輒飛橋以濟師。」袁傳璋先生在合肥和鍾離之間畫一直線，認為陰陵大澤在此直線上，在今定遠縣西三十里店附近。〔註24〕其實這裡緊鄰定遠縣北部山區，不可能是大澤所在。陰陵大澤應在今定遠縣西南，任昉《述異記》：「陰陵九曲澤，澤中有項王村。項王失路於澤中，周回九曲，後人因以為名。」陰陵大澤之所以是九曲，其實是因為這是一個河谷，我認為最有可能在洛河或池河上游。因為古代的淮河口在今濱海縣西部，遠在今海岸線之內一百多里，古代的淮河大潮可以一直影響到今盱眙縣西部。所以受到海潮影響，池河排水不暢，因而形成大澤。但是隋唐以後，海岸東移，加上氣候變得乾冷，人工開發加劇，所以這裡沼澤排乾。後世的陰陵大澤不再成為交通障礙，因而開闢了從合肥北上定遠的陸路。

　　《魏書·地形志》記載楚州北譙郡治陰陵城，這是陰陵城的最後建置。而其周圍的東城等縣已經衰落，《隋書·地理志下》說定遠縣為東城縣改名，並置臨濠郡，可是定遠縣城不在東城縣址，可見《隋書》所記的改名，其實沒有說明城址的轉移，並非簡單的改名。臨濠郡一名表明此地和濠水有關，也即和北部的鳳陽地區有關，而新的定遠縣城確實在此縣北部靠近鳳陽縣的山區南麓，說明定遠縣城的轉移主要是為了接應淮河南岸的防守，把定遠縣、鳳陽縣之間的山區作為第二道防線。

　　定遠縣城和陰陵縣城都在山麓之南，定遠縣城所在的馬橋河下游就是東

〔註24〕袁傳璋：《項羽所陷陰陵大澤考》，《學術月刊》2009 年第 3 期。

城縣城，東城縣城就在馬橋河注入池河之處，定遠縣城向東北恰好是山區東麓，定遠縣城恰好就在鍾離、東城、陰陵三縣之中，而且距離三縣距離相等，這是三縣的中點，這就是定遠縣城興起的原因。定遠縣的興起和東城、陰陵的衰落，標誌著定遠縣境內的中心向鍾離縣靠攏，這是鍾離縣城位置提升的結果。陰陵、東城原來的交通是東西向的，西北通壽春，東南通歷陽。但是鍾離縣上升之後，因為淮河防線的重要，開闢了南北道路，北通鍾離，南通合肥。

定遠縣的故道（虛線）和新路（實線）〔註25〕

鳳陽縣之西為蚌埠市和懷遠縣，這裡有塗山（339米）、荊山（259米），淮河從兩山之間穿過，懷遠縣境內還有諸多河流向東南注入淮河，地勢重要，所以秦漢時期有當塗縣在塗山腳下，六朝的馬頭城其實就是當塗縣的發展。馬頭即後世的碼頭，其實是埠頭的音轉。馬、埠魚部疊韻，都是唇音。當塗顧名思義因山而建，而馬頭則是濱臨淮河，這是六朝時期防守渡口的需要。馬頭城在塗山以南，兩片大山之間的沿淮高地之上，東有天河，通往鳳陽西南部。天河注入淮河之地，沼澤和沙洲較多，無需防守，而此地是淮河進入天河的最近之處，最需防守，這就是馬頭城的由來。馬頭城不應是原來的當

〔註25〕底圖來自譚其驤主編：《中國歷史地圖集》第二冊，第24頁。

塗城，否則沒有改名的必要。《隋書》說馬頭城就是當塗城，北齊改名馬頭，
這是錯誤的，因為早在《南齊書》就已有馬頭。《宋書》說東晉初年的豫州
刺史主要在壽春、歷陽到江南的蕪湖、牛渚一線活動，晉穆帝永和十一年謝
尚從歷陽進駐馬頭，太元十年朱序又從姑孰進駐馬頭，馬頭兩次成為州治。
因為這裡離建康比壽春更近，所以更加重要。從歷陽到馬頭的線路其實就是
當塗縣人南遷的線路，江南的新當塗縣就在歷陽和蕪湖之間，馬頭的崛起其
實與此有關。

荊山、塗山、天河、馬頭城位置圖〔註26〕

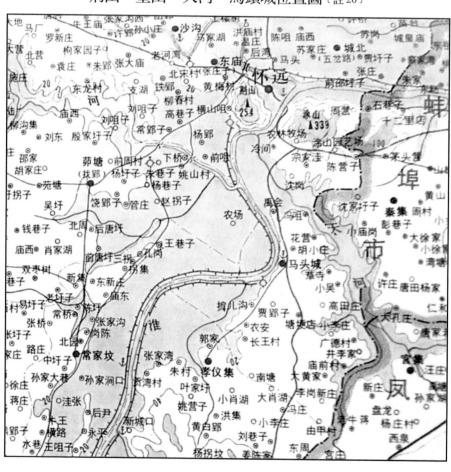

在今淮南市東部，還有漢代的曲陽縣，六朝時期也衰落了，《魏書》記載
楚州彭、沛二郡之下有南陽縣、中陽縣、洛陽縣，南陽縣下有曲陽城。此洛

<hr>

〔註26〕安徽省革命委員會民政勞動局編：《安徽省地圖（內部用圖）》，第35頁。

陽不是僑置北縣，而是在洛水之陽，南陽、中陽疑也是原生地名。

　　陰陵、合肥之間有巨大的沼澤，即項羽迷失之處。因為這裡有大沼澤，所以合肥以北到陰陵、東城之間的廣闊土地上沒有一個縣治。這裡不是交通要道，所以陰陵到烏江為江淮中路的西線，盱眙到堂邑為江淮中部的東線。東線更加重要，因為有石鱉屯豐富的糧食，所以北魏南侵，走盱眙渡淮，利用石鱉屯的糧食，直向南到瓜步，準備渡江。

三、江淮西部城市體系變遷

　　江淮西部的變化不大，因為這裡遠離南朝的首都。江淮中部最近，但是東部有平原，交通也比較方便。江淮西部多山，所以北朝很少從這裡出兵。江淮西部因為最靠近中原，所以是戰國以來的政治中心所在。楚國南遷壽春，這裡就是秦漢九江郡治。其南還有六，六國在商周時期就是重要古國，漢代建六安國。六之南有皖縣（今潛山縣），是現代安徽省簡稱的由來，也是重要古城。漢末的江淮民眾南渡，合肥之南，僅餘皖城，說明江淮西部是土著留守最多之處。皖之東有居巢、舒城，群舒也是上古江淮重要族群。

　　江淮西南部是縣治密集之地，有湖陵縣、臨湖縣，說明低地也開發了。還有樅陽、松滋縣，樅陽在鄂君啟節銘文寫作松陽，松陽、松滋應該是同源地名，都在沿江高地，可能是指在松山之南。另有襄安縣，襄也是高地之意。

　　壽春、六安之間有成德縣，再向東南有合肥縣，合肥縣之南有巨大的巢湖，北有彌漫的沼澤，所以陸路以東西交通為主。合肥向東有潘道縣、橐皋縣，橐皋今為柘皋鎮，楚人寫為澤皋，即澤邊的高地，因為澤的上古音是 tsak，讀音接近橐皋。再向東到阜陵、歷陽（今和縣），渡江到江南。

　　到了隋唐之後，合肥、壽春、六安、皖、歷陽等地仍然是中心，但是這些中心之間的道路有變化。

　　在滁河上游的全椒，地勢低窪，所以合肥向東到全椒並不是漢代的乾道。但是北方的流民聚集滁河之後，開發了這裡的低地，原來不是縣治的滁州變成了地區中心，所以從合肥到滁州的道路重要起來。所以橐皋縣衰落了，乾道轉向東北，慎縣崛起了。慎縣和當塗一樣，是地名的轉移。

　　《隋書》說同安縣是樅陽郡改名，其實同安縣城在今桐城市，不在樅陽，這裡也沒說明郡治轉移。桐城正好在潛山、廬江的直線中點，這是其崛起的原因。在《南齊書》中，晉熙、廬江二郡之間有呂亭左縣，即蠻族縣，此縣

原屬晉熙，南齊建元二年割入廬江。《宋書》說元嘉二十五年，以豫州蠻族設呂亭、太湖左縣。這個呂亭左縣，應在今桐城境內，說明這裡原來是蠻族聚集地。但是因為得交通之便，還是崛起了。這是南北朝戰爭環境下，交通直線化的結果。

《南齊書》晉熙郡有新冶縣，因為這裡有鐵礦。其南部又有巨湖大雷池，作為長江下游的屏障，所以設置大雷戍，陳又建為郡，成為後世的望江縣。《南齊書》晉熙郡又有太湖左縣，太湖即大湖，此縣也是蠻族縣。此縣似乎一度是晉熙郡治，因為《隋書》說太湖縣在開皇初改名晉熙。

《隋書》說宿松縣原為梁置高塘郡，高塘一名疑與三峽地區的高唐同源，因為三峽為巴人所居，而大別山周圍的五水蠻也是巴人。總之江淮最西南的宿舍、太湖因為蠻族而置，江淮西部在漢唐之間的城市最大變化就是蠻左郡縣的崛起，這裡的蠻族在南北朝後期依傍於南北之間，成為重要的政治力量。

大別山北部，也有蠻左郡縣，《宋書》有南陳、邊城、光城三個左郡，南陳、光城一度省併，邊城郡較大，文帝元嘉二十五年，以豫部蠻民立茹由、樂安、光城、雩婁、史水、開化、邊城七縣，屬弋陽郡。《宋書》懷疑光城左郡是分弋陽郡置，其實是分邊城左郡置，因為光城左郡的茹由、樂安、光城都是原屬邊城左郡。而南陳左郡所轄的赤官、蓼城不在其中，說明二者無關。

《南齊書》豫州安豐郡下有雩婁、新化、史水、扶陽、開化、邊城、松滋、安豐縣，雩婁、新化、史水、扶陽、開化、邊城是比《宋書》安豐郡多出的六個縣，這是併入的邊城郡。隋代的期思縣為陳朝邊城郡，又併入光化郡。此地應即《地形志》揚州邊城郡，領期思、新息二縣。《地形志》另有霍州邊城郡、西邊城郡、南朔州邊城郡、南建州邊城縣、南郢州邊城郡，都不是此地。因為南建州改為隋代的固始縣，《隋書》說固始縣在北齊為新蔡郡，即《地形志》南建州的新蔡郡。

光城發展為後世的光山縣，樂安發展為後世的樂安縣。今潢川縣在隋代為定城縣，《隋書》說梁置南郢州，《地形志》治赤石關。

邊城是左郡，而安豐有豐厚的屯田實力。《南齊書》豫州說：「壽春，淮南一都之會，地方千餘里，有陂田之饒。漢、魏以來揚州刺史所治，北拒淮水。」所謂的屯田就在安豐郡，《宋書》說安豐郡是曹丕分廬江郡立。因為是

屯田之地，所以取名為豐，其下的松滋縣原來在今宿松縣，在漢末的戰亂之中，松滋縣人北遷到安豐，曹魏利用這些流民屯田，作為南征孫吳的基地。其故地取名為宿松縣，即故松滋之意。

《隋書》說廬江郡開化縣是梁置，其實《宋書》已有，可能是宋置。《隋書》又說霍山縣是梁置霍州，《地形志》霍州治南陳郡，可是南建州另有南陳郡。霍州南陳郡治玄康城，南建州南陳郡有南陳、環城二縣，玄、環音近，或與劉宋的南陳左郡的赤官城有關，官音接近。南建州、霍州接壤，劉宋的南陳左郡一度廢棄，《南齊書》豫州南汝陰郡有南陳左縣，應即此地，既然併入南汝陰郡，則應在合肥之西，也即今六安、霍山境內。南建州為後世固始縣地，則非此南陳郡。說明宋、齊的南陳左郡、南陳左縣應是霍州的南陳郡，而蕭梁升為州，可見蠻族地位崛起。但是唐代的霍山、開化二縣又裁撤，後世的六安又成為中心。

《隋書》說淮南郡的安豐縣原為梁置陳留、安豐二郡，有芍陂，又有霍丘縣，原為梁置安豐郡，東魏廢，開皇十九年置縣。《地形志》揚州、霍州各有安豐郡，揚州安豐郡有安豐、松滋二縣，應即隋之安豐縣。霍州安豐郡為霍州首列之郡，治洛步城，但是霍州的北境似乎不能到達淮河。也有可能是霍州安豐郡治移到了後世的霍丘縣，原來在今霍丘縣南部。

《隋書》淮南郡長平縣原為梁置北陳郡，《地形志》揚州北陳郡只轄長平縣，治沙陵城，此縣應在鳳臺縣、壽縣、淮南市交界處，因為《隋書》說長平縣併入西華縣，而《地形志》西華縣所在的潁川郡另有許昌縣，其下有硤石山，說明西華縣鄰近硤石山，長平縣也鄰近硤石山。此地南有八公山，為著名戰場，地介壽春、鍾離之間，所以必須設縣。此縣其實是填補下蔡古縣的區位，隋代恰好沒有下蔡縣，唐代又置下蔡縣。

蠻族影響了漢唐之間的江淮西部政治地理和城市體系，但是根本的影響不大，因為宿松縣只不過是填補了松滋縣的區位，長平縣填補下蔡縣的區位，望江、桐城因為交通興起，霍山、開化在隋唐之後又衰落了。

第三節　諸葛亮故里在今湖北襄樊市

諸葛亮的故里在今湖北襄樊，史書本來記載非常清楚，前人早已明辨。但是因為很多人不明古今地名多有變遷的常識，以為古代的地名就是現代地名，所以造成一些誤解。本文不僅梳理諸葛亮故里在今襄樊的史料，還提出

一些新的證據與新的觀點。

諸葛亮的故里，陳壽《三國志・蜀書》第五《諸葛亮傳》說得非常清楚：「諸葛亮字孔明，琅邪陽都人也。漢司隸校尉諸葛豐後也。父珪，字君貢，漢末為太山郡丞。亮早孤，從父玄為袁術所署豫章太守，玄將亮及弟均之官。會漢朝更選朱皓代玄，玄素與荊州牧劉表有舊，往依之。」諸葛亮本來是琅邪郡陽都縣（今山東臨沂）人，但是幼年就跟隨叔父諸葛玄，來到南陽郡，投奔袁術，所以他在南陽郡長大。

裴松之注《三國志》引襄陽人習鑿齒的《漢晉春秋》記載：「（諸葛）亮家於南陽之鄧縣，在襄陽城西二十里，號曰隆中。」這句話清楚地說，諸葛亮故里隆中在襄陽城西二十里，就是現在的襄陽城之西。習鑿齒是襄陽人，又是東晉著名學者，不可能出錯。《三國志・諸葛亮傳》下文說諸葛亮見劉備，裴松之注引曹魏人魚豢《魏略》說：「劉備屯於樊城……亮乃北行，見備。」雖然未必是諸葛亮先見劉備，但是方向肯定不會錯。既然諸葛亮是北行到樊城，說明諸葛亮住在樊城之南，也即今襄樊的漢江南岸。諸葛亮在襄陽城外長大，說襄陽是諸葛亮故里也很恰當。

諸葛亮《出師表》說：「臣本布衣，躬耕於南陽。」有人誤以為是今天的南陽市，但是古代的南陽郡不是現在的南陽市，古代的南陽郡南界到達漢江，南陽郡最南的鄧縣就在漢江的北岸。

唐代李吉甫《元和郡縣圖志》卷二十一襄州襄陽縣：「故鄧城，在縣東北二十二里……鄧塞故城，在縣東南二十二里，南臨宛水，阻一小山，號曰鄧塞。」鄧塞緊鄰鄧城，應在襄陽縣城東北二十二里，東南是東北之誤。宛水在漢江之北，酈道元《水經注》卷三十一《淯水》：「淯水右合濁水……東南流逕鄧縣故城南……濁水又東逕鄧塞北，即鄧城東南小山也……濁水東流注於淯……南入於沔。」淯水是今白河，說明鄧縣確實在襄陽東北的漢江北岸。今樊城的西北仍有鄧城村，即鄧城故地。唐代人距離魏晉南北朝時間不遠，《元和郡縣圖志》記載的魏晉南北朝地理錯誤應該較少。

酈道元《水經注》卷二十八《沔水》：「沔水又東逕樂山北，昔諸葛亮好為《梁甫吟》，每所登遊，故俗以樂山為名。沔水又東逕隆中，歷孔明舊宅北。亮語劉禪云：先帝三顧臣於草廬之中，諮臣以當世之事，即此宅也。車騎沛國劉季和之鎮襄陽也，與犍為人李安，共觀此宅，命安作《宅銘》云：天子命我，於沔之陽，聽鼓鞞而永思，庶先哲之遺光。後六十餘年，永平之

五年，習鑿齒又為其宅銘焉。」說明諸葛亮故宅在東晉時期還完好保留，就在襄陽之西的隆中，連北魏的酈道元都很清楚。

諸葛亮《出師表》：「三顧臣於草廬之中，諮臣以當世之事。」李善注引《荊州圖副》說：「鄧縣舊縣西南一里，隔沔有諸葛亮宅，是劉備三顧處。」沔水是漢江，說明諸葛亮故里確實在漢江之南，所謂一里的數字有誤，這種數字錯誤在古代很正常。南宋王象之《輿地紀勝》卷八二襄陽府引《荊州記》說：「鄧城西七里有獨樂山，諸葛亮嘗登此山作梁父吟。」酈道元《水經注》說樂山在漢江之南，似乎不在鄧城之西七里，因為南宋人的時間距離已經很久，王象之也不明襄陽地理，所引的《荊州記》的方向與里數可能有小誤，但是大體無誤，總之諸葛亮故居靠近鄧縣。

問題是，襄陽城西二十里的隆中是否屬於鄧縣，從今本《三國志》裴松之注所引習鑿齒《漢晉春秋》的話來看，似乎隆中屬於鄧縣，譚其驤主編《中國歷史地圖集》就把隆中劃歸鄧縣。但是鄧縣越過漢江，而且竟然僅有襄陽城西山谷之中的一隅，非常不合情理。隆中向東，要經過襄陽城，再向北才能到鄧縣，鄧縣不可能越過漢江，更不可能僅有隆中山谷之中的一隅。此說缺乏旁證，我認為未必成立。

習鑿齒《漢晉春秋》說諸葛亮家在鄧縣，又說隆中在襄陽城西，很可能不是指一地，應是指諸葛亮先住在鄧縣，後搬到襄陽城西的隆中。也可能是諸葛亮有兩處宅第，漢水之北鄧縣的是本宅，漢水之南的隆中是別墅，但是兩處都在今襄樊市境內。因為諸葛玄到南陽郡投奔袁術，所以住在南陽郡界之中。而且諸葛玄被袁術任命為豫章郡（在今江西）太守，又不能成行，必定住在南陽郡最南，也即鄧縣，不可能越過漢江到達劉表管轄的南郡襄陽縣。朱皓代替諸葛玄任官，所以諸葛玄投奔劉表，搬到漢水南岸，進入劉表管轄的南郡襄陽縣境內。李吉甫《元和郡縣圖志》襄陽縣說：「諸葛亮宅，在縣西北二十里。」西北二十里，正是在鄧縣城之外二里，也就是說諸葛亮曾經在鄧縣故城外住過。但是此處的西北也有可能是西之誤，則還是指襄陽城西二十里的隆中。

袁術、張繡割據南陽郡，連年戰爭，所以北方來的移民大量進入相對安寧的南郡的襄陽縣，外來移民都是選擇原來人煙稀少之地，又要避免戰火繁多的要道，所以多在襄陽城西的山谷。諸葛亮一家也從北方遷來，自然選擇北方人聚集的襄陽城西。

　　值得注意的是，西晉末年，五胡亂華，永嘉之亂中南遷的北方人又來到了襄陽，他們仍然住在襄陽城西，《宋書》卷三十七《州郡志三》雍州京兆郡：「初，僑立，寄治襄陽……大明土斷，割襄陽西界為實土。」說明僑置的京兆郡流民主要住在襄陽城之西。永嘉之亂距離東漢末年的戰亂不到一百年，西晉末年的北方流民和東漢末年的流民住在一起，所以我們也可以想見東漢末年的北方流民主要住在襄陽城西，這就是諸葛亮一家遷居襄陽城西的真正原因。

　　東晉惠帝太安二年（304年），李雄攻益州刺史羅尚，羅尚派李弘去求救荊州刺史劉弘，《晉書》卷八十八《李密傳》記載其子李興：「興字雋石，亦有文才，刺史羅尚辟別駕。尚為李雄所攻，使興詣鎮南將軍劉弘求救，興因願留，為弘參軍而不還。尚白弘，弘即奪其手版而遣之。興之在弘府，弘立諸葛孔明、羊叔子碣，使興俱為之文，甚有辭理。」《三國志·諸葛亮傳》裴松之注引《蜀記》：「晉永興中，鎮南將軍劉弘至隆中，觀亮故宅，立碣表閭，命太傅掾犍為李興為文，曰：天子命我，於沔之陽，聽鼓鼙而永思，庶先哲之遺光，登隆山以遠望，軾諸葛之故鄉。」因為李興在諸葛亮故居立石時在永興元年（304年），所以稱為永興中。有人根據沔陽認為隆中不在漢水南岸，我認為這可能是諸葛亮在鄧縣的本宅，也可能因為劉弘是從漢水之北來到襄陽，《晉書》卷六十六《劉弘傳》：「太安中，張昌作亂，轉使持節、南蠻校尉、荊州刺史，率前將軍趙驤等討昌，自方城至宛、新野，所向皆平。及新野王歆之敗也，以弘代為鎮南將軍、都督荊州諸軍事，餘官如故。弘遣南蠻長史陶侃為大都護，參軍蒯恒為義軍督護，牙門將皮初為都戰帥，進據襄陽。」劉弘從河南到襄陽，所以李興稱劉弘在沔陽，也可能純粹為了陽部的押韻。

　　襄陽北部的漢江以北之地，漢代歸屬南陽郡，到了隋代則歸屬襄陽郡。變化就在南北朝時期，此時大量流民從關中與漢江上游來到襄陽城外，所以漢江以北的地方僑置了西北雍州的郡縣，京兆郡就僑置在鄧縣，《宋書》卷三十七《州郡志三》：「大明土斷，割襄陽西界為實土。」因為鄧縣改屬雍州京兆郡，所以鄧縣從原來南陽郡脫離了。今天的鄧州是隋代開皇七年才設置，用了漢代的鄧縣之名，其實不在一處，使人造成了很大的誤解。隋代開始的鄧州治所在穰縣，明代洪武十四年（1381年）才廢穰縣入鄧州，1913年改為鄧縣。

　　蕭衍依靠雍州的勢力，順江而下，建立了梁朝。在蕭梁與北魏分裂時，國界就是今湖北與河南省界。蕭梁在邊境依靠的就是來自西北的流民，所以蕭梁和北魏的國界在此。西魏和蕭梁的國界也是如此，北周的郡界也是如此。因此到了隋代，南陽郡的南界退縮到了今天的河南省境內，這就是現在很多人誤以為諸葛亮故里在今河南的原因。

　　諸葛亮所居之地，不管是古代的鄧縣，還是隆中，都在今襄樊境內。襄陽在春秋時期是楚國北部要地，唐代是山南東道治所，南宋末年是宋蒙爭奪的要衝，蒙元因為攻下襄陽，才得以順利滅亡南宋。襄陽自古以來有重要戰略地位，諸葛亮一家在戰爭年代遷居到此，諸葛亮少年孤獨，懷念北方的家鄉，想念父母，這對他的思想產生了影響。我們如果看到襄陽在中國歷史上一直具有的重要戰略地位，就不難理解諸葛亮為何遷居到此了。我們今天在襄陽尋找諸葛亮的蹤跡，就回想到諸葛亮在隆中與劉備推演天下三分的重要歷史時刻，想到襄陽的戰略要衝地位。所以說諸葛亮故里不僅在襄陽，而且只能在襄陽。或者可以說，諸葛亮故里唯有在襄陽才有歷史意義。我們說諸葛亮故里在襄陽，無論是從客觀還是從主觀，都是既對歷史負責，也對現實與未來負責。

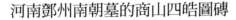

河南鄧州南朝墓的商山四皓圖磚

河南鄧州南朝墓的吹笙引鳳畫磚

第四節　南北朝的逆時針地域結構

　　眾所周知，南朝宋、齊、梁、陳四代起家的地域不同，劉裕依靠的北府兵來自建康東部的南徐州（今鎮江、常州、無錫到常熟），蕭道成依靠的是在淮陰招納的山東、淮北豪強，蕭衍是從襄陽起家，陳霸先是從嶺南起兵。劉裕在東，蕭道成在北，蕭衍在西，陳霸先在南。東、北、西、南是逆時針順序，南朝如此，北朝是不是也是如此呢？前人似乎未曾提出這一問題，本文探討北朝是否也存在這種逆時針的地域結構。前人雖然對南朝的地理形勢與政治多有論述，〔註27〕但是未曾合論南北朝的地域結構。因為前人對南朝的論述較多，所以本文對南朝不多贅述，主要討論北朝及南北朝的共性。

　　東晉統一南方時，北方是大分裂。從十六國到北朝，北方總體上走向統一。南朝卻在總體上走向破碎，地域越來越小，梁末陳初四分五裂。在十六國時代，似乎看不出逆時針地域結構，因為十六國的地域結構除去在邊緣相對獨立的隴西和四川之外，表現出更多的是華北的東西對立。前趙、後趙是東西對立，前秦、前燕是東西對立，後秦、後燕是東西對立。可是北朝似乎確實在華北的東西兩大地域內部，也存在逆時針的地域結構。

〔註27〕周一良：《東晉南朝地理形勢與政治》，《魏晉南北朝史箚記》，北京：中華書局，2007年，第75～82頁。胡阿祥：《六朝疆域與政區研究》，學苑出版社，2005年。

一、《魏書·地形志》與北朝的地域結構

　　我們如果把《魏書·地形志》的各州按照原書記載的次序列出，就會發現《地形志上》全在河北和山西，《地形志中》全在河南，《地形志下》全在西魏。不僅如此，《地形志上》的各州次序還有核心區、邊緣區的次序，而且邊緣區也是按照西南、西北、東北的重要程度排序，靠近西魏、突厥的西部各州在前，東北各州排在末尾，則是順時針次序。可是我們把東魏的所有州也即《地形志上》和《地形志中》放在一起來看，就會發現，東魏各州是按照核心區西部、核心區東部、北方邊州、河南、南方邊州排序，大體上就是逆時針次序。

　　有人認為《地形志上》和《地形志中》各州是按照各州人口從多到少排列，可是不能解釋《地形志上》末尾的禁旅州不列戶口也在上卷，《地形志中》按照從河南到南邊排列。更重要的是，《地形志下》的西魏各州全部不列戶口，而西魏各州完全按照順時針排序，可見《地形志》的各州排序有地緣結構的原因，值得我們探討。

分　區	《魏書·地形志上》各州排序
核心區西部	司州、定州、冀州、并州
核心區東部	瀛州、殷州、滄州
	肆州、幽州
西邊區	晉州、懷州、建州
西北寄治州	汾州、東雍州、安州、義州、南汾州、南營州、東燕州
東北邊區	營州、平州
流民禁旅州	恒州、朔州、雲州、蔚州、顯州、廓州、武州、西夏州、寧州、靈州

分　區	《魏書·地形志中》各州排序州
河南區	兗州、青州、齊州、鄭州、濟州、光州、梁州
南邊區	豫州、北豫州、徐州、西兗州、南兗州、廣州、膠州、洛州、南青州、北徐州
收復區	北揚州、東楚州、東徐州、海州、東豫州、義州、潁州、譙州、北荊州
新占區	陽州、南司州、楚州、合州、霍州、濰州、南定州、西楚州、蔡州、西淮州、譙州、揚州、淮州、仁州、光州、南朔州、南建州、南郢州、沙州、北江州、湘州、汴州、財州

分　區	《魏書·地形志下》各州排序
核心區	雍州、岐州、秦州
西南邊區	南秦州、南岐州、東益州、益州、巴州、梁州、南梁州、東梁州
西北邊區	涇州、河州、渭州、原州、涼州、鄯州、瓜州
北邊區	華州、北華州、豳州、夏州、東夏州
東邊區	泰州、陝州
東南邊區	洛州、荊州、襄州、南襄州、南廣州、郢州、南郢州、析州

所謂《地形志》東魏各州按照戶口降序排序是表象，因為各州戶口是由其地緣重要程度決定，魏晉南北朝時期的統治者可以強行遷移人口到其核心地。〔註 28〕石勒強遷各族酋帥到河北，前燕強遷慕容氏到關中，每到王朝滅亡就有流民回鄉。北魏強遷四方之人到平城附近：「既定中山，分徙吏民及徒何種人、工伎巧十萬餘家，以充京都。各給耕牛，計口授田。天興初，制定京邑，東至代郡，西及善無，南極陰館，北盡參合，為畿內之田。其外四方四維，置八部帥以監之，勸課農耕，量校收入，以為殿最。」

西晉末年，人口損耗以河南最劇：「及惠帝之後，政教陵夷，至於永嘉，喪亂彌甚。雍州以東，人多饑乏，更相鬻賣，奔迸流移，不可勝數。幽、并、司、冀、秦、雍六州大蝗，草木及牛馬毛皆盡。又大疾疫，兼以飢饉。百姓又為寇賊所殺，流屍滿河，白骨蔽野。劉曜之逼，朝廷議欲遷都倉垣。人多相食，饑疫總至，百官流亡者十八九。」〔註 29〕

北魏末年，河南因為戰亂殘破，高歡遷河南四十萬戶到河北，《北齊書》卷二東魏天平元年（534 年）：「神武以孝武既西，恐逼崤、陝，洛陽復在河外，接近梁境，如向晉陽，形勢不能相接，乃議遷鄴，護軍祖瑩贊焉。詔下三日，車駕便發，戶四十萬狼狽就道。神武留洛陽部分，事畢還晉陽。自是軍國政務，皆歸相府。」北齊有晉陽（今太原）、鄴城兩個中心，山西是軍事中心。北周武帝建德六年（577 年）滅北齊，七年（578 年）十二月，因為并州軍人謀反，遷并州軍人四萬戶到關中。

西魏的各州被魏收按照順時針排序，但是以當時的軍事形勢來看，其實正好相反，應該改為逆時針順序。因為西魏和東魏的戰場都在其東部，其次

〔註 28〕周一良：《徙民與流民》，《魏晉南北朝史劄記》，第 110～112 頁。
〔註 29〕《晉書》卷二十六《食貨志》。

在關中的北部，高歡一度攻下夏州，而且靈州、秦州、豳州等地也曾經投奔高歡。雖然北部的失守也讓宇文泰曾經擔憂，但是郭賢告訴宇文泰，北方千里無人，不必擔憂，打消了宇文泰的疑慮。其次不安定的是關中西北的河西走廊，一度發生一些小規模的戰亂。最不構成威脅的是關中的西南部，雖然也不安定，但是因為有山川阻隔，所以不可能對關中構成致命威脅。所以西魏各州真正的地位排序，顯然也是逆時針順序。

《魏書・地形志上》河北各州次序圖〔註30〕

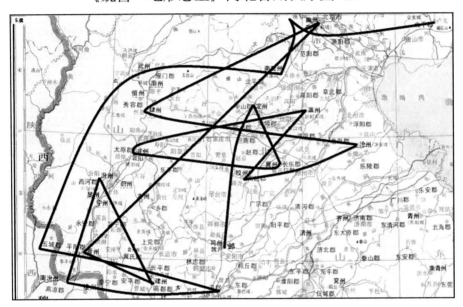

〔註30〕底圖來自譚其驤主編：《中國歷史地圖集》第四冊第 65～66 頁，黑線是本書添加，圖上未能顯示懷州、東燕州、營州、平州。

《魏書・地形志下》西魏各州次序圖〔註31〕

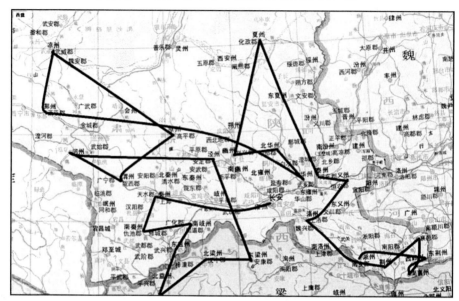

二、西魏、北周的西方形勢

　　宇文泰最初想從西北起兵，所以建議賀拔岳：「費也頭控弦之騎不下一萬，夏州刺史斛拔彌俄突勝兵之士三千餘人，及靈州刺史曹泥，並恃其僻遠，常懷異望。河西流民紇豆陵伊利等，戶口富實，未奉朝風。今若移軍近隴，扼其要害，示之以威，服之以德，即可收其士馬，以實吾軍。西輯氐羌，北撫沙塞，還軍長安，匡輔魏室，此桓文舉也。」〔註32〕可是賀拔岳被侯莫陳悅殺害，宇文泰離開夏州，未及平定西北。直到大統十二年（546年）才派隴右十州大都督、秦州刺史獨孤信平定涼州，遷涼州六千戶到長安。武川人王德任平涼郡守，安撫河、渭之間羌人，任河州刺史、原靈顯三州刺史。〔註33〕南岐州（治今陝西鳳縣）氐族苻安壽自稱太白王，侯莫陳順平定。〔註34〕

　　獨孤信和宇文泰是同鄉少年好友，所以宇文泰：「以隴右形勝，谷委信鎮之。既為百姓所懷，聲振鄰國。東魏將侯景之南奔梁也，魏收為檄梁文，矯

〔註31〕底圖來自譚其驤主編：《中國歷史地圖集》第四冊第 63～64 頁，黑線是本書
　　　　添加，圖上未能顯示益州、瓜州。
〔註32〕《周書》卷一《文帝紀上》。
〔註33〕《周書》卷十七《王德傳》。
〔註34〕《周書》卷十九《侯莫陳順傳》。

稱信據隴右不從宇文氏，仍云無關西之憂，欲以威梁人也。」〔註35〕宇文泰
從隴上起家，也曾經擔心西方不穩，但是西魏的隴右總體上比較安定，原因
之一是依靠本地豪強。隴西郡成紀縣（今甘肅靜寧縣）人李賢任原州刺史，
又隨獨孤信平定涼州，又任瓜州刺史，大統四年（538年）任河州刺史與河州
總管，五年（539年）任洮州刺史與洮州（治今甘肅臨潭）總管，李賢家族是
原州的豪強。〔註36〕西魏末年，隴西郡人辛威曾任河州刺史，〔註37〕周閔帝
初年（557年），金城郡（今蘭州）人王杰任河州刺史，〔註38〕都是本地人。

北魏末年，瓜州刺史元榮死，女婿劉彥殺元榮之子元康，聯合吐谷渾。
宇文泰派申徽任河西大使，聯合瓜州土豪殺劉彥。大統十二年（546年），瓜
州刺史為張保所殺，令狐整又驅逐張保，張保奔吐谷渾，推波斯使主張道義
行州事，令狐整為義首，宇文泰以申徽為瓜州刺史五年。〔註39〕

西魏末年任涼州刺史的史寧，大統十六年（550年）隨宇文貴平定宕昌
（今甘肅宕昌）羌，設立岷州（治今岷縣），〔註40〕多次破柔然殘部，獲數
萬人，又獲吐谷渾派往北齊的使者，又和突厥聯合破吐谷渾。〔註41〕大統十
六年，趙剛平定渭州羌乞傍鐵忽，任渭州刺史，羌族千人，配為士兵。〔註42〕
趙昶平定南秦州氐族，又隨史寧破宕昌羌、獠二十多萬，任武州（治今甘肅
武都）刺史。〔註43〕西魏末年，竇熾任原州刺史、廣武郡公，破柔然，獲生
口數千、雜畜數萬。

周閔帝時閻慶任河州刺史：「州居河外，地接戎夷。」〔註44〕其實河州在
黃河之南，但是被看成是極邊之地。周明帝武成元年（559年），賀蘭祥、宇
文貴破吐谷渾，設洮州。〔註45〕高平人田弘在大統末年平西平郡（治今青海
樂都）羌、鳳州（治今鳳縣）氐，周武帝保定元年（561年）任岷州刺史，三

〔註35〕　《周書》卷十六《獨孤信傳》。
〔註36〕　《周書》卷二十五《李賢傳》。
〔註37〕　《周書》卷二十七《辛威傳》。
〔註38〕　《周書》卷二十九《王杰傳》。
〔註39〕　《周書》卷三十二《申徽傳》、卷三十六《令狐整傳》。
〔註40〕　《周書》卷十九《宇文貴傳》。
〔註41〕　《周書》卷二十八《史寧傳》。
〔註42〕　《周書》卷三十三《趙剛傳》。
〔註43〕　《周書》卷三十三《趙昶傳》。
〔註44〕　《周書》卷二十《閻慶傳》。
〔註45〕　《周書》卷二十《賀蘭祥傳》。

年破吐谷渾和宕昌羌，獲二十五王，拔七十六柵。〔註46〕

西南的威脅最小，宇文泰派尉遲迴率軍萬人，就平定蜀地，蕭梁蕭紀從成都率軍東下，以蕭撝為益州刺史，梁州刺史楊乾運守潼州：「太祖知蜀兵寡弱，遣大將軍尉遲迴總眾討之，及迴入劍閣，（楊）乾運以（潼）州降。蜀中因是大駭，無復抗拒之志，迴長驅至成都。（蕭）撝見兵不滿萬人，而倉庫空竭，軍無所資，遂為城守之計。迴圍之五旬，撝屢遣其將，出城挑戰，多被殺傷。外援雖至，又為迴所破。」〔註47〕

西魏調集河東、河內、西北的漢人和漢水、洛水的土豪，平定西南和江漢，甚至用西南人平定西南人。代人陸騰任龍州（治今四川江油）、江州、潼州（治梓潼）刺史、隆州（治今閬中）總管，平定陵州（治今仁壽）木籠獠及陵州等九州叛亂、資州（治今資陽）蠻獠叛亂。〔註48〕

河東聞喜縣人裴果任龍州、陵州、隆州刺史，〔註49〕河內溫縣人司馬裔任始州（治今劍閣）、信州（治今重慶奉節）、潼州刺史。〔註50〕敦煌人令狐整，任豐州（治今湖北鄖縣）刺史。辛昂在開州（重慶開縣）、通州（治今達州）募三千人，教唱中國歌，偽裝為中原軍隊，破巴州（治今重慶）人。〔註51〕

上洛豐陽縣（今陝西山陽縣）土豪泉仲遵跟隨楊忠南征，任荊州刺史、南洛州刺史。蕭梁安康土豪李遷哲投降西魏，平定巴州、并州（治今四川宣漢）、疊州、信州。西魏為上庸郡、新城郡土豪扶猛，新設羅州：「令率所部千人，從開府賀若敦，南討信州。敦令猛，別道直趣白帝。所由之路，人跡不通。猛乃梯山捫葛，備歷艱阻。雪深七尺，糧運不繼，猛獎勵士卒，兼夜而行，遂至白帝城。刺史向鎮侯，列陣拒猛。猛與戰，破之，乘勝而進，遂入白帝城。」〔註52〕

三、東方大平原最為重要

不管是東魏，還是西魏，各州的地位排序，都是按照逆時針排序。既然

〔註46〕《周書》卷二十七《田弘傳》。
〔註47〕《周書》卷四十二《蕭撝傳》。
〔註48〕《周書》卷二十八《陸騰傳》。
〔註49〕《周書》卷三十六《裴果傳》。
〔註50〕《周書》卷三十六《司馬裔傳》。
〔註51〕《周書》卷三十九《辛慶之傳附辛昂傳》。
〔註52〕《周書》卷四十四《泉企傳附泉仲遵傳》、《李遷哲傳》、《扶猛傳》。

華北的東西兩大地域內部，也都是逆時針排序，則我們可以稱南北朝其實都存在逆時針的地域結構。

逆時針地域結構形成的原因，首先是由地形決定，南北方的大平原都在東部，東部的經濟最好，人口最多，所以最先興起，最為重要。

蕭梁定百官等級為十八班，各州別駕，揚州為十班，南徐州為八班，皇弟皇子荊、江、雍、郢、南兗五州為六班，皇弟皇子湘、豫、司、益、廣、青、衡七州為五班，北徐、北兗、梁、交、南梁五州別駕為四班，皇弟皇子越、桂、寧、霍四州為三班。〔註53〕可見都城揚州之外，南徐州最重要，其次是荊州、江州、雍州、郢州、南兗州，除了江州在江南，都在北方邊地，而且正好是蕭衍和蕭道成起家之地。西方的益州、梁州地位不高，嶺南的地位最低。

宋孝武帝分荊州、湘州的中間為郢州，分揚州之東為東揚州，因為：「荊、揚二州，戶口半天下，江左以來，揚州根本，委荊以閫外，至是並分，欲以削臣下之權。」

劉裕稱揚州為根本所寄，東晉時揚州東部的吳郡糧食海運到都城建康，晉成帝：「咸和五年，成帝始度百姓田，取十分之一，率畝稅米三升。六年，以海賊寇抄，運漕不繼，發王公以下餘丁，各運米六斛。」〔註54〕

北魏宗室元暉，給孝明帝上書：「又河北數州，國之基本。饑荒多年，戶口流散。方今境上，兵復徵發，即如此日，何易舉動？愚謂數年以來，唯宜靜邊，以息召役，安人勸農，惠此中夏……三曰：國之資儲，唯籍河北。飢饉積年，戶口逃散，生長奸詐，因生隱藏。出縮老小，妄注死失，收人租調，割入於己。人困於下，官損於上。自非更立權制，善加檢括，損耗之來，方在未已。請求其議，明宣條格。」〔註55〕可見河北是北魏的人口和經濟中心，這也是六鎮流民要到河北就食的原因。

北魏轉運河北的糧食到淮北前線：「自徐、揚內附之後，仍世經略江淮，於是轉運中州，以實邊鎮，百姓疲於道路。乃令番戍之兵，營起屯田，又收內郡兵資，與民和糴，積為邊備。有司又請於水運之次，隨便置倉，乃於小平、石門、白馬津、漳涯、黑水、濟州、陳郡、大梁凡八所，各立邸閣，每

〔註53〕《隋書》卷二十六《百官志上》。
〔註54〕《晉書》卷二十六《食貨志》。
〔註55〕《北史》卷十五《魏諸宗室傳》。

軍國有須，應機漕引。」〔註56〕漳涯應在漳水岸邊，石門在今滎陽之北的濟水出黃河之口，白馬津在今河南滑縣，濟州（今山東茌平縣高垣牆村），大梁（今開封）是汴水、睢水、渙水分流處，向南通往陳郡（今河南淮陽）。陳郡在南部邊界，自從東晉十六國以來就很荒涼，不可能是糧食的起運地，應是河北的糧食通過石門、大梁運到陳郡，再到淮河前線。

高歡從河北起兵之前，渤海郡豪強高乾勸高歡起兵，對高歡說：「鄃州雖小，戶口不減十萬，穀秸之稅，足濟軍資。」〔註57〕

唐代人所編的《隋書》卷二四《食貨》回顧：「魏自永安之後，政道陵夷，寇亂寔繁，農商失業。官有征伐，皆權調於人，猶不足以相資奉，乃令所在迭相糾發，百姓愁怨，無復聊生。尋而六鎮擾亂，相率內徙，寓食於齊、晉之郊。齊神武因之，以成大業。魏武西遷，連年戰爭，河洛之間，又並空竭。天平元年，遷都於鄴，出粟一百三十萬石，以振貧人。是時六坊之眾，從武帝而西者，不能萬人，餘皆北徙，並給常廩，春秋二時賜帛，以供衣服之費。常調之外，逐豐稔之處，折絹糴粟，以充國儲。於諸州緣河津濟，皆官倉貯積，以擬漕運。於滄、瀛、幽、青四州之境，傍海置鹽官，以煮鹽，每歲收錢，軍國之資，得以周贍。自是之後，倉廩充實，雖有水旱凶饑之處，皆仰開倉以振之。元象、興和之中，頻歲大穰，穀斛至九錢。是時法網寬弛，百姓多離舊居，闕於徭賦。神武乃命孫騰、高隆之，分括無籍之戶，得六十餘萬。於是僑居者，各勒還本屬，是後租調之入有加焉。及文襄嗣業，侯景北叛，河南之地。困於兵革。尋而侯景亂梁，乃命行臺辛術，略有淮南之地。其新附州郡，羈縻輕稅而已。及文宣受禪，多所創革。六坊之內徙者，更加簡練，每一人必當百人，任其臨陣必死，然後取之，謂之百保鮮卑。又簡華人之勇力絕倫者，謂之勇士，以備邊要。始立九等之戶，富者稅其錢，貧者役其力。北興長城之役，南有金陵之戰，其後南征諸將，頻歲陷沒。士馬死者，以數十萬計。重以修創臺殿，所役甚廣，而帝刑罰酷濫，吏道因而成奸，豪黨兼併，戶口益多隱漏。」東魏的河南人口多數北遷到河北，極少西遷到關中。東魏到北齊初年的河北恢復較快，此時北齊的實力比北周強大。可惜北齊的統治者不知節約民力，導致內外交困，最終衰亡。

南朝和北朝的東部沿海平原都有鹽利，《魏書·食貨志》：「自遷鄴後，於

〔註56〕《魏書》卷一百一十《食貨志》。
〔註57〕《北史》卷三十一《高乾傳》。

滄、瀛、幽、青四州之境，傍海煮鹽。滄州置灶一千四百八十四，瀛州置灶四百五十二，幽州置灶一百八十，青州置灶五百四十六，又於邯鄲置灶四，計終歲合收鹽二十萬九千七百二斛四升。軍國所資，得以周贍矣。」

四、北方比西方重要

其次是北方邊疆和西方邊疆，北方邊疆比西方邊疆重要，因為無論是南朝還是北朝的北方邊疆，面對的都是草原游牧民族。而西部雖然也有高山，也有很多異族，也會建立一些很小的割據政權如仇池，或者發動地域性的叛亂，但是地形破碎，人馬不強，所以西方的威脅顯然不如北方重要。

西晉末年：「焦崧、陳安寇隴石，東與劉曜相持。雍秦之人，死者十八九。」涼州安定，中原來避難的人很多，南陽王司馬保的殘部散奔涼州者萬餘人。前涼的經濟比西晉初年還好，索輔建議張軌：「泰始中，河西荒廢，遂不用錢。裂匹以為段數。縑布既壞，市易又難，徒壞女工，不任衣用，弊之甚也。今中州雖亂，此方主安全，宜復五銖，以濟通變之會。」張駿：「盡有隴西之地，士馬強盛。」張駿分立沙州、河州，前涼分立很多郡縣。〔註58〕

甘肅酒泉果園鄉魏晉墓畫像磚

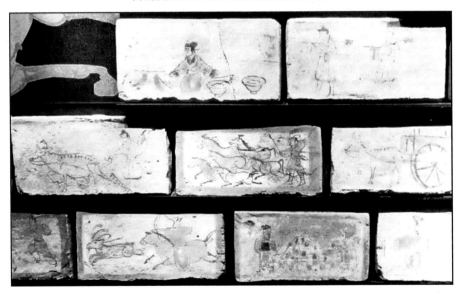

但是隴西在後涼、北涼、南涼、西涼、西秦的爭戰中，消耗殆盡。北涼

〔註58〕《晉書》卷八十六《張軌傳》。

末主呂隆時：「沮渠蒙遜、禿髮辱檀，頻來攻擊，河西之民，不得農植。穀價湧貴，斗值錢五千文，人相食，餓死者千餘口。姑臧城門晝閉，樵採路斷，民請出城，乞為夷虜奴婢者，日有數百。隆恐沮動人情，盡坑之。於是積屍盈於衢路，戶絕者十有九焉。屢為蒙遜攻逼，乃請迎於姚興。遣齊難率眾迎之，隆遂降焉。至長安，尋復為興所誅。」〔註59〕

後涼滅亡，南涼禿髮傉檀佔據後涼都城姑臧（今武威），又南遷樂都（今青海樂都）。西秦乞伏熾磐雖然俘殺禿髮傉檀，消滅南涼，西秦又因大夏赫連定的攻擊和饑荒而亡，乞伏熾磐之子末主乞伏暮末時：「赫連定遣其北平公韋代，率眾一萬攻南安，城內大饑，人相食。神麚四年，暮末及宗族五百餘人出降，送於上邽。」〔註60〕北魏滅北涼，遷涼州三萬多家到平城。〔註61〕

北魏孝明帝神龜末年（520年）的涼州刺史袁翻上書：「河西捍禦強敵，唯涼州、敦煌而已。涼州土廣民希，糧仗素闕，敦煌、酒泉空虛尤甚。」〔註62〕

漢水上游作為四戰之地，人口損耗嚴重，因為有關隴流民，所以人口稍有恢復，《南齊書》卷十五《州郡志下》梁州：「晉永嘉元年，蜀賊沒漢中，刺史張光治魏興。三年，還漢中。建興元年，又為氐楊難敵所沒。桓溫平蜀，復舊土。後為譙縱所沒，縱平復舊。每失漢中，刺史輒鎮魏興。漢中為巴蜀扞蔽，故劉備得漢中，云曹公雖來，無能為也。是以蜀有難，漢中輒沒。雖時還復，而戶口殘耗。宋元嘉中，甄法護為氐所攻，失守。蕭思話復還漢中，後氐虜數相攻擊，關隴流民，多避難歸化，於是民戶稍實。」

四川雖然也經過長期戰亂，但是遠離北方，所以到南北朝時仍被看成是富庶之地，邢巒建議北魏先攻西南，上書稱：「益州殷實，戶餘十萬，比壽春、義陽三倍非匹，可乘可利，實在於茲。」〔註63〕不過正是因為兵火較少，所以西南人的戰鬥力較弱。因為北魏的核心之地在華北的東部，所以更重視攻打江淮和江漢，而不重視西南。

五、南方最不重要

北朝面對的南朝軍事實力不如北朝，南朝面對的嶺南族群的軍事實力也

〔註59〕《魏書》卷九十五《略陽氐呂光傳》。
〔註60〕《魏書》卷九十九《鮮卑乞伏國仁傳》。
〔註61〕《魏書》卷九十九《盧水胡沮渠蒙遜傳》。
〔註62〕《魏書》卷六十九《袁翻傳》。
〔註63〕《魏書》卷六十五《邢巒傳》。

不如長江流域，所以北朝和南朝的南方都最不重要。

蕭道成、蕭衍從淮陰、襄陽起家，淮陰、襄陽的地位，前人論述較多。襄陽對南朝是北方，對北朝是南方，對南朝很重要，對北朝則不太重要。《南齊書》卷十五荊州：「境域之內，含帶蠻蜒，土地遼落，稱為殷曠。」荊州的人口密度和經濟總量不及揚州，南朝在襄陽僑置的雍州：「自永嘉亂，襄陽民戶流荒……朱序為雍州，於襄陽立僑郡縣，沒苻氏。氏敗，復還南，復用朱序。襄陽左右，田土肥良，桑梓野澤，處處而有。郗恢為雍州，於時舊民甚少，新戶稍多。宋元嘉中，割荊州五郡屬，遂為大鎮。疆蠻帶沔，阻以重山，北接宛、洛，平塗直至，跨對樊、沔，為鄢郢北門。部領蠻左，故別置蠻府焉。」襄陽的北方人比江陵多，所以席闡文稱：「江陵素畏襄陽人，人眾又不敵，取之必不可制。」〔註64〕但是在僑置雍州的北方人總量其實不多，而蠻族很多，但蠻族戰鬥力不及北方人。江陵縣（今荊州）的蠻族陸法和，以蠻族弟子八百人打敗侯景的部將任約，任郢州刺史，但是不能打敗西魏，投奔北齊。〔註65〕

北魏孝武帝遷都洛陽，攻鍾離（今安徽鳳陽臨淮關鎮）不克，想在淮南設鎮，漁陽郡雍奴縣（治今天津武清西北）人高閭認為不可，理由是：「昔世祖以回山倒海之威，步騎數十萬南臨瓜步，諸郡盡降，而盱眙小城，攻而弗克。班師之日，兵不戍一郡，土不闢一廛。夫豈無人，以大鎮未平，不可守小故也……壽陽、盱眙、淮陰，淮南之源本也。三鎮不克其一，而留兵守郡，不可自全明矣。既逼敵之大鎮，隔深淮之險，少置兵，不足以自固。多留眾，糧運難可充。又欲修渠通漕，路必由於泗口。泝淮而上，須經角城。淮陰大鎮，舟船素畜，敵因先積之資，以拒始行之路。若元戎旋旆，兵士挫怯，夏雨水長，救援實難。忠勇雖奮，事不可濟。淮陰東接山陽，南通江表，兼近江都、海西之資，西有盱眙、壽陽之鎮。且安土樂本，人之常情，若必留戍，軍還之後，恐為敵擒。何者？鎮戍新立，懸在異境，以勞禦逸，以新擊舊，而能自固者，未之有也。昔彭城之役，既克其城，戍鎮已定，而思叛外向者，猶過數萬。角城蕞爾，處在淮北，去淮陽十八里，五固之役，攻圍歷時，卒不能克。以今比昔，事兼數倍。今以向熱，水雨方降，兵刃既交，難以恩恤。降附之民及諸守令，亦可徙置淮北。如其不然，進兵臨淮，速度士卒，班師

〔註64〕《梁書》卷十《蕭穎達傳》。
〔註65〕《北齊書》卷三十二《陸法和傳》。

還京。躍太武之成規，營皇居於伊洛。」〔註 66〕他認為南方濕熱，南方人擅長水戰，運糧困難，難以堅守。

北魏在淮南基本不設軍鎮，淮北的軍鎮也不多。周一良考出的北魏軍鎮有 97 個，嚴耕望考出 93 個，牟發松考出 105 個，其中北邊有 20 個，河東和河北有 14 個，關西有 34 個，河南有 32 個，另有位置不明的 7 個。〔註 67〕我認為位置不明的 7 個之中，有 2 個在山西，1 個在陝西，2 個在北邊。〔註 68〕則河東和北邊有 22 個，河北有 16 個，關西有 35 個。河南的 32 個之中，靠近邊界的僅有 12 個（魯陽、馬圈、新野、泚陽、樂陵、下溠、懸瓠、宿豫、郯城、團城、臨海、壽春），數量比北邊、西邊少。關西的鎮多，主要是因為面臨的民族太多，這些民族的戰鬥力則不及北方草原民族，所以不能證明西邊比北邊重要。

周一良引袁淑之語「南人怯懦，豈辦作賊？」又認為孫恩、盧循的部眾以南方人為核心。〔註 69〕我認為孫恩、盧循最初的部眾仍然是流落在浙東的山東人，我曾經論證舟山群島的很多地名來自山東，〔註 70〕孫恩失敗的原因是海島的人口和經濟實力不能和陸地對抗。盧循以北方流民為基礎，又編入很多南方人，尚且不能從嶺南戰勝江南，純粹的嶺南土著更不能威脅南朝。侯景之亂：「時江南大饑，江、揚彌甚，旱蝗相繫，年穀不登，百姓流亡，死者塗地。」〔註 71〕姚察：「值梁室喪亂，於金陵隨二親還鄉里。時東土兵荒，人饑相食，告糴無處，察家口既多，並採野蔬自給。」〔註 72〕

很多人從江南航海逃往福建、廣東，晉安郡（治今福州）的土豪陳寶應

〔註 66〕《魏書》卷五十四《高閭傳》。
〔註 67〕牟發松、毋有江、魏俊傑：《中國行政區劃通史·十六國北朝卷》，第 1143～1178 頁。
〔註 68〕位置不明的 7 個鎮，烏蘇鎮在今山西省沁縣冊村鎮的關輿古城，關輿即烏蘇。《北齊書》卷十七《斛律金傳》：「（武定）四年，詔金率眾從烏蘇道會高祖於晉州。」《周書》卷十九《達奚震傳》：「（建德）五年，又從東伐，率步騎一萬守統軍川，攻克義寧、烏蘇二鎮，破并州。」烏蘇是蒙古語的水，關輿城附近有柳泉溝、後泉村、漫水村、泉則溝等村。五軍鎮，我認為是土軍之形誤，也即吐京，在今山西省石樓縣。華州應在華州，在今陝西省東部。武州，無論是在武周縣（在今左雲縣）、武州山（今大同之西）還是武川之誤，都在北邊。懷戎鎮見《徐顯秀墓誌》，或許是懷荒之誤。
〔註 69〕周一良：《南朝東南內地之位置》，《魏晉南北朝史劄記》，第 233～234 頁。
〔註 70〕周運中：《道士開闢海上絲綢之路》，第 265～276 頁。
〔註 71〕《南史》卷八十《侯景傳》。
〔註 72〕《陳書》卷二十七《姚察傳》。

得以坐大：「是時東境飢饉，會稽尤甚，死者十七八，平民男女，並皆自賣，而晉安獨豐沃。寶應自海道寇臨安、永嘉及會稽、餘姚、諸暨，又載米粟與之貿易，多致玉帛子女。其有能致舟乘者，亦並奔歸之。由是大致貲產，士眾強盛。」〔註73〕魯悉達在新蔡郡（治今湖北黃梅）：「侯景之亂，悉達糾合鄉人，保新蔡，力田蓄穀。時兵荒飢饉，京都及上川餓死者十八九，有得存者，皆攜老幼以歸焉。悉達分給糧廩，其所濟活者甚眾。」〔註74〕

陳文帝陳蒨天嘉六年（565年）：「三月乙未，詔侯景以來遭亂移在建安、晉安、義安郡者，並許還本土，其被略為奴婢者，釋為良民。」〔註75〕太建四年（572年）閏十一月辛未下詔：「自梁末兵災，凋殘略盡……自今有罷任之徒，許分留部下。其已在江外，亦令迎還，悉住南州津安置。有無交貨，不責市估。萊荒墾闢，亦停租稅。」〔註76〕可見江南的衰落是嶺南地位上升的基礎。

六、逆時針地域結構與歷史循環

如果我們承認南北朝存在逆時針的地域結構，則可以明白，當南朝輪到陳霸先這樣出身卑微的人，從最不重要的嶺南起兵，還能奪取大權時，南朝也就到了夕陽時分。因為長江流域已經殘破，原先的世家大族已經衰敗，才輪到陳霸先這樣的人從不重要的地域起家。

當北魏因為北方動亂而中衰，蕭梁雖然趁機蠶食北魏南部一些地方，還不能收復中原。等到北朝的北方動亂結束，必然會在南方對南朝發起致命的攻擊，南朝和北朝也就到了相繼結束的時代。

這種東、北、西、南的逆時針地域結構，唯有在紛亂的魏晉南北朝時代最為清晰。因為各地的興衰起落，取代更迭，非常迅速。在統一的王朝則不突出，因為統一王朝各地的人才，有一定程度的分工。早期的漢唐時代大體上是關東出相、關西出將，宋元明清至今大體上是南方出相、北方出將。這種逆時針地域結構在五代十國時期也不突出，北方的五代以山西和河南的對立最為突出，南方則太分散，南唐雖然曾經滅楚，又獲得王閩大半，但是不能統一南方。

〔註73〕《陳書》卷三十五《陳寶應傳》。
〔註74〕《陳書》卷十三《魯悉達傳》。
〔註75〕《陳書》卷三《世祖紀》。
〔註76〕《陳書》卷五《宣帝紀》。

　　從南北朝的逆時針地域結構可以看到各地的輪轉，時代的輪迴。從東漢的都城撤出關中，到隋唐的都城回到關中，是一個歷史的大循環。這個大循環的本源是全球氣候的變化，西漢和唐代都是全球氣候明顯變暖的時代。因為氣候變暖，漢人才能更適應北方寒冷地帶的氣候，進軍北方，打敗匈奴和突厥。在氣候變暖的時代，西北的降水增多，漢人才能在西北長期屯墾，為進軍北方提供充足的軍糧。而永嘉之亂、安史之亂、靖康之亂、明清更迭都在氣候變冷時代，北方民族必須南征。

後　記

　　我在 2001 年到 2005 年期間，在南京大學讀本科，受到多位老師的影響，對六朝史稍有瀏覽。我在 2007 年開始讀博時，最初想以魏晉南北朝政區研究為博士論文選題，所以當時對魏晉南北朝史花了一些時間，寫了幾篇文章。因為我的博士論文題目後來定為區域文化地理，所以當時寫的很多文章擱置多年。現在把舊作和新作合為一書，不揣淺陋，忝顏出版。

　　本書所收的文章，《魏晉南北朝淮、沭下游地理叢考》以《漢唐間淮、沭下游地理叢考》為名，發表賀雲翺老師主編的《長江文化論叢》第 5 輯，中國文史出版社 2007 年出版。《北齊淮南政區補考》以《北齊地理志淮南部分補正》為名發表在中華書局《文史》2010 年的第 1 輯到 2011 年第 1 輯，因為原稿被編輯部改為補白，所以原稿的注釋和末尾的結論被刪除，現在補上。《汝南郡在汝北之謎試解》，發表在《中原文化研究》2017 年第 5 期。《漢唐江淮政治地理與城市體系變遷》發表在《合肥通史》編製委員會辦公室編的《秦漢魏晉時期的合肥史研究》，黃山書社 2014 年出版。以上各篇，收入本書時都有一些修正。《南北朝的逆時針地域結構》是我在 2005 年 11 月所寫的「歷史地理文獻」碩士課程作業基礎上改成，全文主旨在當時已經形成，現在僅是補充一些內容。《北朝後期華北的僑州郡縣探微》是我在 2008 年所修的「中國移民史」博士課程作業基礎上改成，如果沒有這篇作業的枯燥考證作為基礎，我就不能發現懷朔鎮僑置朔州的諸多謎題進而解決這些謎題。可見魏晉南北朝政區的基礎考證看似多此一舉，其實很有必要。《北齊河南淮北政區補考》、《赤壁之戰在今湖北赤壁市》、《再論東晉和前燕的初僑郡縣》、《孫權定都建業的原因》等篇也是在 2008 年前後寫成，其他各篇是最近寫成。

　　感謝賀雲翱、周振鶴、楊曉春等老師的多年關懷，感謝宮希成、杜濤、牟發松、毋有江等先生贈送相關書籍。感謝中國文化遺產研究院的副研究員馮雙元贈送相關書籍，2007 年暑假，我從上海回南京，某日中午和本科同學馮雙元、尤東進三人去清涼山遊覽，馮兄因為一直讀考古專業，一眼就看到路邊的一塊六朝瓦當，我們有幸親眼見證六朝的石頭城就在今天的清涼山上。我雖然在南京大學讀書四年，但是似乎對北朝更感興趣，所以本書的北朝研究較多。本書題目雖然是魏晉南北朝，其實內容主要在魏晉和北朝，未深入研究南朝，不能不說是一個遺憾，留待未來彌補。本書使用的所有照片都是我親自拍攝，書中未一一標明拍攝的時間。

　　感謝陳立柱先生邀請我參加合肥的研討會，感謝《中原文化研究》的編輯李孟舜女士。感謝上海的李吉華先生開車帶我考察奉賢多地，出示明代墓誌拓本。感謝花木蘭文化事業有限公司的諸位先生和女士，海納百川，不擇細流，數次幫我出書。

2020 年 3 月 22 日廈門家中